孤独症儿童康复教育试点项目培训教材

孤独症干预的关键性技能训练法

Pivotal Response Treatments
As an Evidence-based Intervention

本书顾问　〔美〕黄伟合博士

主　　编　李　丹

撰　　稿　李　丹　王　芬　李　俊

　　　　　沈　薇　刘荣连　柯　丹

　　　　　黄伟合

北京大学出版社
PEKING UNIVERSITY PRESS

图书在版编目(CIP)数据

孤独症干预的关键性技能训练法/李丹主编. —北京：北京大学出版社，2014.4
ISBN 978-7-301-23871-4

Ⅰ.①孤⋯　Ⅱ.①李⋯　Ⅲ.①缄默症—儿童教育—特殊教育—高等学校—教材　Ⅳ.①G76

中国版本图书馆 CIP 数据核字(2014)第 020828 号

书　　　名：孤独症干预的关键性技能训练法
著作责任者：李　丹　主编
丛 书 主 持：李淑方
责 任 编 辑：邹艳霞
标 准 书 号：ISBN 978-7-301-23871-4/G・3790
出 版 发 行：北京大学出版社
地　　　址：北京市海淀区成府路 205 号　100871
网　　　站：http://www.pup.cn　　新浪官方微博：@北京大学出版社
电 子 信 箱：zyl@pup.pku.edu.cn
电　　　话：邮购部 62752015　发行部 62750672　编辑部 62767857　出版部 62754962
印　　　刷　者：河北滦县鑫华书刊印刷厂
经　　　销　者：新华书店
　　　　　　　720 毫米×1020 毫米　16 开本　20.5 印张　276 千字
　　　　　　　2014 年 4 月第 1 版　2021 年 7 月第 6 次印刷
定　　　价：59.00 元

前　言

　　应用行为分析(Applied Behavior Analysis,ABA)在经过五十多年的实践发展后,已经成为国际公认的孤独症干预的规范性方法。应用行为分析对孤独症儿童的干预,既包括传统的分段回合教法(Discrete Trial Teaching,DTT),也包括具有新特色的关键性技能训练法(Pivotal Response Treatment,PRT)。PRT 是一种源自 DTT 但又不同于 DTT 的针对孤独症儿童教育干预的新方法。其不同之处包括以下三个方面:PRT 根据"纲举目张"的原理确认了一套儿童赖以发展的关键性技能,而孤独症儿童在掌握这些技能后能够自然而然地带动其他具体行为的改善;PRT 又在实证基础上提出了家长及其他教导者必须掌握的七大教育原则和相关方法,以此来评估和提升家长及其他教导者的教导水平和参与程度;PRT 总结出在自然环境中应用 ABA 原则的各种方法和程序,使得对孤独症的 ABA 干预从传统的在小房间里一对一的形式,发展到在各种日常环境和游戏活动中自然实行的形式。因此,PRT 不仅可用于对幼儿孤独症的干预,也完全适用于对青少年孤独症个体的干预。2009年全美孤独症中心(National Autism Center,NAC)发表的"国家规范化报告",在总结 1957—2007 年所有孤独症论文的基础上,确认关键性技能训练法属于第一类,即最具科学有效性的孤独症干预方法。耶鲁大学儿童发展中心 2012 年底最新发表的研究证明:PRT 方法不仅可以改善孤独症儿童的语言和行为,而且使得接受 PRT 干预的孩子的大脑活动特点更接近于正常发展孩子的大脑活动规律。目前,中国国内鲜有对孤独症儿童关键性技能训练法方面的研究与实践。《孤独症干预的关键性技能训练法》一书,将系统地介绍和展示关键性技能训练法的理论特色和操作方法,以提升孤独症干预专业人员和家长的相关知识和实操能力。

本书写作团队自 2008 年以来,在美国黄伟合博士的亲自指导下,开始结合中国国情引进 PRT 教育体系,开展了不同形式的研究和实践。到目前为止,辅导个案近 500 人;组织大型 PRT 理论、方法讲座 6 次;根据家长的需求,举办有针对性的主题性的 PRT 技术培训 8 个班次,系统讲解 PRT 操作技术以提升孤独症孩子的关键性技能(如学习动力、主动性沟通、共同注意力和自我管理等)。同一时期,笔者还在各级残联组织的不同形式的培训班、研讨会和论坛上介绍 PRT 的理论和实践,得到了广大家长、业内人士和有关部门的高度认可。如,2013 年 3 月在中国行为分析协会第一次年会上,笔者又与黄伟合博士合作主持了一个为期三天的 PRT 工作坊,收到了听众热烈的反响和到各地分享的邀请。鉴于目前国内孤独症康复教育领域对 PRT 认识和应用极为有限的现状,笔者借着国际友人的大力支持和帮助,决心携团队骨干教师将多年学习、实践的心得汇成此书,以供专业人员、家长、热心孤独症教育事业的爱心人士参考,期望为使更多的孤独症孩子尽早得到科学系统的专业辅导和教育以及让更多的孤独症干预专业人员和家长不走或少走弯路,尽自己的微薄之力。

本书的撰写,本着科学性、系统性、可操作性的原则,将国际上为数不多的以循证为基础的理论和技术体系,结合笔者团队在中国的实践,有分析地介绍给读者。在选择孤独症干预的方法时,经验性的证据是非常重要的。究其原因,有以下四个方面(Koegel & Koegel, 2012:4-9)。

第一,经验性证据将真正有效的干预,与听起来不错但实际上无效,或者效果极其有限的所谓方法加以区别。非科学的干预方法有可能在宣传材料上,或者名人演说中听起来动人,人们千万注意不要被那些华而不实的推销所迷惑。

第二,各种认证机构和管理组织越来越倾向于要求孤独症专业人员使用循证实践的干预,这就使得那些非循证干预方法的提倡者越来越有可能受到挑战甚至被告上法庭。所以作为从业人员,要注意不要陷入这种窘况。

第三,在发达国家中,医疗保险公司与其他一些第三方付费部门已经停止为没有科学根据以显示其效果的干预方法买单。这种做法听起来似乎有些过头,但事实上,总得有人为干预治疗买单,而谁都不愿意为那些没有效果的干预治疗付钱。

第四,当人们使用没有经过实验考核的干预方法时,有可能发生严重的问题:除了浪费孩子接受干预的宝贵时间以外,没有经过实验考核的干预常常是有风险的或者不安全的,常常导致比原有孤独症症状更为严重的问题。就以所谓的无钙食物疗法为例,许多孤独症孩子家长让孩子接受无钙食物疗法,几年后却发现孩子的骨质变得疏松。而最近的研究表明无钙食物疗法对于孩子的孤独症症状并没有帮助。总而言之,千万要记住:运用循证实践的干预是至关重要的、极有价值和可以得到的。这里用得上中国的一句老话:谨防卖假药的江湖郎中!

本书首先简单地概述 ABA 和 DTT 的基本原理、常用技术和操作程序,然后全面、系统地介绍 PRT 的特点及操作体系,这也是本书的核心。具体来说,本书第 1 章主要概述了 PRT 的理论起源和特点;第 2 章至第 6 章分别围绕孤独症儿童的五大关键性技能以理论结合实践的方法介绍了 PRT 的理论体系、实操程序和技术;第 7 章介绍了对孤独症儿童的行为进行功能性评估与干预的具体方法。

在本书中,笔者也试图努力将孤独症研究领域的最新研究成果和进展呈现给读者。这方面的例子包括:《精神疾病诊断与统计手册(第五版)》(简称 DSM-Ⅴ)对孤独症谱系障碍(Autism Spectrum Disorder,

ASD)诊断标准的修订、美国智力与发展障碍研究学会（American Association on Intellectual and Developmental Disabilities，AAIDD)中对发展性障碍人士支持系统的标准和内容、全美孤独症中心对现有孤独症干预方法评估的结果等。

全书构思、大纲编写及最后修订统稿由李丹完成，各章写作的分工如下：第一章由李丹撰写；第二章由王芬撰写；第三章由李俊撰写；第四章由刘荣连撰写；第五章由沈薇撰写；第六章由柯丹撰写；第七章由黄伟合撰写。本书的撰写得到了黄伟合博士的大力推动、全面指导和精心修订。

在此，笔者团队要衷心地感谢十几年来在 ABA 领域持续指导和帮助过我们事业的几位美国专家，他们是：Dr. Joseph E Morrow(BCBA-D)，黄伟合博士（BCBA-D)，Dr. Joyce Tu（BCBA-D)，Steven Richardson (BCABA)，安李革(BCBA)，等。其中，黄伟合博士从 2008 年开始带领写作团队率先在国内从事 PRT 的研究和实践。他们是首批将 ABA 理论体系运用在发展性障碍人士的干预中的理念和技术，系统地传播到中国内地的学者。最后，我们还要特别感谢长期以来一直理解和支持我们团队的家长们。他们才是孤独症孩子最好的老师和至死不渝的支持者。与这些家长及孤独症孩子一起与命运抗争，使得我们的生活充满意义。

李丹

2014 年 3 月

目　　录

1

第1章 概　　论

近二十年来，孤独症的发病率呈上升趋势。首先，让我们来看一组数据。美国疾病控制中心 2012 年发表了一份广为流传的报告，其中引用截至 2008 年的统计数据显示出孤独症发展的近况：

1. 每 88 个儿童中就有 1 个孤独症孩子，其发病率为 11.3‰。这个数据标志着孤独症自 2009 年以来增长了 23%，而自 2007 年以来增长了 78%。

2. 孤独症在男孩子中的发病率（每 54 个男孩子中就有 1 个孤独症孩子）是其在女孩子中的发病率（每 252 个女孩子中就有 1 个孤独症孩子）的 5 倍。

3. 近年来，没有智力障碍（即智商高于 70）的孤独症孩子有所增长。当然，在其他有智力障碍的孩子中，孤独症也有所增长。

4. 越来越多的孩子在早期（例如 3 岁前）就得到孤独症的诊断，但大多数的孩子还是要到 4 岁时才得到诊断。

这些数据说明美国疾病控制中心的"认识孤独症讯号，从而尽早行动"项目的重要性。同时，他们也在带领制定健康人群的发展目标并支持美国儿科医生学会的关于每个孩子到 2 岁时要做有关初查的建议。因为早期筛选和诊断能够在孩子成长的关键时期使其更好地得到有关服务（参考：http://www.cdc.gov/Features/CountingAutism）。

那什么是孤独症？孤独症为大脑广泛性发展障碍,临床上表现为三大核心症状:社会交往质的障碍,语言发展质的障碍,单调刻板及无意义的游戏、玩耍。如,运用复杂的非言语行为(如眼神接触、面部表情、身体姿势和手势)进行社交互动明显受损。与同伴建立适当关系受损,不同年龄的表现形式不同,年龄小的个体可能很少或没有兴趣建立友谊,年龄大的个体可能有兴趣,但不理解社交的规则。他们自发地寻求与他人分享乐趣、兴趣和成就的能力受损。他们不关注其他的儿童,包括兄弟姐妹。他们学习说话时常常是不正常的模式(如音调单一,或独立运用语言有困难)。他们面临社交、沟通的挑战。社交的不足可能包括回避眼神的接触、与同伴互动的困难、奇怪的或不适当的游戏,表现出受限的、重复的、固着的行为模式。其中大约 50%～75% 的孤独症伴随不同程度的智力落后。可能有认知能力的发展不正常。尽管有些孤独症孩子智力达到平均水平或某些领域超过平均水平,但他们仍然有认知学习上的困难,并几乎永远都有社交上的困难。在《精神疾病诊断与统计手册(第四版)》(简称 DSM-Ⅳ)中自闭谱系障碍包括:孤独症、雷特氏症(Rett Disorder)、阿斯伯格症、非典型广泛性发展障碍(PDD-NOS)和儿童崩解症(DSM-Ⅳ:65-67)。

随着研究的发展,对自闭谱系障碍的认识也发生了变化,如:出版于2013 年的《精神疾病诊断与统计手册(第五版)》(简称 DSM-Ⅴ)在诊断标准和分类上有所表现。

首先是在诊断标准上的变化。在 DSM-Ⅴ 中,ASD 诊断必须全部满足以下四个的标准。

第一,在所有领域中的社会沟通和社会交往方面的持久性问题,这些问题不是由于发展的迟缓而导致。表现为以下三个方面:① 在社会情绪互动方面的迟缓;② 在社会交往中非语言沟通方面的迟缓;③ 在发展和维系社会关系方面的迟缓。

第二,在狭隘与刻板行为、兴趣及动作方面至少表现出下列问题的两个方面:① 刻板或者重复的言语、动作或使用物体;② 过分地拘泥于生活常规以及语言或者非语言的固定模式,或者过分拒绝变化;③ 过分狭隘和固定的兴趣,且这些兴趣在强度或者关注焦点方面反常;④ 对于感官刺激过多或者过少的反应,或者对于环境中的感性方面有反常的兴趣。

第三,症状必须在儿童早期出现(但开始时可能表现得不充分,直到社会需求超过了儿童能力时才会表现充分)

第四,症状同时限制和损害了儿童的日常功能活动。

概括起来说,根据 DSM-V 对广泛性发展障碍(PDD)的诊断领域将从三个领域变为两个领域,即社交沟通和局限、重复的行为。

其次,在分类上的变化是:雷特氏症和其他病因学亚群将用其他的名字描述;PDD 将被自闭谱系障碍取代;个别的诊断将被合并到单一的行为定义障碍(DSM-V,2013.)。

自闭谱系障碍给个体所带来的影响,或给这类个体生活、学习、工作所带来的障碍涉及多功能、多领域。为此,人们的研究也从多方位、多形式切入。

不同专业、不同领域的研究者有他们不同的观点和认识,对自闭谱系障碍人士的干预也由此派生出不同的理论、技术和方法。众多的理论和方法孰轻孰重? 如何判断和界定? 曾经莫衷一是。

针对此现象,全美孤独症中心(National Autism Center,NAC)2009年发表了一份名为"国家规范化报告"的文件。这份报告的目的是向家长、教育家以及其他专业人员提供对孤独症患者干预的有效性根据。其报告的特点是全面性和透明性。

全面性：系统地回顾了从 1957 年到 2007 年的关于孤独症干预的所有科研文献；根据年龄、诊断和干预目标分别表明有关的结果和数据。

透明性：提供关于科研文献具体的解释和分类界定的过程，其中也包括来自家长、专业人员和各领域专家的反馈。

在这里，可以引用一下该报告的概括性总结：

第一，这份报告的重点是有关孤独症的各种教育和行为干预的结果；

第二，报告所涵盖的孤独症患者年龄为 0 到 22 岁；

第三，报告分析的有关文献的总数为 775 篇符合入选标准的实证性论文；

第四，这些论文发表的时间为 1957 年到 2007 年；

第五，根据科研文献的数量、质量和研究成果的一致性，报告将各种干预分类为：第一层次即确认有效的干预，第二层次即发展中的干预，第三层次即无证据的干预，第四层次即无效或者有害的干预。

报告所根据的方法是：这份报告运用了卫生和心理学领域中的最佳实践指南的方法，同时听取了与孤独症有关的各领域专家的意见。它概括了所有可以发现的文献，然后通过具体的分析来决定文献的取舍。其后，报告根据以下的标准对每一篇文献进行评分：① 科研项目研究的设计；② 所得数据的质量；③ 有关干预实施的一致性；④ 确认被试为孤独症的诊断标准；⑤ 干预效果的持续时间、改善的技能、有关的环境；等。其评估结果如下。

表 1-1 美国国家规范化报告评估结果

第一层次（即确认有效的干预）	第二层次（即初见效果的干预）	第三层次（即无证据的干预）
调控前因机制的各种干预方法	替代性沟通的训练和工具	传统课堂教育方法
行为干预的综合使用	认知行为的综合干预	听觉统合训练
对孤独症孩子的分段回合教法	以发展和关系为基础的干预	辅助交流方法
共同注意力训练	体育锻炼	无麸质无酪蛋白的食疗法
各种示范方法	系统脱敏	感觉统合训练
各种自然教育方法	以模仿为基础的干预	
以同伴为中介的干预	主动性能力的训练	
关键性技能训练法	语言产生的训练	
常规作息干预	按摩和指压疗法	
自我管理能力的培养	多种成分的干预体系	
社会故事干预方法	音乐疗法	
	以同伴为中介的学习	
	图片交换沟通系统	
	抑制不良行为的干预方法	
	剧本方式的使用	
	手语指令	
	社会沟通训练	
	社会技能的综合训练	
	结构化教育	
	以技术器材为中介的干预	
	心智能力的训练	

"国家规范化报告"虽然从理论上设想有第四个层次即无效或有害的干预,但并没有具体列举被科学证明无效或有害的干预方法。报告作者的解释是,有职业道德的研究者一旦认识到某种干预无效或者有害,

就不会去用其治疗或教育孤独症孩子,所以也无法从事有关的科学研究。因此,作为"元分析"的该报告,缺乏有关的文献来证伪这一类的干预。"国家规范化报告"还指出,第一层次中各种确认有效的干预方法,可以有不同的理论基础,但从统计上看,其中三分之二的有效干预都是完全以行为心理学作为其理论基础的。其余则为行为心理学与相关理论的综合。

全美孤独症中心的这份"国家规范化报告",具有极大的权威性和指导性。例如,2012年美国密苏里州卫生部门制定的《自闭谱系:循证干预指南手册》,就以此报告作为基本依据。

回顾上述对各类干预方法的评估结果,结合我国目前孤独症干预领域的现状和笔者团队的实践,很有必要将科学的理论和方法介绍给我们的同行、家长和社会各领域关心孤独症事业的人士。接下来先对评估结果中的第一类——以科学为基础的实践中的应用行为分析(简称ABA)、分段回合教法(简称DTT)及关键性技能训练法(简称PRT)的基本概念、原理及它们之间的关联和区别做一个简单的介绍,之后将重点介绍关键性技能训练法(PRT)的特点及运用,也是本书的核心。

🌓 第1节 关键性技能训练法的理论起源

一、应用行为分析的基本原理及概念简介

谈到PRT的理论起源,我们不得不谈到ABA。因为PRT的理论基础是ABA,要做好PRT必须首先理解ABA及其基本原理。也许有很多人都听说过ABA,或有很多人读过与ABA有关的书,或有人说自己已经在"做ABA",尤其是在国内孤独症早期干预领域里,ABA的名

字更是耳熟能详。尽管如此,我们还是有必要概略性地介绍一下这些基本概念和程序。因为,一个专业术语很容易说,也很容易记忆,但如何规范、熟练地理解和运用却不太容易,特别是在国内目前对ABA的理解和运用的状况下,显得格外有必要。更重要的是,清楚地知道它们如何正确地使用对促进孤独症患者的成功干预很重要,也是贯彻执行PRT技术的基础。尽管这些概念和程序开始看起来好像很抽象,一旦教导者获得了这些概念和程序的知识和工作经验,将有可能在需要时形成自己的教导程序。

什么是应用行为分析?应用行为分析是将"行为分析"科学中的原理运用到社会实践中的一门运用科学,是研究人的行为与环境之间的关系的科学,或者通过如何在环境中链接事件和经验塑造将来的行为模式。ABA的任务就是理解环境是如何影响行为的调控规律,和如何运用这些规律以一种积极的方式改变行为。其主要目的在于分析并改善具有社会意义的、可观察的、可测量的、有客观规律的人类行为。

ABA的一个核心理论是ABC行为分析模式。其中A为前因或前件,B为行为,C为结果。下面对这三个部分做进一步介绍。

前因(Antecedent):是发生在行为之前的一个事件或体验和引发或触发行为的刺激,如:一个问题或指令,一个非言语的机会(像环境中一个物品的呈现)等。前因为行为的发生提供了机会。根据性质前因可分为区别性刺激或S^D和行为动因机制或MO。S^D指行为之前出现的任何因素或事件(如特定的人、地方和事情等),其意义在于:① 创造条件以便导致特定行为的发生;② 预示行为将带来的特定结果,包括正面结果与负面结果;③ 根据结果的性质,该行为在将来发生的频率会增加或减少。MO指行为出现之前的一些客观条件或主观因素(如饥饿或口渴等),其意义在于暂时性地改变与行为相联系的结果的价值和意义(例如,使得强化物更加诱人)。与此相关,从而改变在此条件下该行为可能发生的概率。MO包括激发性动因机制(EO)和消除性动因机制(AO)两类。

行为(Behavior):是一个个体的看得见的反应,紧跟在前因之后。一个行为可能是适当的或不适当的,也可能是正确的、接近正确或不正确的。一个可操作性的行为定义必须是具体的(避免用模糊概念)、可观察的(能为人的眼睛所见)、可测量的(频率、长度和程度等)。ABA注重的是:人们的行为是可以改变的;对行为或行为的变化具有社会的意义;用社会意义标准对行为目标、干预程序和变化结果的论证。

结果(Consequence):是伴随行为发生以后出现的一系列事件和外部变化。行为的结果对该行为将来的发生有着重要的影响(增加、减少或维持)。行为结果主要包括强化性结果与惩罚性结果。强化性结果是指发生于行为之后的种种事件或变化,而正是由于这些事件或变化,增加了同一行为在将来发生的频率或可能性。包括正强化和负强化。正强化是指行为发生以后,可欲的结果出现了或者增加了;负强化是指行为发生以后,不可欲的结果消失了或者减少。惩罚性结果是指发生于行为之后的种种事件或变化,而正是由于这些事件或变化,减少了同一行为在将来发生的频率或可能性。包括正惩罚和负惩罚。正惩罚是指行为发生以后,不可欲的结果出现了或者增加了,例如体罚,从而减少了同一行为在将来发生的频率;负惩罚是指行为发生以后,可欲的结果消失了或者减少了,例如,短时隔离,从而减少了同一行为在将来发生的频率。

环境中前因的呈现(A)为行为的发生(B)提供了机会,行为的发生将引起环境中某些特定的回应(C,即该行为的结果),行为之后的特定结果反过来影响该行为在将来的发生。三者之间的关系可以用图表示为:

$$A \Longrightarrow B \Longleftarrow C$$

从 ABC 的这些理论中,派生出了许多具体的程序和技术,例如:塑形、链接、泛化、消退、辅助等。

1. 塑形

塑形是一种通过使用连续性渐进式区别性强化来建立目标行为的技术。在塑形过程中是逐步强化与目标行为最为接近的一连串反应,而不是只强化目标行为。这一程序的优点是允许及时强化学生的反应,帮助学生减少挫折;缺点之一是,教导一个目标行为可能花时较长。

2. 链接

行为链接是一组有关联的反应,在这组反应中每一个反应会成为引起下一个反应的刺激变化,而这个变化既可以作为前一个反应的强化,同时也是这一链接中下一个反应的辨别刺激;在链接中,后一次的反应,都会保持前一反应所产生的效果。

链接行为必须执行的 4 个步骤:① 确定目标行为;② 将目标行为分解成小的独立的步骤;③ 用一个单独的指令和强化教导的每一个个别步骤;④ 对每一个步骤撤退指令、辅助和强化,直到在链接的开始有一个指令,在链接的结束有一个强化(O Ivar Lovaas. 2003:61-71)。

3. 泛化

泛化是指一个在特定环境下学到的行为发生在其他的时间、地点以及其他人面前或者该行为以一种变化的反应形式出现。泛化的形式和要求包括:反应的维持、刺激或环境的变化、反应的变化。近来分段回合教法越来越重视对已教导技能的泛化,这个程序包括五个级别的泛化。一级是人物的泛化;二级是指令和材料的泛化;三级是复习频率和有外界干扰下的泛化;四级是自然环境的泛化;五级是语言环境的泛化。准确地做好这些泛化，能使接受 DTT 干预后的孩子在自然环境中更好地发挥他们所学到的技能。

二、分段回合教法的特点及基本程序

在 ABA 的发展历程中，洛瓦斯成功地将这一原理运用于对孤独症的干预中，使得 ABA 的发展达到了一个新的高度。在洛瓦斯的研究报告中指出：如果在孤独症早期（3～4 岁）就能进行密集的、每周 40 个小时的一对一的 ABA 训练，并且能坚持 2 年以上，那么一些早期被诊断为孤独症的儿童就能接近同龄的普通儿童的功能或没有区别。其成功率可达 47%。此外，这些儿童还能跟正常儿童一起接受更高的教育（O Ivar Lovaas. 1987）。洛瓦斯运用 ABA 原理创建的这套密集的 ABA 训练法就是分段回合教法（DTT）。

DTT 严格遵循上述的 ABC 行为分析模式，训练步骤包括五个部分：① 教师的指令；② 学生对指令的反应；③ 学生反应的结果；④ 辅助；⑤ 辅助的撤退（O Ivar Lovaas. 2003：61-71）。下面按顺序描述这 5 个步骤。

1. 指令

每一次训练都从一个指令开始，目的是为行为的发生提供一个机会。指令可能是言语的，或非言语的；可以从非常简单到复杂。在学生学习的早期阶段，指令最好是从简单化的开始。这种简单化表现为：第一，保持指令简短和明了。避免复杂指令很重要，尤其是在训练的开始阶段。第二，确定指令用词准确，并一致性地使用同一个词或句子。指令的一致性使学生的混淆最小化，学习效果最大化。第三，用大声和自信的声音呈现指令，使学生能清晰地听到。

小贴士

这里的大声只是要求确保孩子听得清指令就可以了,而不是表演式的高调喊叫。

指令不应该像问问题,仅仅是自然需要使用提问题的指令时才保留问问题的语调,例如:"他在做什么?""它是什么颜色?"等。

2. 反应

通过一个指令提示的学生的行为称为反应。在定义目标行为时要注意:第一,所有的教导者要达成一致,并在要求学生的反应上也是一致的,因为一致性是学生理解自己必须做什么才能得到强化物的关键;第二,在一个特定的程序里,在准备教导下一个行为之前,前一个行为已经掌握非常重要;第三,给予一个指令后,等待学生的反应不要超过3秒钟。换句话说,指令和学生反应的时间间隔为1~3秒钟。目的是给予学生最大频率的学习,并使学生在指令和他的反应之间建立联系;在指令和反应之间,如果时间间隔过长,很有可能使学生失去建立正确联系的机会。在1~3秒间隔的所有时间里不能反应被认为无反应。如果学生不能反应,立即重复指令。如果学生再不能反应,又一次重复指令同时提示正确反应。

3. 结果

根据学生的正确反应提供的结果称为强化刺激(S^R)。依某个行为提供的强化刺激改变了这个特定行为将来发生的可能性。当行为发生和依据行为提供强化时,行为被增强。当强化物被扣留时,行为减少。也就是说,强化物呈现的结果是行为的获得;强化物扣缴的结果是行为的消失。教导者正确、有效地运用强化物可以增加学生的适当性的社交

行为,同时减少不适当的社交行为。

作为一个正确反应的结果,教导者用什么强化(强化物)一定是由学生来决定的。每个学生都是不同的,对一个学生有奖励价值的东西对另一个学生可能没有奖励价值。因此,有必要对每一个学生做强化物的筛查,以确定它们对每一个学生的功效。常用强化物的类型包括食物、实物、活动、社交性强化物(如赞扬)、代币等。可通过观察、询问熟悉学生的人获得这些相关信息。教导早期常常通过选择食物性强化物开始;之后,逐步探索其他有效的强化物。使用有效的强化物时常常伴随社交性强化,这样做,可以帮助学生学习重视和把社交性表扬作为强化物。在科技论文里,社交性强化物被称为是获得性的、有条件的、习得的或二级的强化物,然而,像食物、从压力中逃避等强化物被称为基本的,或生物性强化物。

 **小 贴 士**

在日常教导中,要求教导者按从高到低的顺序列出孩子的强化物,这里对"高""低"的判断标准是孩子的兴趣大小,换句话说,孩子越有兴趣的,其级别越高。而不是通常所认为的"社交性的就是高级的,食物的就是低级的"。

强化物的选择很重要,强化物的正确使用也同等重要。强化物使用的基本原则包括伴随性、及时性、适当性和一致性。伴随性是指强化物的给予伴随在目标行为之后。及时性是指在目标行为出现之后立即给予强化物。在反应完成和给予强化物之间延迟,必须是强化物的效力从最小(1秒或更少)到最大。较长的延迟,很有可能无意间强化了一个中间反应。适当性是指强化物给予的强度与目标的难度和学生的努力程度相匹配。一致性是指强化物的给予在时间、地点、人物、要求标准等方面保持一致。注意：① 使用强化物时不要让强化物耗费太长的时间,因为这可能干扰或缩短教导所需要的时间,大多数情况下,强化物持续3～5秒是最佳的;② 避免强化物的饱和。为此,可以变换使用不同的强化物;教导时间之外不要无条件地给予孩子强化物;使用代币和/或使用间歇性强化程序等。

对学生一个不正确的反应,教导者轻声地说"不",同时眼睛向下看,不要笑,停止使用所有的强化物,从而帮助建立"不"作为矫正反馈,减少错误反应。

结果的呈现标志一个单一分段回合的结束,它开始于一个指令(S^D),遵循一个反应(R),以一个结果结束,即对一个正确反应的强化,或对一个错误反应的积极强化物的撤除和信息"不"的使用(O Ivar Lovaas.2003：61-71)。

4. 辅助/提示

辅助是一种外加的暗示,以增强获得一个新行为的成功性。在教导一个新行为或学生可能还没有具备该行为的全部技能时运用,帮助学生完成一个正确反应,获得强化和增加某些适当行为的机会;减少学生的挫败,增强学生的自信心。

辅助的类型包括全辅助、半辅助、示范、位置辅助、语言辅助、视觉辅助、非特异性辅助(如姿势、指向、眼神)、近因辅助、强化引起的辅助等。不管用于教导学生特定技能的辅助类型是什么,辅助必须在指令或刺激呈现后的同时或1秒内出现;如果在这个间隔内不出现,刺激和反应可能就不会及时地产生足够的紧密关联。

小贴士

辅助类型的详细描述请参阅李芳、李丹主编的《特殊儿童应用行为分析》一书中的相关章节。

5. 辅助消退

使用辅助的主要优点是帮助所期待的行为发生,给予提供强化的机会。辅助的主要缺点是,在提供辅助时,学生不能独自地正确执行指令,完成目标行为,即,学生不能被所要求的反应强化,而是对辅助的反应的强化。同时,学生可能变得依赖辅助做正确反应,称为辅助依赖。

为避免辅助依赖,教导者必须消退辅助,这个程序被命名为辅助消退。辅助消退方法有:① 可以通过减弱辅助的强度来消退,同时强化学生对指令的反应。② 通过突然停止整个辅助来消退。这个策略决定于学生是否能够对一个指令正确反应而不用经历整个辅助衰减的过程。③ 建立一个辅助层次。即,对一个特定的任务,建立一个有序的辅助顺序。如对一个新任务从最大辅助到最小辅助,对一个先前已独立的任务,在之后的训练过程中出现两次反应错误时,从最小辅助到最大辅助。④ 在教导指令—反应关系的早期阶段,辅助和非辅助的两种反应都必须被强化。然而,在逐步撤退辅助的时候,对辅助反应的强化必须是最小的,同时,对非辅助反应的强化必须是最大的。然后,渐渐停止对辅助反应的强化,教导学生变得更加独立和自我满足。

以上对分段回合教法的基本训练步骤、常用概念和使用原则做了概括性的介绍。它也是为数不多的以循证为基础的孤独症干预方法中的一种,不仅有大量的科学实验论文证实了它的有效性,而且笔者在十余年的孤独症干预实践中运用DTT也取得了较好的成绩。同时,其中的

概念和使用原则在 PRT 实践中同样有用。DTT 的效用性,并非偶然。这是因为运用 DTT 有四个有利的因素:第一,分段回合清楚地描述了什么是教导者试图教导的,和帮助学生注意的指令;第二,分段回合让教导者和学生立即知道反应是否正确;第三,分段回合帮助教导者在始终如一的方法下指导学生,这是因为每一个单元在具体细节方面都有详细的说明;第四,分段回合考虑到迅速、容易地评估学生的进步。

分段回合教法的良好效果已经得到了科学的充分验证。例如,全美孤独症中心 2009 年发表的有关孤独症干预方法之效果的"国家规范化报告"中对 DTT 的基本评价是:以此干预方法对孤独症患者特别是对 8 岁以下的孩子进行干预,可以在沟通、认知、人际交往、入学准备、肢体动作、自我照料技能、游戏技能和进入主流化教育环境等方面,有显著的效果(National Autism Center,2009:149)。实证也显示,分段回合教法构成教导抽象语言的基础,包括概念,像颜色、介词、代词、时间和因果关系、更好的对话和许多复杂的技能等。分段回合教法也构成教导模仿和观察学习的基础,这两种技能帮助学生自己通过观察其他个体的行为独立学习。

同时,分段回合教法也有其不足和局限。例如,有人认为这样的程序不能教导高水平的技能如语言,不能引起泛化,不能教导功能性的技能,不适当地运用强化会带给家长压力,效率低和变化慢等(O Ivar Lovaas.2003:61-71)。

三、关键性技能训练法的起源及发展

在对既往实践案例的回顾反思中,研究者们开始寻求突破口,试图解决 DTT 中的不足,同时帮助那部分干预效果不理想或干预效果不能成功支持他们独立回归的个体。关键性技能训练法(简称 PRT)就是在

这种情形下,在应用行为分析的早期工作中发展出来的。PRT 也是少数以循证为基础的孤独症干预训练的方法中的一种。在介绍 PRT 的特点和贡献之前,让我们首先回顾一下 PRT 的发展,见表 1-2(Robert L. Koegel,Lynn Kern Koegel. 2012:19)。

表 1-2　PRT 的发展

时间	研究内容及特点
20 世纪 60 年代	结构性的分段回合训练的开始
1973	仍然没有发现关键性行为
1979	开始集中在作为关键点的动力上
20 世纪 80 年代	研究 PRT 单独的组成部分
1985	更强烈地讨论将动力作为关键点
1987	PRT(自然语言教法)的开始
1988	首次讨论在治疗中关键性领域是有效的

从 PRT 的发展历程中我们不难发现 PRT 与 DTT 的关系。在比较两者之间的区别之前,首先要肯定的是它们的共同点,都是以 ABA 的原理为基础,以循证为原则。

下面我们以语言教育为例对自然教法(PRT)和传统教法(DTT)进行比较(黄伟合. 2003:92-94):

表 1-3　自然教法(PRT)和传统教法(DTT)的主要区别

	传统教法特点	自然教法特点
教育环境	结构性较强。一般不与自然活动相联系	松散的结构。寓教于乐是基本特点
干预方法	以教者的直接干预为主。尽量防止孩子的精力分散	教者的干预是间接的。孩子常常可以选择活动

续表

	传统教法特点	自然教法特点
刺激项目	一般由教者来选择。教者往往发出重复性的指令直到孩子学会规定动作为止	一般由孩子来选择。教者经常变化使用不同的指令
辅助	教者往往使用形体的辅助,如用手去矫正孩子的口形以帮助其发音	教者经常使用自然的辅助,如用改变环境和活动等方法去教孩子说话
交往	教者安排活动,并控制着活动用品。这些活动用品在当时并不一定是功能性的	教者与孩子自然交往玩耍。活动用品是功能性的也就是孩子所想要的项目
目标行为	奖励往往建立在正确的目标行为的基础之上。只有正确的行为或接近正确的行为才受到教者的奖励	教者采用逐步引导的方法。因而对孩子的努力和反应都给予及时的奖励
奖励	教者经常使用食物来奖励孩子,有时也结合使用食物与表扬来奖励正确行为	除了社会奖励外,教者使用的主要是自然奖励方法,即孩子行为的结果本身就是对该行为的奖励

　　自然教法的这些特点不仅用于对孤独症儿童的语言教育中,而且在其他技能的教育训练中也得到了广泛的应用。

　　自 20 世纪 70 年代以来,以美国加州大学山塔芭芭拉校区的心理学教授凯戈尔博士等人为代表,自然教法在孤独症的治疗中有了长足的进展。PRT 是基于科学的、持续发展的,它已经发展和改善了很多年,换过各种不同的名称。例如,当它第一次在沟通中被具体地分析,在传统的论文中着重的是教导第一批语言,被命名为"自然语言典范"(Natural Language Paradigm,NLP)。通过进一步的研究,它变得明确,因为这个方法出人意料的、在很多超出了沟通的方面也同样有效。因此,此方法又开始被命名为"关键性反应训练"以反映出它在孤独症总体状况上数不清的行为上的重要性。

◎ 第2节　关键性技能训练法的特点及效果

在关键性技能训练法(PRT)发展的历程中,从早期的结构性很强的分段回合教法的进展中了解到孩子缺乏沟通的核心是动力问题。虽然那些早期的干预可以减少问题行为,促进沟通,帮助孩子和成人学习社交,并扩展他们的兴趣,然而,大多数是集中于个体的目标行为。尽管这种策略没有错,并且孩子们可以通过这种针对于个体行为的干预得到进步,但那太花费时间了,并且花费很贵,也很慢。即使家长很有钱,时间也是一个大问题。不仅没能很好地解决动力的问题,同时还可能伴随大量的"副作用"。问题是:怎样激励孤独症儿童?怎样让他们想要去学习?为寻求答案,PRT的研究者们开始思考工作中的每一个环节,如:如何呈现指令?需要使用什么样的材料?怎样奖励孩子?如何帮助孩子们学习得更快和对他们更有帮助?他们尝试定义"关键性领域":这些行为领域一旦教授,会对其他所有形式的行为产生积极的效果。

寻求这些问题的答案,也就解决了人们如下的困惑:教什么(孩子的关键性领域)?怎么教(教导者的关键性技术)?谁来教(教师、其他专业人员、家长、其他照顾者、同伴)?在哪里教(结构化的教室或自然环境)?PRT在过去四十几年的研究过程中,对这四个方面的问题都有了很好的探索、实践和总结。归纳起来就是关键性技能训练法的特点:① 用关键性技能的程序和策略;② 在自然环境里;③ 教导学生的关键性技能;④ 主张家长最大范围和力度地积极参与。本书作者试图将PRT研究者们在这四个方面的研究成果,结合作者的理解和实践一一介绍给读者。本节首先对这些方面做一个概括性的介绍,后续的章节将结合临床实践和我国的国情做详细的说明。

一、教什么(或什么是孤独症的关键性技能)？包括哪些内容？

DTT 将任务分解成一个个小的单元，每次教导一个独立的行为，而孤独症有太多需要干预的行为了，如果对孩子来说目标是摆脱所有孤独症的症状，一次解决一个行为则实现目标所需的时间太长。相比之下，PRT 的目标集中在一些关键性领域，使部分孩子在功能性方面产生更广泛的改善，对这些孩子和他们的家长及干预者来说，可以花费较少的时间，孩子能学得更快，干预也更易于其家庭成员的学习，这比单一的目标行为要容易得多。

关键性领域是指这个领域在一个群体中是普遍存在的，即在这个群体中的每一个个体身上都有明显表现、都可以找得到，而在其他群体中没有或不是普遍存在的或不明显，是有别于其他群体的标志；同时，在个体发展的早期阶段就必须出现。对这些关键性领域的教导，可以起到举一反三的作用。许多研究显示：明确的关键性领域对孤独症儿童来说是决定性的。实证研究结果至少在三个方面证明 PRT 的效果(Koegel & Koegel，2012：23-24)：

第一，研究证明了关键性反应对促进很多行为非常重要，包括认知、游戏、社交、语言的获得、沟通、约会、第一批语言、完成家庭作业、数学、阅读等。

第二，研究表明了有一些不同的关键性领域和具体的关键性干预程序(如激发动力的程序、自主性发起社交的程序)对产生广泛和长期的改善是有深远影响的。

第三，研究已验证了 PRT 被作为一个综合的程序运用到孩子全天所处的不同的环境(如学校、家庭和社区)里及其参与的许多不同的活动中的效果。

总之，相比早期的干预，很多研究结果表明 PRT 对于孤独症儿童和他们的家庭在总体上更有效、更实际和更有帮助，可以作用于很多不同的行为。

下面，本书对目前已确定的孤独症儿童的五大关键性技能的含义及其重要性作概括性的介绍。

1. 学习动力

人类每天每时都在从事着相同或不同的活动（或行为），如生活活动、学习活动、工作活动、交往及休闲娱乐活动，数不胜数，为什么？对普通人来说，很简单，饿了吃饭、困了睡觉，生理的需要；学习、工作，生存的需要；社交，精神、情感、分享的需要；休闲、娱乐，兴趣爱好、放松的需要。不同的活动展示了人们不同的能力、愿望、机遇等。需要、需求、兴趣、愿望、能力产生了活动，或者说个人的各类需求、愿望、兴趣、能力是各类行为的动力。反过来说，动力是个体行为的发源。

回顾我们的工作，在每天接触到的孤独症儿童中，在他们自由活动的时间里，他们都在做什么？这一点不难回答，甚至有数不完的陈述。他们不是无事做，也不是不想做，只是他们的兴趣、愿望、能力与普通发展儿童不一样而已。简单说来，因为孤独症儿童在生活中到处碰壁，使得他们形成"习得性的无助感觉"，由此产生的自然结果，就是失去希望和动力。所以，在按照对普通儿童的要求（或当今人类的认知、规则）训练他们时，就会表现得很困难。反之，如果教导的内容或安排的活动是他们感兴趣的和能力所至的，他们会有不错的配合或参与，或表现出感兴趣和喜悦的表情。另一种情况是，这些孩子在做他们有兴趣、能力也可以达到的，或有成功经验的事情或行为时，表现得很专注。这些现象体现了孤独症的特质之一：狭隘、重复、刻板、古怪的兴趣和游戏方式。要想让孤独症的孩子轻松、自愿地配合、参与各类活动，首先要发挥、创造、拓展他们的动力。如何做到这一点？

在 PRT 的研究历程中，学习动力是研究者们找到的第一个关键性领域，也是最重要的。开始提出这个问题时，甚至不知道用"动力"这个词来描述。动力程序方面的研究最早开始于 1987 年。其中一个实验是在实施 DTT 的过程中合并了特定的动力元素（孩子选择刺激、自然强化物的运用等）时，干预有了戏剧性的改善。在这个研究中研究者没有试图说分段回合教法里有什么地方不对，而仍然在使用它，但在单元中做了某些小的修改，就能产生巨大的不同。分段回合教法本身没有动力修正，那会导致很多问题。除了在积极行为方面带来戏剧性的改善之外，同样重要的是，之后的研究还表明当教导者并入一个动力程序时，在没有任何行为干预目标的情况下，儿童的分裂性行为减少或完全消失。

伴随动力目标发生的相关改变，可以用图 1-1 表示如下：

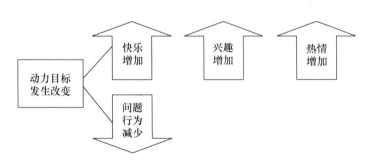

图 1-1　伴随动力发生相关改变的图示

研究动力程序的开始，是教导那些用传统教法后有口语障碍的孤独症孩子发第一批音。孩子们喜欢这样的课程，不仅仅是因为他们学习说话进步迅速，他们也很享受这些课程，几乎没有逃脱或逃避的行为。这样，不仅仅是儿童进步，儿童的家长也高兴，有更多的热情和兴趣，他们笑得更多，谈论得更多，感觉更好。

总之，学习动力被证明是一个特别重要的关键性领域，读者随后将看到它也是其他关键性领域的基础。当然，动力也不是唯一的关键性领域（Koegel & Koegel，2012：25-27）。

2. 共同注意力

共同注意力指的是儿童能够通过协调眼神与动作来与他人分享有趣的事物和体验，或与他人共同对某一对象或事物加以注意的行为，或与其他某个人通过看、指点或身体姿势和回顾来分享经验。共同注意力一般发生在两个人之间，要求双方能够观察、确定对方的注意力是否在有关物体或者对象之上。在具体讨论共同注意力之前，有必要先提一下孤独症孩子中的选择性注意力（Overselectivity）问题，即对事物的注意只关注事物的某个局部或某一点，而缺乏对事物整体或全面的注意。比如说，这类孤独症孩子第一次接触到的杯子是绿色塑料的，那么，当他们再接触到其他颜色的塑料杯或其他材质的杯子时，并不知道是杯子。这样就给他们的学习和生活带来了无数的困惑。

与选择性注意力有关的另一个特点是共同注意力，其中包括回应性共同注意力和发起性共同注意力。回应性共同注意力是指对来自他人的关于某一事物的语言或者动作沟通有恰当的反应。表现过程为：① 能够随他人转移注意力，如看着或者触摸玩；② 与大人眼光的接触；③ 跟随大人的指点而有所关注。发起性共同注意力是指能够自发地用沟通行为引起他人的注意力。表现为：① 用指点的方法来展示特定的事物给他人看（分享）；② 孩子的目光从玩具、物体转移到大人身上。

儿童早期的共同注意力主要表现在视觉和指点两个行为上。而孤独症的一个特质就是对物品的兴趣大于对人的兴趣。他们对同伴没有关注，哪怕是兄弟姐妹。他们辨别人物有困难，一是因为他们对人缺乏注意；二是因为他们对事物的注意只关注事物的某个局部或某一点，而缺乏对事物整体或全面的注意。他们在非言语沟通技能的运用上有障碍，一开始就缺乏和成人的眼神接触，不会主动用手指物品，哪怕是自己非常想要的东西(食物、玩具等),对大人的眼神、手指或语言"看"等视而不见、听而不闻,更不知道如何回应。尽管孤独症儿童的共同注意只是发展上的延迟,并不会永久受损,他们达到一定的心理年龄(超过4岁)后,就能对他人的眼睛注视方向或头部转向做出跟随反应,但在孤独症儿童共同注意的反应中,对视觉方向的跟随较多指向目标物品,很少投向成人以通过目光传递内心的需求,而由其发起的共同注意多以"拉""抱"动作代替注视和指向行为。所以,尽管孤独症儿童的共同注意的缺陷随着个体的发展有所改善,对他人引发的共同注意有所反应,但发起性共同注意仍有缺陷,或者在表示分享作用的眼光交替行为上明显不足(Koegel & Koegel,2006:44)。

在这里,有必要再强调一遍,任何事物,根据它们的不同颜色、体积、味道以及新旧等等都具有各种各样的形式。而孤独症孩子的一个特点是他们往往过分地注意其中的一个方面而忽视其他方面。由于孤独症孩子有这种选择性注意的问题,所以他们常常对事物的多元性特征不能很好地注意,对于与事物相关的人也没有适当的关注。有较多的研究表明,如果治疗人员或孩子家长能注意训练孩子去注意事物的多重特征,他们就能够对于事物的多种形式有恰当的反应。进而,他们对社会环境和周围的人也会有更多的注意和关心。

与此相应,共同注意力为语言的发展与交流提供了良好的基础。科学实验的发现表明,有些孤独症儿童一开始在共同注意力方面有严重缺陷,他们今后的语言发展也就受到了严重的影响。反过来说,通过干预,一个孤独症儿童如果有较好的共同注意力,则其将来的语言发展程度往往较为乐观(黄伟合.2008)。

3. 自我管理

从ABA的角度看,自我管理可以包括自我提示、自我观察及记录和自我强化或惩罚等三个范畴。在 PRT 的背景中，自我管理能力的培养，更多地指自我观察和记录目标行为。自我管理是一个积极的支持策略，这个策略作为一个中介步骤运用可减少问题行为，同时教导一个功能相同的行为。这个策略所减少的问题行为，不仅仅是指我们通常所说的或字面意义上的行为问题，它还包括沟通行为、社交行为、学习行为、能力建设等。比如，在 PRT 研究者们的早期研究中，涉及的是在教导孤独症儿童和青少年社交性对话时的共情的问题，他们在共情方面表现不足或缺乏。

Wetherby 和 Prutting 于 1984 年的研究显示：孤独症个体的语言功能几乎唯一由要求和抗议组成。其他的功能，像获得信息、得到注意、自发对话等，用得很少或基本没有（Koegel，Camarata，Valdez-Menchaca，& Koegel，1998b；Wetherby & Prutting，1984）。因此，教导者所面临的挑战是双重的。第一，问题的意思必须教导给孤独症儿童（换句话说，就是要教导孤独症儿童"什么是问题？"）。第二，问题的运用对维持一个互动的进行和对一个谈话的反应也必须教导给他们。1992 年、1993 年 L K Koegel 等和 R L Koegel 等的研究结果显示，教导轻度孤独症儿童自我管理社交性行为，其社交性损伤减轻，同时未经治疗的社交技能并行改善和其他实际行为广泛改善。那就是，当一个或多个行为被教导时，同一类的其他行为有望表现出同步的改变。自我管理计划通过教导个体一个技术，之后，在没有干预和经常的监督下，目标行为自主地、独立地发生。同样，在语言运用领域的泛化的益处也在其他很多研究中被肯定。

自我管理已经作为一个程序被发展，其中教导孤独症个体辨别自己的目标行为，然后记录目标行为的发生。其基本程序包括准备阶段、教导阶段、独立性培养阶段及泛化运用阶段。而每一阶段，又包括各项具体步骤。这些程序和步骤将在本书的第五章中做详细的介绍,这里不展开描述。

自我管理训练方法所提供的以社区为基础的积极干预的技术,能够用于改善学生们的各种各样的行为。并且这些程序将管理行为的责任从教导者身上转移到学生身上,所以用于各种自然环境(例如学校的各种场所,其他教导者鞭长莫及的种种社区场所)是最为理想的。最后其目标行为由一般环境中固有的"自然"强化物所保持与维系。但自我管理程序并不能取代良好的教育和改变环境中容易诱发问题行为的远近因素,这是值得我们注意的。

自我管理要成为关键性技能之一,其特征应该具有举一反三的效果。在这一方面的实证性科研文献,应该说是非常充分的。例如,加州大学山塔芭芭拉校区的孤独症研究者曾经做过一个有关的实验,以考察自我管理能力的掌握对孤独症孩子发展的影响(Koegel et al., 1992)。参加这一研究的四位孤独症患者,年龄从 6 岁到 11 岁不等。他们在接受干预以前,都表现出两个方面的问题。第一是他们尽管都具有一定的语言能力,但对来自他人的善意问题或社会交往都没有反应。第二个方面的问题更为糟糕:他们对他人的语言沟通,往往是以问题行为来应对,有时表现出攻击性的行为,有时表现出自我刺激性的刻板行为。

研究者在收集了目标行为的基线数据以后,对这些孤独症孩子进行了自我管理即自我观察与记录的培训。研究者为这些孩子准备了一个类似手表的计数器,教会孩子在每一次回答他人问题之后按一下计数器以给自己一个分数,并且在积累了一定的分数后找教导者换取奖励物。经过一段时间在教室与社区等环境的干预训练,这些孩子的社会反应能力,例如恰当回答问题等都显著地上升,有的达到 100% 的程度。更有意义的是在这一研究中这些孩子的有关问题行为尽管没有得到专门的矫正,但是干预以后的行为数据显示:当他们学会自我观察、记录社交行为的技能以后,其问题行为也随即下降,大多数都是趋向于零。此外,四个孩子中有三人未经任何特殊干预而开始主动与别人打招呼。

4. 主动性社会交往

人是社会的人,需要帮助解决困难,需要学习了解社会,需要交往建立友谊,也需要分享得到认同。普通发展的孩子早在出生后 3 个月时就表现出有目的地、自发主动地发起社会性交往,尽管那时他们没有口语表达能力,也不完全理解其中的规律,但为了某种需求和愿望,他们用眼神、表情、声音和肢体那样做了,也得到了成人或照顾者的回应,不仅从中满足了当时的需求,实现了愿望,也在这个过程中不断地学习和积累了越来越多的人类知识,如语言、表情、情绪的反应、交往的技巧等。他们主动发起的社会交往,也使他们有更多学习和体会外在世界的机会。主动性发起互动行为的常见功能包括要求、拒绝、响应—回答、评论、发起对话、提问题等。

从主动性发起互动的功能我们不难看出它与学习动力和共同注意是紧密相关的。有了动力才会有主动发起互动的机会,有了共同注意及产生共同注意的前提条件,主动发起的互动才有了对象,才能得到回应。主动性发起互动的行为才具备了适当的社会意义,也能得到进一步维持和发起。当然,如果周围的人对孤独症孩子发起的主动性互动没有给予反应或反应不恰当,也会使孩子们的主动性互动行为减少或消失;反之,孩子们不恰当的表达需要的行为就会增加。

孤独症孩子缺乏主动性互动,或缺乏适当性的主动性互动,或有不完全(极少范围和形式的)的主动性互动,与他们早期的兴趣狭窄、缺乏对人的适当性关注和认识、周围人对他们的不了解和对他们发起的主动性互动给予的不恰当的回应有关。所以,要发展孤独症孩子自发的主动性的互动,不仅要教导孩子,同时也要改变教导者自己的行为。

主动性发起互动能力的建设不只是帮助孤独症孩子达到上述功能,同时还可以带动和增加许多相关能力或领域的建设和发展,比如语言学习、认知学习、社交技巧、情感体验和表达、建立友谊等。这种效果在PRT 的研究报告中不胜枚举。以早期对主动性互动的研究为例:对照普通发展儿童早期的主动性互动方式之一——提问题来看,提问题是普通孩子语言发展中第一批语言里的一个,他们通过提问题,哪怕是用不确定的音(如"啊"),通常伴随手指向某物,这时,成人向他们说出这个物品的名称。当孩子重复问问题的时候,他们会学到更多的词。提问题是一个社交过程,也是一个教育过程。1984 年 Wetherby 和 Prutting 的研究显示:典型的孤独症的孩子不会提问题。所以,研究者们开始研究教导孤独症孩子提问题的方法。1998 年 Lynn Kern Koegel, Camarata, Valdez-Menchaca 等的研究表明:孤独症的孩子可以很容易地学会"这是什么?"在他们学会这样提问题后,他们的词汇量就会很快地增加,用不着一一地教导其新的词语。另外,他们也可以通过特殊干预学会根据情景提问题。这样,当孤独症的孩子学会提问题后,他们就可以在以后与其他孩子在自然环境中主动互动,而这也正是普通发展孩子学习的方式。上述方法的效果远远超过教孤独症孩子个别单词的方法。像这样的主动性沟通,没有大人辅助的沟通,通过社会交往而创造了学习的机会,就成了一种关键性技能,由此启发孤独症孩子很快地学会其他没有经过培训的行为和技能。

5. 社会智力

社会智力的各个方面,也就是所谓心智能力(Theory of Mind)的种种问题。社会智力可以包括情感解读能力、情绪调节的能力、对不同想法和观点的理解能力,以及对社会问题的解决能力等。孤独症孩子,包括高功能孤独症个体,在社会智力方面的问题都很突出。例如,高功能孤独症个体一般具有较好的语言和认知能力,他们的智商往往在 70 分以上。但是,他们在社会智力的各个方面,仍然具有严重的缺陷。相应说来,高功能孤独症患者在情绪障碍方面的问题,比一般人群更为普遍和严重。对孤独症患者特别是高功能孤独症患者社会智力问题的讨论以及在这一方面的干预,既是国际孤独症学术界的相对较新的努力方向,也是 PRT 倡导者最新论证的一种有必要在孤独症儿童中努力提升的关键性技能。

要提高孤独症儿童的社会智力,需要借助各种有效的方法和形式。例如,以 PRT 原理为根据的游戏教学,就是一种很有潜力的干预方法。美国加州大学山塔芭芭拉校区的凯戈尔等人,曾经根据关键性技能的各种教学原则,推出一本以游戏为基础进行孤独症干预的教学方法手册。其中有些程序,能够用以帮助孤独症孩子理解他人的情感和想法,并且在社会交往的过程中调整自己的行为和语言。

此外,其他一些干预方法,如以行为心理学为基础的电视示范方法和以认知心理学为基础的社会故事方法等,对提高孤独症儿童的社会智力都有特定的效果。本书作者曾经使用这些方法,在提高孤独症儿童的社会智力如情感解读能力等方面,做过相当大的努力。在第六章中,读者将会看到有关的描述分析和案例分享。

6. 良好行为能力

以上讨论了五大关键性技能。除此之外,从小培养孤独症孩子的良好行为,以及理解并改善他们的不良行为,也是教育工作者与家长的一项重要任务。例如,男孩强强,8 岁。他有一个很爱他的家,他的父母齐心协力帮助他。从 3 岁多被诊断为孤独症后,他的母亲就专职照顾他,并带他到很远的城市接受训练。在早期几年密集的训练后,强强在很多方面都有了不同程度的进步,尤其是在书本的认知方面,强强可以完成小学一、二年级课本上的作业。7岁时,父母决定将他送到小学上学。不幸的是,没多长时间强强就在校方强烈的要求下退学了。理由是:强强总是不能安静地听课,在课堂上不时地发出尖叫,上课时间随意进出教室,甚至一烦躁就在教室里脱裤子。这导致强强此后学习的场合和机会日益受到限制……类似的个案不只强强一个,孤独症孩子最后不能留在普通学校接受教育,或不能走入社区独立生活的最主要的原因,都是他们表现出来的形形色色的问题行为。

由此可见,要使得关键性技能训练法成为一个独立完整的干预教育体系,必须对孤独症孩子中的行为问题有所认识和对应。本书的最后一章,将会介绍对孤独症孩子行为进行评估与干预的具体方法。

二、谁来教?

在简述了关键性技能训练法体系中对孤独症孩子教什么才是主要方面之后,现在来介绍由谁教的问题。在传统的教导模式里,尤其是在目前国内的孤独症干预领域里,治疗师或老师是主要的或唯一的教导者,家人和照料者甚至不知道自己的孩子每天在学什么。就是愿意教导自己孩子的家长,也不知道教什么,怎么样配合老师。孩子在家里和学校里判若两人,家长自己带孩子的过程中,当孩子出现问题行为时不知所措,他们的焦虑、烦躁、担忧、恐惧情绪日益增长,甚至由此引起家庭成员之间的不合和矛盾,严重者导致家庭破裂。这些现象表明,家长如果不真正地参与到孩子的干预中,就不能了解,至少不能全面了解自己孩子的程度和发展,以及帮助孩子的方法,就无法在真正意义上帮助自己的孩子。尽管孩子一天中的大部分时间是与家长在一起,也只能白白地浪费掉了。同时,家长在孩子"难养"的情绪下,在对孩子的未来无从预知的状况下压力与日俱增,对自己孩子的各种不切实际的期望和不恰当的做法也频频发生。

这些状况不得不引起专业人员的反思:如何才能从本质上帮助家长们,让他们从消极、烦躁、无望的状况下解脱出来?那就是对他们做切合实际的、量身定做的培训和指导,使家庭间的积极互动增加(Koegel,Bimbela,& Schreibman,1996),使家长对待孩子的积极情感增加(Schreibman,Kaneko,& Koegel,1991)。

家有一个孤独症孩子,对家长来说无疑是一个重大的压力。例如本书作者的一项研究表明:孤独症孩子家长的心理精神压力,不仅高于一般人群,甚至超过其他发展性障碍(例如智力障碍)孩子的家长。由此产生的一个问题是:家长是否要让专业人员来教育自己的孩子,还是自己也要加入对孩子的干预过程之中?

对这个问题反应的一个误区是:家长不应该成为对自己患有孤独症孩子的教育干预者,以免进一步增加自己的压力。事实表明,如果家长对自己孩子的干预目标没有发言权或者家长对有关的干预教育手段毫无理解,他们的心理压力反而会增加。而如果家长能够学会在自然环境中对孩子的沟通能力、社会交往和自理能力进行干预,他们的心理压力反而会有所缓和。

进一步的问题是,什么性质的由家长参与的干预教育能够更好地使得他们减轻自己的心理和精神压力呢?美国加州大学的孤独症学者设计、完成并发表的一个实证性研究试图对此进行探讨(Schreibman et al.,1991)。这项研究的目的是要比较运用 ABA 分段回合训练法对自己孤独症孩子进行干预的家长心理压力和运用 ABA 关键性技能训练法对自己孤独症孩子进行干预的家长心理压力。研究者将参与研究的孤独症孩子家庭分为两组,一组家长学会使用分段回合教法并以此来教育孩子,而另外一组家长学会使用关键性技能训练法并以此来教育孩子。结果表明,尽管参加实验的两组孩子在家长干预后都有良好进步,但是运用 ABA 关键性技能训练法对孩子进行干预的家长的心理压力显著低于运用 ABA 分段回合教法对孩子进行干预的家长的心理压力。其表现是,由对研究不知情的观察者对两组家长的情绪评分,使用关键性技能训练法的家长在正面情绪方面的得分要显著高于使用分段回合教法的家长。研究报告的结论是,家长在自然环境中根据家庭的作息对孤独症孩子进行干预,有助于他们心理压力的调整(Schreibman, Kaneko, & Koegel, 1991)。

其次,从孤独症干预的时间、强度和经济效益方面来说。美国国家研究院孤独症儿童教育干预委员会(Committee on Educational Interventions for Children with Autism of National Research Council)通过对项目广泛的评估,结果是,所有报道对孤独症的干预都需要每周20～40小时的干预(National Research Council, 2001:6)。同时需要提出来的是,干预时间和强度的效果与干预的方法和干预的内容(如儿童、家长、治疗者的特点)有关。PRT 的特点之一是,干预的实施是在自然环境里,由家长、学校的全体老师、同伴来执行,所以儿童接受干预的时间总体上是多的。同时,PRT 在时间强度和干预实施的成本上是经济实惠的,因为,干预是通过儿童生活中的所有有关联的个体(包括父母、兄弟姐妹、祖父母、叔叔阿姨、同伴同学、照顾者、普通教室里的老师、社区与其接触的人员等)和环境开展的,最后家长成为主要的教导者,特殊教育工作者变成了家长的专业顾问与技术指导。在教导之后的长期的泛化、维持和发展中不再需要额外的频繁的经济上的投入,而保持了儿童能够继续接受到帮助和服务(Koegel, & Koegel, 2006:8)。

最后，从儿童发展理论来看，普通儿童的发展历程很明显地表现出家长或照料者与儿童之间的良性互动极大地促进了儿童在社交技能、语言、认知、情感表达等多方面的发展。比如，当孩子还是在婴幼儿的时候，家长对孩子一个声音、一个手势、一个眼神的积极回应（如命名一个物品、一个微笑、一个动作等），就让孩子学到了物品的名称、情感的互动技巧、要求物品或活动的方法……在这个自然的过程中，除了孩子得到了全面的发展，孩子和家长都感受到了快乐和幸福。PRT的家长培训教育体系完全符合这一原则。

因为，PRT强调将家长的培训融入自然环境里，贯穿在他们的孩子醒着的时候的每一个活动中。教导家长将孤独症的关键性技能作为目标，通过规范的实施操作技巧，利用每一个或创造更多的机会，激发孩子的学习动力，对孩子每一个活动做出适当的反应和加入普通的互动中，从而推动孩子更接近普通儿童发展的轨道。

三、在哪里教（结构化的教室还是自然环境）？

为什么会有这个疑问呢？因为，在人们的脑海里，只要听到教育、治疗、训练等字眼，首先想到的一定是哪个学校，哪个医院，或哪个中心。这也是实际咨询工作中常常遇到的问题。因为，人们对这些词语的狭义的认识就是：接受教育去学校，治疗去医院，训练去中心。与这些传统认识正好相反的是，PRT强调：将孤独症儿童的教育融入自然环境中。

前面，我们介绍过分段回合教法（DTT）的特点：在一个强结构化的教室里，教师给予指令—学生反应（或教师辅助学生反应）—教师对学生的反应给予强化（特设强化物）。一个个小的目标完成之后再链接、泛化。尽管在DTT中也强调泛化，并且泛化的步骤也很明确和细致，但这很繁杂，也很耗费时间，更重要的是虽然也培训家长和要求他们协助做好第四级和第五级泛化,但大多都停留在理论上了。在美国或少部分发达国家,可能会好一些,因为有家庭服务项目,专业人员在某种程度上代替了家长的工作。但他们代替不了家长的角色,尤其是在情感上和自然的日常生活活动中。在中国就更加困难了。首先,有这个概念的专业人员都很少,更无从教导家长;其次,即便部分家长得到了这方面的培训,也由于各种原因和理由无法坚持和准确落实。结果是,有些在学校里基础能力训练得不错、具备了良好的或不错的行为规范的孩子,到了自然环境(家里、社区、普通学校等)后,却频发一些不良的或不恰当的行为,之前所学技能不能运用或运用不足。这与自然环境中与孤独症儿童打交道的人[家人、同伴、社区人员、普通学校的老师(包括特殊学校的老师)]不了解孤独症,更不懂如何教导和辅助他们有关。这样的结果让家长和早期教导孩子的老师都感觉到失落和沮丧。

当然,也有少数幸运的孩子,他们的家长用心学习新的方法,不断得到专业人员的指导,孩子回到自然环境中后继续发挥他们的智慧,给孩子创造了泛化、维持和提高的机会。回想起来,他们的做法与PRT方法有很多吻合之处,如谁教(普通班级里的老师、同学、所有的家人),在哪里教(普通教室里、普通学校的操场上、社区)。

这提出一个问题,就是与孤独症有关的一个重要领域是关系到自发性反应、泛化和训练结果的维持。换句话说,干预核心领域的要点是干预成果的泛化和维持,特别是与在自然环境刺激控制下的反应的发生有关(Koegel,& Koegel,2006:11)。在PRT里强调将泛化和维持在本质上建立到干预中去,使它们很容易地适用于自然情景和自然环境。同时,更重要的也许是PRT强调和提供在家里和社区环境里实施干预计划,将适用于自然的、每个家庭社会化环境的干预计划提供给家人,使家长能够通过多种情景、贯穿在儿童所有醒着的时间里实施干预,促进儿童在行为和发展的各个方面产生迅速、普遍、可以接受的进步（Koegel，& Koegel，2006：12）。

四、怎么教（或教导者的关键性技术）？

一个好的理念和计划，加上理想的人员和场所，还必须要有与之相匹配的、可操作性的技术或技巧，才是一个完整的体系，才能得到一个理想的结果。这就是回答这个问题的目的。

在 PRT 里，除了在自然环境里灵活运用 ABA 的基本原理和技术外，更具体地强调教导者必须掌握、熟练运用的七大关键性技能，包括：① 遵循孩子的兴趣，尊重孩子的选择；② 提供明确的机会；③ 新旧技能或任务穿插；④ 分享控制权；⑤ 有条件奖励；⑥ 奖励孩子的努力；⑦ 自然性奖励。在本书第二章中将会有详细的介绍和说明，其他章节也会不断地强化准确使用这些技术的重要性，所以，这里就不多赘述。

在讨论了 PRT 的基本特征以后，有必要简略地回答一下为什么现在要来推广这种教育体系和方法，即 PRT 有哪些实证性的干预效果。

自 20 世纪 70 年代以来，以加州大学山塔芭芭拉校区的心理学教授凯戈尔等人为代表，PRT 在孤独症教育干预领域中取得了长足的发展。在 PRT 发展的早期阶段，凯戈尔的体系往往被称为"自然语言教法"，其主要目的在于提升孤独症儿童的语言能力。到了 21 世纪，凯戈尔越来越多地用 PRT 来概括他的体系，从而反映了其所干预的目标从语言领域扩展到沟通、社交和行为兴趣等孤独症的关键领域。其理论基础是应用行为分析。与此同时，关键性技能训练法又吸取了发展心理学、认知心理学和情景教育方法的有关内容。在这一发展阶段，PRT 得到了越来越多的科学论证。迄今为止，至少有两百多篇发表在专业文献上的与 PRT 相关的实证性论文，PRT 逐渐在世界各国得到了接受和推广。下面,作者主要对国外运用关键性技术教育孤独症儿童的推广效果做简单介绍。

关键性技能训练法源于大学的孤独症研究机构。凯戈尔以及其他孤独症研究人员运用关键性技能训练法的基本理念及操作方法,使得接受干预教育的孤独症孩子在社会沟通以及行为技能方面表现出显著的进步。接下来的问题是,用关键性技能训练法教育孤独症儿童,其推广效果如何。

在心理学、教育学等领域中,任何一项研究发现的推广应用,都存在着普及性的问题。美国圣地亚哥孤独症研究者 Back-Ericzen 等在其发表于 2007 年的一个实验中提出了这样的具体问题:关键性技能训练法能否在社区中得到大规模的推广? 这种方法在非英语母语的族裔中的应用效果如何?

为了回答这些问题,Baker-Ericzen 等在 1999 年到 2003 年的四年时间中,在美国圣地亚哥地区对 158 位孤独症孩子和他们的家长进行干预和培训。这些孩子的年龄从 2 岁到 9 岁不等,其中一半左右的年龄为 0 岁到 3 岁,而另外一半的年龄为 3 岁以上。这些孩子的家长来自美国南加州多元化地区的五个不同的族裔。其中最多的为墨西哥裔(35%),其次为白人(27%),其他族裔的家长在样本中占较小的比例。按照研究者的要求,每一位家长在实验开始前和实验结束后都认真完成"未兰德适应行为量表",报告中说明了孩子在当时的沟通交流、生活能力、社会交往以及动作能力。

三位研究人员同时又是关键性技能训练法的专家。他们选择了一个社区的儿童医院作为干预和培训基地。在实验的三个月中,研究人员每周一次对孩子家长进行干预培训,其主要目的是帮助家长掌握运用关键性技能训练法对孩子进行干预教育。

三个月干预培训的结果表明,参与实验的孤独症孩子在沟通交流、生活能力、社会交往以及动作能力等所有方面,都有显著进步。例如,该样本中孤独症孩子在"未兰德适应行为量表"的沟通交流方面的平均指数,从干预前的55提升为干预后的65。其中,年龄较小的孤独症程度较轻的孩子的进步,尤其明显。特别有意义的是,当研究者把墨西哥裔孩子的变化和白人孩子的变化进行对比分析后,发现这两个分组孩子的进步幅度基本相同。例如,在"未兰德适应行为量表"中的社会交往方面,墨西哥裔孩子的指数从实验前的59.4提升到实验后的62.9,而白人孩子的相应指数从实验前的61.1提升到实验后的65.5。从统计学的意义上说,两者发生的变化是没有本质区别的。由此,研究者得出两个结论:第一,关键性技能训练法,可以在社区中得到有效的推广;第二,即使是非英语母语的孤独症孩子的家长,在接受了关于关键性技能训练法的培训后,同样可以运用有关方法对其孩子进行干预教育,而其孩子的进步不会因为家庭文化、语言的差别而受到影响。

美国耶鲁大学的研究者于2012年发表的一份成果报告表明:PRT的干预不仅可以帮助孤独症孩子提高社交沟通技能,减少孤独症的症状行为,而且使得接受PRT干预的孩子的大脑活动特点更接近于普通发展孩子的大脑活动规律(Voos et al.,2012)。

参加这一研究的是两位年龄为5岁的孤独症儿童,被试男孩的诊断是PDD-NOS(非典型广泛性发展障碍),表现出相对轻度的孤独症症状;而被试女孩的诊断是典型孤独症,其社会交往功能更低,行为问题更为严重。研究者先用最为先进的评估工具——学龄前儿童语言测试量表(第四版)、孤独症诊断观察程序(ADOS)和功能性核磁共振取得这两位孩子在干预前的基线。然后,由一位资深心理学家和两位助手组成的干预小组,分别对这两位孩子及其家长提供了为期四个月的PRT干预。

在这四个月中,干预小组的成员在诊所和家庭两个环境中,分别为两个家庭提供每周8～10小时的孩子干预和家长培训。对孩子进行的关键性技能培养,包括提高其学习动力、增加其社会主动性和改善其语言能力。与此同时,家长也通过接受培训而掌握有关的干预方法。

研究者在四个月的干预结束后又用同样的评估工具对两位被试儿童进行测试,以得到有关的变化发展的数据。结果表明,两位被试儿童的社会性交往的能力都有显著提高。其中被试男孩的测试结果显示他的社会性交往的能力已经接近于普通发展的孩子,而他的 ADOS 分数,也改善到低于自闭谱系的临床诊断标准。不仅如此,数据还表明两位被试儿童在接受 PRT 干预后,其大脑与社会认知有关部分的活动量明显增加,从而减少了孤独症所固有的在社会交往方面的缺陷。研究者的分析指出:孤独症孩子脑的有关部分并不是永恒性的"破损",而是与普通孩子的大脑结构相比,没能得到足够的"启用"。所以,通过适当的强化干预,孤独症孩子的大脑活动是可以得到改善,甚至接近普通孩子的"常模"的。

加拿大孤独症学者 Bryson 等发表于 2007 年的一份实证报告,表明了关键性技能训练法在美国本土以外的州、省级范围推广应用的可行性。自 21 世纪以来,加拿大卫生部得到资助为全加孤独症孩子提供早期干预。加拿大新斯科舍省(Nova Scotia)像其他北美国家和地区一样,为寻找对孤独症孩子干预教育的有效途径做出了巨大的努力。在 2004 年,该省卫生部门根据循证决策和社区干预的基本原则,最后确定用关键性技能训练法为全省的孤独症孩子进行早期干预。

在操作上,新斯科舍省有关部门采取了三级推广的方法。在第一阶段中,加州大学山塔芭芭拉校区的凯戈尔团队应邀到该省,举办了三个为期一周的培训班。参加这些培训班的大多数成员都是在孤独症早期干预中有丰富经验,同时又对 ABA 一般原则有较好基础的专业人员。这些成员分别来自新斯科舍省的一个大城市、一个小城市和一个农村地区。在训练结束后,他们能够到全省的条件相仿的各个地区去训练当地的孤独症专业人员乃至有关家长。而这,也就是推广应用全过程的第二阶段。

最后一个阶段是为期一年的对全省孤独症孩子进行直接的干预教育的阶段。在这一年的前六个月中,所有孤独症孩子的家长都接受了关键性技能训练法的培训。除此之外,由经过关键性技能训练法培训的专业人员上门为孩子提供每周 15 小时的直接干预。这些专业人员包括老师(一般是大学本科生)、技术指导(一般有硕士学历)和专家顾问(一般有专业博士的学历)。在后六个月中,由专业人员对孩子提供的直接干预从每周 15 小时减到每周 10 小时。与此同时,专业人员根据需要对有些家长进行关键性技能训练法操作方法的补课性培训。

一年的干预教育告一段落后,有关部门对其结果进行分析评估。统计发现,接受干预后的孤独症孩子的智商平均提高了 17.1,他们在认知和语言等方面也有显著进步。另一方面,这些孤独症孩子的家长对干预培训的满意率为 95%。研究人员由此得到的结论是,关键性技能训练法可以在美国本土以外的州、省一级的社区中得到成功的推广(Bryson et al.,2007)。这一发现,为 PRT 在中国大陆较大规模的发展前景提供了良好的范例。

⚫ 第3节　根据中国国情引入和实践PRT

中国国内对孤独症的第一次报道是在1982年。之后,少部分专业人员,主要是医疗界的临床医生,出于职业道德、责任和爱心,在没有任何支持的条件下,开始在自己的工作之中或工作之余,开展了对孤独症干预方法的研究和实践,也逐步开始向国际上的同行学习、交流。到20世纪前后,社会力量自发组织的孤独症早期训练、教育机构相继出现,当时,由家长组织的居多,专业人员组织的极少。与此同时,孤独症的教育训练问题也逐步引起了媒体的关注。从2006年开始,在国家的"十一五"规划里,将孤独症正式纳入到精神残疾范围,并开始对贫困的孤独症儿童实行抢救性康复经费补助,这在中国的孤独症干预历程上是一个跨越性的发展。到国家"十二五"规划,不仅加大了对孤独症干预经费补贴的力度,同时,在政策上与国际研究接轨,强调和推动孤独症的社区康复,加强对孤独症人士的社会支持体系建设。

尽管国内目前对孤独症还没有完善的诊断、评估管理机制和统一的标准,孤独症的早期教育干预机构也良莠不齐,绝大部分机构在理念要求、管理机制、干预理论体系、方法和技术上都缺乏科学性、系统性、完整性,而且国内至今也还没有自己的关于孤独症的流行病学资料,等等,但政府,尤其是以残联为代表的职能部门,在孤独症的上述领域都已经迈出了可喜的步子,也做出了大量卓有成效的努力。这也是我国孤独症事业一个新的希望。

在美国智力与发展障碍研究学会(American Association on Intellectual and Developmental Disabilities,AAIDD)的章程里强调了对发展性障碍(包括孤独症)人士支持体系的建设,解决个体支持需求,即个人参与人类功能有关活动所需的支持形态和支持强度。因为这部分人群在学习和发展上面临的较大挑战是，参与社区日常活动有困难。在社会—生态模式和支持需求的理念下，孤独症干预教育的目标是达到个人功能状态与其生活环境要求间的最大限度的适配。其中强调：障碍不是固定的，而是变动的、持续的，根据个人的功能限制与其环境可得到的支持而定。不要将注意力放在解决个人的问题（将个人的能力增加到跟其他人相同的程度）上，而是将注意力放在解决个人能力与环境所要求行为之间所出现的差距上。其支持模式是：个人能力与环境要求间的不适配处→创造支持需求→个别化的缜密支持计划和应用个别化支持系统→提供支持，从而提升个人成果和更独立、更好的人际关系，增加贡献社会的机会，增加参与学校、社区环境和活动的机会，增加个人的幸福感和生活满意度。

支持的标准概括起来包括：① 在自然环境中呈现支持；② 支持活动主要由在自然环境中的常人在工作、生活、教育或娱乐中执行；③ 有供人参考的支持活动；④ 支持通过像社工这类人的协调、调整；⑤ 基于个别化价值标准评估支持结果是否符合质和量的标准；⑥ 在人的生命的不同阶段支持的运用可以有变动或调整；⑦ 支持必须是连续的和不被取消的，除非服务和支持的提供者提供的支持对个体的现在和将来达到支持需要的强度。

为缩小个人能力与环境要求之间的差别，AAIDD 提出八个方面的支持及具体的服务项目。其中八个方面的功能性支持是：① 培养技能及方法；② 友谊及助人；③ 金融计划或理财；④ 就业援助；⑤ 行为支持；⑥ 家庭生活援助；⑦ 社区使用；⑧ 健康和安全援助（参考 AAIDD，2010）。孤独症是发展性障碍中的一种，所以，AAIDD 的大纲，对孤独症干预教育工作具有重要的指导意义。结合前面已经提到过的家长和专业人员的困惑,以及现实生活和工作中的实际问题,这八个方面的目标也正是孤独症孩子家长普遍想解决的问题,以及对孩子和社会理想化的期望。

回顾上一节对 PRT 特点的介绍,读者都会很容易地看出 PRT 的理念与支持性理念不谋而合,且具体目标、操作方法和技术特别适合这些功能性目标的建设。在孤独症的社区康复和建设好孤独症的支持体系中,PRT 是一套科学的、有理论依据的、系统的、可操作性的教育干预体系。概括起来说,在中国引进 PRT 技术的必要性、社会性、前瞻性和实用性意义表现在以下四个方面:① 政策上,对孤独症早期干预教育科学化、系统化、规范化的要求,尤其是加强对孤独症干预社区化的实施和推进的要求;② 技术上,国内目前关于孤独症干预教育的理论、方法技术和国外比还处于起步阶段,参差不齐,急需有真正以循证为基础的干预教育体系的引入,广泛提高我国孤独症干预的效果;③ 社会需求上,家长也迫切需要真正有价值的、有科学依据的技术和方法对他们进行指导,从而降低精神上、经济上的负担,让他们看到孩子的希望;④ 国际研究的前沿要求,也是孤独症个体最大限度的回归社会的需要。

而在中国引进 PRT 技术的可行性又表现在如下几个方面:① 国际研究经验的论证;② PRT 理念自身的特点;③ 国内与国际的互动;④ 国内现有的对 PRT 的实践。本书作者就此具体简述如下。

国际经验方面,上节已经较详细地介绍了加拿大新斯科舍省用关键性技能训练法为全省孤独症孩子进行早期干预的经验。有必要再强调一下的是:研究人员由实践得到的结论是,关键性技能训练法可以在美国本土以外的州、省一级的社区中得到成功的推广。

再就 PRT 理念自身的特点方面来看,前面也分别介绍过 PRT 的四大特点。在这里需要再次说明的是 PRT 强调在自然环境中实施,包括由环境中的自然人、用自然环境中的材料、将孩子的关键性目标贯穿在自然的日常活动中教导孤独症的孩子;同时强调对家长的培训也要在自然环境中执行;对每个个体和家长的教育培训计划在设计时就考虑符合每个家庭的自然社会文化和特点。这些特点无疑是有利于 PRT 在像中国这样特别强调家庭教育的国度里得到广泛推广的先决条件。

国内与国际的互动方面,自中国的改革开放以来,孤独症的研究和实践与其他行业一样也开始了多项式、多内容的与国际的合作与交流,例如,在孤独症的病因学研究方面,在脑生理、脑功能研究方面,在早期干预教育方面,都有了较好的开始。

作为国内现有的对 PRT 的研究和实践方面的一个例子,本书作者团队自 2003 年起,就建立起了与美国 ABA 专业团队和人员的密切合作,在这十年期间,先后全面系统地引进了 ABA、DTT 和 PRT 的理论和技术,在美国多位专家教授密集的、深入实地的、细致的指导下,根据中国国情将这些理论和技术灵活地运用到作者的实践工作中。同时,作者在近十六年的孤独症干预实践中,一直秉承综合性的干预教育理念,有 PRT 研究和实践的良好基础。综合性的干预教育理念是:将儿科医学、应用行为分析理论及发展理论有机结合;充分体现以人为本的理念,尊重每一个个体,在评估的基础上制订阶段性的个别化干预训练计划;从生理功能的调适、愉快情绪和学习动机的建立为切入点;以基础学习能力培养为重点;以应用行为分析的基本原理和技术为指导,以灵活多样的教学形式和课程安排来完成不同阶段的不同目标;改善学龄前孤独症儿童对外在环境的异常反应模式,增强其环境适应能力、社交沟通能力、独立学习能力、自我控制能力,提高其生活质量;在整个干预训练过程中,提倡家长的积极参与。这其中有很多部分与 PRT 的理念相吻合。

在上面工作的基础上,本书作者对于 PRT 的实践和推广,从 2008

年开始,至今已有五个年头,也做了多种形式的实践,比如,大型的 PRT 技术的理论介绍;小组式的家长培训和个别辅导相结合的家长成长团队;个案一对一 PRT 计划的实践(其中包括以中心为基础的实践,以家庭为基础的实践,在普通幼儿园、小学的实践等);绝大多数的实践为面对面,极少数个案由于距离问题,采用了远程辅导。尽管由于多种原因,大多数个案的实践持续不足两年,但还是有很显著的成效。例如,对接受关键性技能训练儿童的行为及家长教育技能均作训练前后对照,结果显示:儿童在沟通动机、沟通技能、游戏技能、基础学习能力、语言等多方面有了明显的进步;家长学会了在自然生活情境中把握儿童的兴趣,在维持儿童兴趣的同时拓展兴趣,利用兴趣教导儿童社交、沟通、语言及自我管理能力,同时,家长对孩子的理解增加,自我情绪控制改善。

综上所述,在国内引进 PRT 技术体系时机成熟,有巨大的社会意义、实用价值和前瞻性。

参 考 文 献

1. 李芳,李丹. 特殊儿童应用行为分析[M]. 北京:北京大学出版社,2011.

2. Stahmer A C, Jessica Suhrheinrich, Sarah Reed, Schreibman L, & Bolduc C. Classroom Pivotal Response Teaching for Children with Autism[M]. New York: Guilford Press, 2011.

3. Robert L Koegel, & Lynn Kern Koegel. The PRT Pocket Guide[M]. Baltimore: Brookes, 2012.

4. O Ivar Lovaas. Teaching Individuals with Developmental Delays—Basic Intervention Techniques[M]. Austin, Texas: PRO-ED, 2002.

5. Robert L Koegel, & Lynn Kern Koegel. Pivotal Response Treatments with Autism—Communication, Social, & Academic Development[M]. Baltimore: Brookes, 2006.

6. American Psychiatric Association. Diagnostic and Statistic Manual of Mental Disorders. 4th ed. [M]. Washington DC: Author, 1994.

7. National Autism Center. National Standards Report: The National Standards Project—Addressing the Need for Evidence-Based Practice Guidelines for Autism Spectrum Disorders. National Autism Center[R]. http://www. nation8. alautismcenter. org/pdf/NAC%20Standards%20Report. pdf.

8. National Research Council. Educating Children with Autism[M]. Washington DC: National Academy Press, 2001.

9. American Psychiatric Association. Diagnostic and Statistic Manual of Mental Disorders. 5th ed. [M]. Washington DC: Author, 2013: 50-59.

10. AAIDD Ad Hoc Committee on Terminology and Classification. The Intellectual Disability: Definition, Classification, and Systems of Supports. 11th ed. [M]. Washington DC: American Association on Intellectual and Developmental Disabilities, 2010.

11. Bryson S E et al. Large Scale Dissemination and Community Implementation of Pivotal Response Treatment: Program Description and Preliminary Data [J]. Research & Practice for Persons with Severe Disabilities, 2007, 32 (2): 142-153.

12. O Ivar Lovaas. Behavioral Treatment and Normal Educational and IntellectuaL Functioning in Young Autistic Children[J]. Journal of Consulting and Clinical Psychology, 1987, 55(1): 3-9.

13. Wetherby A M, & Prutting C A. Profiles of Communicative and Cognitive-Social Abilities in Autistic Children[J]. Journal of Speech and Hearing Research, 1984, 27(3): 364-377.

14. Lynn Kern Koegel, Camarata, Valdez-Menchaca, & Robert L Koegel, Setting Generalization of Question-Asking by Children with Autism[J]. American Journal on Mental Retardation, 1998, 102: 346-357.

15. Lynn Kern Koegel，Robert L Koegel，Hurley C，& FreaW D. Improving Social Skills and Disruptive Behavior in Children with Autism through Self-Management[J]. Journal of Applied Behhavior Analysis，1992，25(2)：341-353.

16. Robert L Koegel，Bimbela A，& Schreibman L. Collateral Effects of Parent Training on Family Interactions[J]. Journal of Autism and Developmental Disorders，1996，22：142-152.

17. Schreibman L，Kaneko W M，& Robert L Koegel. Positive Affect of Parents of Autistic Children：A Comparison across Two Teaching Techniques [J]. Behavior Therapy，1991，22(4)：479-490.

18. National Research Council. Educating Children with Autism. In Lord C & James P. McGee(Eds.)，Committee on Educational Interventions for Children with Autism[M]. Washington DC：National Academy Press，2001.

19. Voos A V，Pelphrey K A，&Tirrell J. Neural Mechanisms of Improvemments in Social Motivation After Pivotal Response Treatment：Two Case Studies [J]. Journal of Autism & Devlopmental Disorders. Springer Science＋Business Media New York，2012，27：1683-1689.

第2章 语言学习动力

前一章对学习动力的概念及提高孤独症儿童学习动力的重要性做了简要的概述。本章将围绕孤独症儿童语言学习过程中学习动力的重要性以及如何培养、提高、维持孤独症儿童语言学习动力方面做详细的介绍。先介绍一般原理，再描述 PRT 教育体系中提高语言学习动力的程序，进而讨论将此程序用于对孤独症儿童第一批语言的启发与教育。语言学习动力是一个"关键性领域"，意味着对于广泛的功能性领域它是主要的，关键性领域的积极改变在其他非目标的功能性领域起到积极的作用。在这一章中，讨论的重点特别集中在孤独症儿童学习第一批语言和自然使用这些语言的动力方面。

◐ 第1节 为什么要培养孤独症儿童的语言学习动力

学习动力对语言学习有极大的重要性。在前面章节对 PRT 的相关理论及特点做了初步的介绍后，进一步阐述语言学习动力这一关键性领域是有必要的。在孤独症儿童康复教育工作中遇到的最大挑战之一，是他们在语言学习过程中明显地表现出学习动力不足或学习动力缺乏，这种学习动力的不足或缺乏常常表现为多种不恰当的方式，如学习中发脾气、不服从、不予注意、逃避等。那么，为什么会出现如此状况呢？多数情况下是由于孤独症儿童缺乏成功的学习经验（或者称为"获得性无助感"),这使得他们很容易学会"放弃";也有部分情况是由于他们的基础学习能力不足,兴趣狭窄所致。无论这种学习动力不足的原因是什么,它都给儿童的学习和发展带来了障碍。所以,研究者们在过去几十年里持续不断地探索,试图发现解决这一问题的方法,努力的结果是成功地创建了一套提高孤独症儿童学习动力的程序,使儿童的学习变得容易,也使 PRT 教育体系有了长足的发展。

例如,在 1984 年 Koegel、O'Dell 和 Koegel 设计的科研中,研究者运用一系列动力程序教导孤独症儿童运用功能性语言。这些程序被运用到儿童的自然环境中,包括家里和其他儿童花费大量时间的地方。数据证明使用 PRT 程序后儿童的学习动力增加,结果是他们的沟通能力发生了显著性的变化。除了沟通方面的改善,动力程序同时使特定目标之外的混乱性行为减少(Koegel & Koegel,2012)。

一、普通儿童语言发展的基本特点

语言是帮助人们交流思想、表达情感、进行思维的重要工具。离开语言,人们将很难充分地、完整地表达自己的思想或见解,也很难营造或维持一个协调、完美的社交活动。既然本章节围绕的重点是孤独症儿童的语言学习,那么教导者首先应先了解普通儿童和孤独症儿童语言发展的规律及相关特点,以及有关语言学习的途径和形式,这些能帮助教导者更好地理解孤独症儿童,更准确地选择语言教导目标,使孤独症儿童的语言学习更接近普通儿童的语言学习模式。为此,首先简单概述普通儿童语言发展的规律和基本特点。

儿童的语言发展分为几个阶段,在每一个阶段都有其发展的规律及特点。简单地说,其发展顺序为:学习发音,运用单个单词,最后把单词组合成句子(岑运强,2009:298)。

1. 语音的发展

语音是由人类发音器官发出的、能负载与传达一定的语义信息并能被别人理解的语言的物质外壳(岑运强,2009:49)。在这个意义上语音又被称为语言形式,即语形或言语。

(1)幼儿发音的正确率与年龄的增长成正比。① 生理因素。随着幼儿发音器官的进一步成熟,语音听觉系统以及大脑机能的发展,幼儿的发音能力迅速增强。② 词汇的积累。许多心理学家认为,在语言发展的早期,幼儿是通过学习词汇来学习语音的,他们必须掌握相当数量的主动词汇后才建立他们的语音系统。

(2)语音发展的飞跃期为3～4岁。在正确的教育条件下,他们几乎可以学会世界民族语言的任何发音。

(3)幼儿对声母、韵母的掌握程度不同。3 岁以前的幼儿发辅音错误较多,主要是因为其生理上发育不够成熟,不善于掌握发音部位与方法,所以发辅音时分化不明显,常介于两个语音之间,如混淆 zhi 和 z、ch和 c、sh 和 s 等。

(4)语音意识逐渐发展。幼儿语音意识明显发展主要表现在对他人的发音很感兴趣,喜欢纠正、评价别人的发音,还表现在很注意自己的发音。

2. 语义的发展

语义是指语形表现出来的意义,其中最重要的元素是词和句,尤其突出的是词,即清楚地知道每个词所代表的客观含义。词汇是语言的基本构成单位,词汇量越丰富就越容易表达思想,掌握的词汇越多,对事物的认识就会越深。因此,词汇的发展是语言发展的重要标志之一。幼儿词汇的发展有如下特点:

(1)词汇数量逐渐增加。国内外有关研究材料表明,3～6 岁幼儿的词汇量是以逐年大幅度增长的趋势发展着的,是词汇量飞跃发展的时期。在对幼儿词汇的研究中发现,如儿童到 18 个月时,可以说出 3～50 个词,但他们能理解的词远远超出他们能说出的;3 岁时能掌握 1000 个左右的词;6 岁时,他们的词汇量增长到了 3500 个左右。

（2）词类范围不断扩大。随着词汇数量的增加,幼儿词类范围也在不断扩大,这主要体现在词的类型和词的内容两个方面。幼儿一般先掌握实词,即意义比较具体的词,包括名词、动词、形容词、数量词、代词、副词等,实词中最先掌握名词,其次是动词,再其次是形容词和其他实词（李红,2006：211-218）。在幼儿期,学习词汇是非常重要的,词汇积累量的多少,直接影响语言表达的结构及运用。

3. 语用的发展

通过语形将所理解的语义根据一定的法则、情景表现出来,以表达个体的思想、情感,达到沟通社交的目的,这个过程即语言运用的过程。语用是随着儿童的语形、语义一同发展的。例如:儿童在出生后 6 个月以内主要通过哭声和笑声向周围的人传递信息。1 岁左右开始咿呀学语,发出各种各样的声音,这些声音逐步接近周围人的语音。随着词汇量的增加,表达能力也逐步提高,到了 18～24 个月时,开始将单词组成句子。3 岁左右开始,可以用一些复杂的句子表达复杂的意思。6 岁上学后,通过接受书面语言和写作训练,会说更长更复杂的句子,开始理解歧义句（岑运强,2009：281）。

对于孤独症儿童来说也不例外,比如,词汇也是他们学习语言的基础,那么他们在学习语言的过程中又有什么样的特点呢?

二、孤独症儿童语言学习的特点及障碍

孤独症儿童的语言发展同样需要经历上述过程。但孤独症儿童语言发展的每个阶段或某个阶段发育迟缓,且有较大障碍。这种语言发育的迟缓和发展的障碍在每个孤独症儿童身上都有不同的表现特征,总体上还是表现在语形、语义和语用三个方面。粗略地概括如下。

1. 言语发育落后或言语缺失

有相当一部分孤独症儿童到了咿呀学语阶段没有发展出言语,或者言语发展延迟,甚至少部分孤独症儿童终身没有言语。部分孤独症儿童言语发展过程中,其言语清晰度、句子长度、语音语调、语速、音量、言语表达时的抑扬顿挫等方面表现出异常。

2. 语义学习障碍

比如,在孤独症儿童中常见的模仿性语言,就是语义理解障碍的表现形式之一,常被称为"鹦鹉学舌"。包括即时性模仿语言和延迟性模仿语言两种形式。即时性模仿语言是指周围的某个人说了某些话后,儿童立即全部重复或部分重复这个人的话,就像"复读机"一样,刻板地复述。比如某人问他:"你是谁?"他会即刻说:"你是谁?"家长指着一位女士对他说:"叫阿姨。"儿童即刻说"叫阿姨",等等。延迟性模仿语言是指在某个特定或不特定的时间、地点或情境,儿童有意或无意地重复之前所听到或看到过的某些话,如喋喋不休地重复某些字、成语、句子、整首诗或是歌曲,或者是某个人在之前的某个时候对他说过的话,儿童当时并没有反应,在事后的某个时间有意无意地重复出这些话。孤独症儿童的这些模仿性语言有些有其沟通的意义,有些不具备沟通意义。这种语言形式的出现,与他们对语言符号的意义的理解障碍有关。

关于孤独症儿童语义方面的理解障碍的表现还有很多,再简单举几个例子,如:最基本词汇(如名词、动词)的辨别困难;"你""我""他"等代词不分;肯定和否定的意义不明确;等等。

3. 语用方面的障碍

这方面的障碍多与孤独症儿童对语义的理解程度有关。如:在提要求、回答问题或对话时机械性地模仿书本上的话、电视上的台词、某个相同或类似情景下他人的语言等；表达与情景、意愿不相适应；用词错误；不会提问题或刻板、重复地提一个相同的问题，等等。

4. 句法结构错误

在表达过程中，不能正确地使用既定俗称的法则和程序组织词语和句子。例如说："好吃的给我要""我想你把汽车我的还给我"，等等。

首先，由于上述在语言发展方面一系列的障碍，加上兴趣、注意的狭窄和选择性，孤独症儿童在发育早期就失去了很多语言学习的机会。他们在社交环境中不理解他人说话的意思，也不知道说什么或怎么说才能表达自己的想法，或者说的话使周围的人不理解致使缺乏适当的回应等。不断失败的体验，在孤独症儿童心中形成一种"习得性无助感（learned helplessness）"，使他们干脆就放弃了语言学习的努力。

其次，有些孤独症儿童的家长，对孩子也放弃了要求，形成所谓的"无条件满足"。例如：当感觉孩子口渴时，不等孩子有适当方式的要求或孩子仅仅是在半空中伸伸手或看一眼水杯，家长便会主动地将水递过去。当孩子想要得到某一样东西时，只要孩子一哭，家长立即满足其要求。当家长无条件地为孩子安排和提供一切所需之物或活动时，孩子就失去了用语言表达要求的动力。

第三，在传统的语言教学中，通常情况下都是在小教室里以一对一的形式进行，教学目标通常也都是由教导者决定，大多数与孩子当时的兴趣、要求没有直接关系，孩子"被迫"跟随学习。在这种情形下，孩子会觉得语言学习无趣，同时，对他们来说也是一项艰难的任务，久而久之，孩子就开始应付、逃避，学习动力也就不复存在。

假设开口"说"像一台机器，那"动力"就像带动链和润滑剂，有了后者机器才能正常运转，产生效果。PRT程序多强调动力程序的重要性，将学习动力作为目标领域可以达到激发非目标领域中行为改善的积极功效。本书作者不推荐在一个太结构化的条件下教导语言或其他技能，这是因为研究显示，它不能像动力程序表现出的那样快速并出现泛化的沟通。以上足以说明学习动力在语言学习中是非常重要的，没有动力的学习是"死板"的复印模式，无法达到沟通的运用。

在本书作者的经验中，假如干预初期没有口语的孩子，在 3 岁时开始干预，在他们的干预过程中包含了这些动力方面的训练，多达 95％ 的孩子以后会出现口语。如果在 3～5 岁开始干预的儿童，约有 85％～90％ 会出现口语。这也说明，在孤独症干预的早期阶段，强调运用有关增强动力的程序，对于干预的预后效果会有积极的作用。

🌀 第 2 节　如何培养孤独症儿童的语言学习动力

一、语言教导的基本原则和重点

儿童早期主要是在与他人互动的过程中学习语言，他们初期的语言不是被大人用刻板的方式教出来的。在自然学习过程中幼儿表现出积极、主动、理解的特点。因此提供多的语言学习机会和资源，建立良好的语言学习环境，对儿童早期的语言学习和发展有决定性的作用。既往研究也证明对孤独症儿童采用"自然教学模式"进行语言开发和训练可以收到更好的效果，更能提高孤独症儿童语言学习的动力。

从教育学角度来说，学生与教导者是教学过程中构造愉快学习过程的公共体。在教学过程中，学生是主体，教导者处于主导地位，教导者与学生的关系应是民主平等的。教导者应明确认识到教导者和学生在教育过程中是合作学习关系。

幼儿的语言学习看似简单但实际又是一门不容易的科目。需要认识幼儿语言学习规律，才能够按照规律引导、促进幼儿的语言学习，取得良好的教学效果。对孤独症儿童的语言训练也同样遵循相关的规律。从发展心理学角度来说，所有儿童的语言发展规律应该是一样的，但由于孤独症及相关发展障碍儿童的特殊性，其在语言学习过程中遇到的困难及障碍更多，作为教导者来说，要花费更多的心思，创造更多的机会，设计更多更丰富的活动，运用更多的教学策略及教学方法，更细致化地设计目标……这个过程虽然很艰辛，也很漫长，但其结果，必将是良好的和令人乐观的。

通过什么样的策略才能将对儿童学习语言动力的培养与语言表达的教导有效地结合起来，将完整性、主动性、有效性在整个语言训练过程中体现出来呢？PRT教育体系中语言学习动力的教导程序是比较全面、有效的方法，同时，语言学习动力的培养对于教导孤独症儿童语言也是最重要的一个关键点。另一个问题是，主动性语言应该从什么样的目标开始呢？

孤独症儿童主动性语言训练最好从表达要求的语言开始。因为表达要求的语言可以直接满足孩子的需要，需要是语言表达的动力，结果使孩子的同一个语言行为在之后增加。要求性语言一般包括向他人表达自己的要求、对他人行为的要求、对他人关注的要求、对具体信息的要求、对驱除不快之物的要求等。根据激发性操作理论，家长、监护人及训练者可以利用自然的激发性操作时机或创设的激发性操作时机，帮助孤独症儿童建立说话动机模式，即使用语言传递"要求信息"——他人的"信息反馈"——自己的"要求得到满足"，从而提高他们学习语言的动力，激发他们说话的愿望。当然要让孤独症儿童在使用语言与满足需求之间建立稳定的联系，需要一个相当长的积累过程。但是我们知道只有当他们把这种联系建立之后才能产生模仿说话的愿望和主动说话的愿望。PRT有最好的教导语言(语言学习动力)的方法,其实语言的起点也是跟自己的要求有关系的,不一定只有用词、句才能够提要求,即使是一个音一个字也一样可以提要求,而且通过这种方式所学到的第一个音就是有沟通意义的。

所以,在干预前首先要做喜好物的评估,以识别动机强化活动。了解儿童日常行为规律和基础,这对教导者在开始执行PRT程序之前识别儿童的动机活动、人、物品非常重要。作为父母或照顾者,花一些时间和孩子在一起,观察孩子喜欢什么和不喜欢什么。在知道孩子喜欢什么后将帮助教导者明确什么可以激发他去沟通,这些信息是无价的,是教导者在教导孩子之前需要先准备的事情。

值得注意的是,其中某些玩具和活动比人能更多地引导出自然语言的机会。假设孩子喜欢汽车,教导者可以用不同特征的汽车带来更多的语言学习机会。如,汽车里面可以带着一些不同的动物吗?孩子需要你帮助搭建大桥过河吗?孩子能用积木假装是汽车,推着一块积木发出"滴滴""叭叭"的声音或让它前进吗?总之,教导者需要记住,由多部分组成的玩具和需要教导者帮助的玩具将会提供更多的辅助沟通的机会。

选择一个新玩具的时候,教导者首先要考虑孩子是否喜欢或喜欢什么。比如,孩子喜欢音乐吗?喜欢旋转的车轮吗?或者喜欢将任何玩具都与积木一起推吗?没有任何一个玩具对每一个孩子都有动力,找到一个正确的兴趣对激发孩子要求有很大的帮助。孩子喜欢的活动对提供沟通机会也是一个好途径,许多婴幼儿喜欢身体性游戏,如追逐跳、游泳、在妈妈的背上骑马、挠痒痒等。这些活动能够在任何时候中断,为孩子提供一个要求继续游戏的机会。

提高学习动力的事物可以包括一系列的物品、活动和人。教导者花点时间记录和列出儿童的兴趣表（包括物品、活动、人及其他任何儿童感兴趣的事物），并在必要时随时看看，对与儿童建立良好互动关系是有帮助的。强化物或动机活动在不同时间可能会是变化的，所以，教导者需要常常修改自己所列的孩子兴趣表。

另外，选择功能性的词汇作为第一批的语言目标。学习第一批语言首选建立沟通意向的内容：理论上为了达到其他行为功能和自身的目的需要用的发音；其次，理解不同的物品、活动和其他人们已约定俗成的特定的语言符号；运用 PRT 程序帮助孤独症儿童达到这两个目的。既往研究显示大多数儿童在其他类型词语之前（如动词、冠词等）首先学习名词。这可能是因为这些针对物品的词语对儿童更有作用和更有具体的结果。对于大多数儿童，首先应该重点教导孩子命名物品和活动从而代替其他的发声，如，与情景无关的自言自语等。除此之外，本书作者建议首先开始教导孩子提要求，而不是其他功能的语言行为，如评论等。注意：最重要的是这里的主要目的是教导孩子学习他们的第一批语言（包括正确的言语，单词、短语的理解和运用，沟通意思和适当方法的建立等），而不是句子或其他较复杂的语言行为。教导孤独症儿童学会如何自发地、独立地运用第一批语言之后，将会帮助他们抓住每天生活中自然呈现的语言学习机会独立学习，而不再依赖成人的辅助，这是 PRT 中明确的重要组成部分。

与此相应，使用孩子经常使用的声音来选择单词。就像这章之前所提到的一样，为了能够激发出恰当的功能性的词汇，有必要增加语言学习动力的属性。一个方法是创造语言学习的机会，这个机会是可以预见的并且对于孩子来说是非常容易反应的。另一个方法就是选择教导的最初的目标词汇时一定要谨慎和系统。通常情况下，选择孩子目前经常发出的声音，在此基础上组合成有功能性意义的声音对于孩子来说相对比较容易，而不是将目标定位于一些对于孩子而言很生疏或者孩子不经常发的声音上。例如,如果孩子在玩的时候经常说"bobo",教导的语言目标可以是用"b"组成的词汇请求,如,教导孩子说"抱抱"来得到大人的拥抱等。

有必要指出,在对孤独症儿童进行语言教育过程中,教导者不仅要注意语言形式和结构的各个方面,如语词、语音和语法等,而且要强调语言功能的各个方面,如提要求、命名、会话和听者技能等。这样,才有助于孤独症儿童沟通能力的全面发展。

二、PRT 教育体系中教导者必须严格遵循的七大关键性技能

在完成对孩子的喜好调查评估并且确认了作为教学目标的第一批语言后,就可以开始语言教学了。在教导孤独症儿童的第一批语言中,第一个关键性领域是提高儿童的学习动力。下面将围绕语言学习(主要是围绕孤独症儿童学习第一批语言)介绍并讨论 PRT 体系中提高学习动力的七项主要程序,即教导者必须熟练掌握的七大关键性技能。

(一)遵循孩子的兴趣

在 PRT 体系中需要反复强调的一点是遵循孩子的兴趣。孩子的兴趣是学习动力的起源,也是引起孩子注意的基础,更是维持孩子学习动力和维持注意的关键,所以,不仅要做好教导前孩子兴趣、喜好的调查和评估,还要在教导过程中恰到好处地运用好孩子的兴趣和喜好。换句话说,选择什么样的活动、用什么作为教材、活动的方向是什么,孩子说了算。孩子是教学互动过程中的"老板",教导者根据孩子的意愿参与互动、引导互动,将语言学习适时地融入互动活动中。举例:如果孩子喜欢玩球,就不要强行要求孩子从事玩积木或认卡片等孩子不喜欢的活动。在玩球的过程中,球就是教具,教导者可以教孩子学习与球有关的语言,如命名"球",要求"给我球""我要球"等,命名活动"拍球""扔球""丢球""传球""踢球""打球"等,辨别不同的球"皮球""篮球""足球""乒乓球"

"羽毛球""排球"等,遵循玩球游戏中的规则,如轮流、等待等。

在遵循孩子兴趣的前提下,教导具体语言目标之前,教导者首先要获得孩子的注意。获得孩子的注意是指教导者在要求孩子表现出语言行为之前,或者在向孩子提供一个语言学习机会之前,必须先得到孩子的注意。例如:教导者先把孩子喜欢的物品拿在自己手上,确认孩子已经看向自己,再辅助孩子说:"我要××。"又如:孩子在准备滑下滑滑梯时,用手挡住孩子的身体,在孩子注意到自己时,提示孩子说"请让开"或"我要滑下去"等。

得到孩子的注意听起来似乎是显而易见的和非常容易的事,因为许多教导者会说:"当然,我们在要求他做某事时一定需要得到他的注意。"然而,在实际教导过程中常常不是一件容易的事。一些孤独症的孩子倾向于对周围的世界"不反应",教导者不得不增加一点小小的额外的努力才能获得他们的注意。这里有一些建议可能是有帮助的。

教导者可能需要列出一个图表,内容是让自己知道怎样才是获得了孩子的注意。比如:孩子看着教导者,或看着教导者的方向,或看着与沟通机会相关的刺激物,或教导者举起物品时孩子接触到人或这个物品。另外重要的一点是孩子不是过分地着迷于手中的活动等。

另外,确定能引起孩子注意所做的其他一些事情。例如,叫孩子的名字;增加获得孩子注意的变化(如,夸张的评论、赞叹、欣赏,变化活动方式等),教导者尽可能地接近孩子(如:孩子在地板上,教导者也需要在地板上)。有时候,看着孩子的眼睛叫他的名字是有帮助的。要从孩子正在玩耍的玩具、活动或自我刺激行为中得到他的注意尤其困难,此时,偶尔中断一下孩子的游戏也是有帮助的。

(二)提供明确的机会

明确的机会是指希望引起孩子反应的问题/指令/机会(即区别性刺激或 S^D)必须是明确的、不停顿的,以及对于孩子而言活动或任务是恰当的。教导者必须提供简单明确的机会(及指令)以便让孩子作出语言反应。简单地说,就是教导者的指令、问题或要求必须尽可能地清晰、明确,音量适中(确保孩子听得到),用词准确,符合孩子的能力水平,与当前的任务有关联等。此外,教导者在再次提供机会时应该使用统一的语言和条件。对此只有一个例外,那就是教导者要给孩子提供渐进性辅助的时候。而即使要使用渐进的辅助,也必须遵循正确的要求。

为了做好这一点有许多技巧值得推荐和使用,常用到的有:

1. 确定提供给孩子反应或辅助的最好时机。教导者的问题、要求或指令必须在孩子有适当行为的时候及时出现,而不是在孩子发脾气的时候。

2. "中断"或停顿技巧的使用。有的儿童在游戏开始的初期对要求或辅助有更多反应的可能,如何在这个时段努力为孩子提供更多的语言学习机会?其中,在游戏过程中间断地、恰到好处地使用"中断"或停顿的技巧,可以收到很好的效果,给孩子提供更多次的要求游戏继续或命名活动的机会。如家长在陪孩子玩摇摇船,边摇边唱着儿歌,期间,家长突然让摇摇船停下,当孩子看着家长时,家长马上辅助孩子说"摇摇船"或"还要玩"等。这种停顿增加了孩子在一个活动中学习语言的机会。

3. 捕捉机会。在适当的自然情景下捕捉机会最好。比如:孩子想出去玩,走到门前打不开门时,教导者及时辅助孩子说"开门"或"帮忙开门",这是一个表达愿望、要求的机会。孩子在游乐场玩得很累回家后,很可能需要喝水,这时,家长可以拿着装有水的水杯,但不立即给孩子,当孩子看着水杯或伸手试图从你手中接过杯子时,家长可以辅助孩子说"水"或"喝水"或"我要喝水"等。

4. 位置设计提供机会。上面例子中,在孩子需要喝水时,也可以将水杯放置在孩子拿不到的高一点的地方,当孩子指着水杯或看着水杯时,辅助孩子说"水"或"喝水"或"我要喝水"或"给我水杯"等。

5. 设置障碍提供机会。是指在活动过程中有目的地设置一些障碍,为孩子提供表达的机会。例如：孩子拿着玩具汽车在轨道上前行，教导者拿一块积木挡在路中间，当孩子抬头看教导者或用手推教导者拿着积木的手时，教导者辅助孩子说"请让开"或"拿走"等。

6. 提供选择的机会。是指教导者在与孩子互动活动过程中提供各种机会以便让孩子作出选择。各种活动应该是由孩子来起头，教导者跟着孩子走。对跟着孩子走的客观定义是：① 提供两个以上的选项让孩子来挑选（例如："你要玩吹泡泡？还是要骑车？"）；② 容许孩子接受或者拒绝一个活动（例如："你要游泳吗？"）；③ 辅助孩子从一个开放性问题中选择一项活动（例如："你要什么？"）；④ 教导者对孩子以口头语言或者形体语言表示的选择（某种活动、物体或动作）都应作出相应的反应，从而在选择活动和引导活动方面跟着孩子走。例如，孩子去拿橡皮泥并说"皮皮皮"，教导者就把橡皮泥融入与孩子的互动中去。又如，教导者与孩子玩小汽车爬滑梯的游戏，在孩子还没有把玩具汽车开下滑梯前教导者就因势利导地辅助孩子说"下"，让孩子把汽车开下滑梯；而当孩子开始要把汽车开上滑梯时教导者又因势利导地辅助孩子说"上"，进而让孩子把汽车开上滑梯。

7. 变化活动提供机会。如果孩子对眼前活动的兴趣降低或似乎没有兴趣了，教导者应该作出努力使活动变化。

8. 教导者在再次提供机会时应该使用统一的语言和条件。对此只有一个例外，那就是教导者要给孩子提供渐进性的辅助时。如果要使用渐进性的辅助，也必须遵循正确的要求。例如，孩子在口渴时，已经可以主动独立地说"水"，那么孩子再次要求水的时候，教导者辅助说"喝水"，再后来可以进一步辅助说"我要喝水"等。

9. 减少教导者的问话，代以适时、适当的辅助。对于学习第一批语言的孩子而言，培养和维持孩子的语言学习动力和语义、语用的辨别比回答问题更重要。很多时候许多教导者习惯性地对着孩子不停地问问题,孩子要么不反应,要么以问题行为拒绝、反抗,这时教导者也很受打击。所以,教导者在与孩子互动中减少问话,提供更多的机会辅助孩子说话更有利于营造轻松的学习氛围,提供孩子的参与性。

10. 提供包括示范法在内的各种辅助。上面举例都用到辅助这一程序,那是因为这批孩子还在他们第一批语言的学习阶段,是语言学习的启蒙阶段,更需要成功的语言学习体验,维持语言学习动力。需要强调的是,辅助是对还没有主动沟通意思或不能独立使用适当词语或短语或句子表达的孩子,在语言学习中这种辅助又称为示范法。

示范和模仿是人类早期学习的重要途径,用在孤独症儿童教育中在操作上要求有所规范。教导者示范法的基本程序如下。

教导者首先要观察发掘孩子的兴趣,并利用其兴趣点进行教学。例如:孩子喜欢听歌,教导者示范说"听歌",在孩子模仿说"听歌"后,能听到喜欢的歌曲。

在开始教导之前,教导者必须先获得孩子的注意。例如:教导者将孩子喜欢的积木放到自己眼前的位置,等到孩子对自己有所关注或有目光接触时,示范说"积木"。

教导者先根据孩子的兴趣示范一个语言行为。例如:孩子喜欢泡泡,教导者吹了几个泡泡后示范说"吹泡泡"。

如果孩子能够模仿,马上给予表扬,可能的话并使其得到与该语言相关的实物。比如:教师示范说"吹泡泡"后,孩子马上模仿说"吹泡泡",并得到了强化物——吹泡泡的活动。

如果孩子没有反应或说得不对,教导者再次示范该语言行为,作为一种校正。比如:当孩子准备从滑滑梯上滑下去时,教导者挡住其身体并示范说"滑滑梯",孩子模仿说"瓜瓜梯",教导者再次示范说"滑滑梯",孩子模仿说"滑滑梯"。

如果孩子还是不能正确模仿,教导者在提供矫正性评语后,让孩子得到想要的实物。比如：当教导者再次示范说"滑滑梯"后，孩子仍然模仿说"瓜瓜梯"（孩子确实努力了，"滑"的音发起来有点困难），教导者还是给予强化——让孩子滑下去。上面所述为教导者示范方法的基本步骤。当然除此以外，还有其他各种辅助方法和辅助技巧的使用原则，读者可以参照本书第一章节中的有关介绍。

下面用两个孤独症孩子（都是学习第一批语言阶段）在不同情景下的语言学习片段，进一步说明提供明确机会及一些技巧的运用。

 案例 2-2-1

> 有一天，在家中，明明的爸爸和他在地板上玩"蚂蚁爬"的游戏。明明的爸爸边在他的肚子和颈部搔他的痒痒，边反复说"蚂蚁，蚂蚁，爬爬爬"，看到明明笑得很开心，爸爸突然停下来，将手举在空中，说："蚂蚁，蚂蚁……"（停顿），明明停止笑，看着他的爸爸，爸爸及时辅助说"爬"，明明一旦模仿说"爬"，他的爸爸就表情夸张地说"爬爬爬"，并同时开始搔他的痒痒。

这是一个极好的互动，因为两个人都很投入，也玩得很开心。明明的爸爸知道明明很喜欢被搔痒，当他停下来时明明变得安静并看着他。这时，爸爸提供的机会是明确的、特定的，简单清楚，把手举在半空并看着明明，等待明明说的瞬间即刻去搔他痒痒。

 案例 2-2-2

> 牛牛特别喜欢滑滑梯，教导者随着牛牛玩滑滑梯，确定语言目标是"滑"（牛牛此阶段只能偶尔无意思地发出"啊"的声音），当牛牛准备

滑下滑滑梯时,教导者挡住牛牛的身体并及时辅助说:"滑——"牛牛看了一眼教导者,说"a",教导者立即将手松开,牛牛从滑滑梯上滑了下去。

如此反复,教导者在每次提供机会时都使用统一的语言和条件,牛牛最终可以在需要时准确地说出"滑"而得到滑下滑滑梯的机会。

(三)新旧技能交替/变化活动项目

新旧技能交替/变化活动项目是指:教导者在与孩子互动时必须交替训练维持技能(又称旧技能——孩子已经掌握的和容易完成的技能)与新技能(孩子没学过的或准备学习的新目标或还不能独立地熟练运用的目标或是更有挑战性的技能)。此外,教导者在每个活动中应该变更项目。在学习过程中两者交替呈现,可以增加孩子学习的成功机会,维持孩子的学习动力,因为学习一些新技能可能是困难的,尤其是在可沿用的成功经验很少时。在学习第一批语言期间,为了帮助孩子维持学习动机,重要的是通过训练和强化已经会做的,以确定孩子一些成功的经验。

呈现的新旧技能可以是同一领域的,也可以是不同领域的,依据孩子的能力和既往学习经验而定。

案例 2-2-3

小利很喜欢玩感官刺激性游戏,妈妈也是通过这些兴趣发展了小利的第一批语言,小利现在在游戏中断时能主动地说:"我要玩。"但是在玩球、玩呼啦圈时都只能说"我要玩",妈妈尝试扩展新的词"呼啦圈"。但是,小利在遇到新任务时较困难(逃避)。妈妈在与指导者沟通后,将旧任务"我要玩"与新任务"呼啦圈"按三比一(即先要求孩子完成三个已知动作,然后才引入一个新的动作)的比例进行转换,以维持其学习动力。调整后,孩子很快学会了新的词语"呼啦圈",并且在要求时可以准确地说"我要玩呼啦圈"。

在提供孩子语言学习机会的时候,重要的是将旧任务和新任务交替,和提供更多引起孩子兴趣的新任务。将孩子已经能做和容易做的任务与新的难的任务组合,能维持孩子的动力,是因为孩子有许多成功的经验替代重复的失败。这与用一个新任务重复训练孩子的教导方法形成了对比。重复训练一个新技能,但不能确定通过重复训练孩子是成功的和有兴趣的,他们更容易产生挫败、逃避和其他的混乱行为,如发脾气等。孩子学新单词是重要的,但不是建立在损失学习沟通的基础上,那样既辛苦又痛苦。教导者都希望孩子在学习语言过程中有兴趣,得到奖励,值得孩子努力,将新旧技能穿插在孩子的学习过程中,可以确保孩子的动力和更多对学习的渴望,同时增加学习新词语的机会。

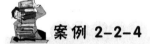 **案例 2-2-4**

乔乔和他的妈妈一起玩开小汽车的游戏。当小汽车倒了的时候,乔乔说"摔跤了"(旧技能),妈妈及时矫正并示范说"车翻了"(新技能),几次下来,乔乔学会了用"车翻了"描述翻车的情景,同时区分"摔跤了"和"车翻了"的不同含义。另外,在这次玩小汽车的游戏中,乔乔说了一个"右"(之前在玩电子游戏时学过的),妈妈及时辅助孩子说"向右转"(新技能),接下来妈妈引导乔乔并和乔乔一起玩"向左转""向右转""向前开""倒车"的"开车游戏",丰富了乔乔的词汇,也让他理解了以车为参照物的时候"前""后""左""右"的概念。

上面提到三比一的新旧技能交替模式,即先要求孩子完成三个已知动作,然后才引入一个新的动作。有的时候,如果新的技能特别困难,教导者还可以采用五比一的新旧技能交替模式,即先要求孩子完成五个已知动作,然后才引入一个新的动作。其目的,同样也在于始终保持孩子的学习动力。

(四)尊重孩子的选择但注意分享控制权

分享控制权是指在互动过程中,教导者必须自始至终地与孩子分享对活动和物品的控制,从而向孩子提供自然的机会和有条件的奖励。包括对刺激物的实际性的分享控制,也包括在必要时准确地使用中止程序。如果孩子开始危险性动作(例如自伤性行为)或者不恰当动作(如自我刺激行为)时,教导者必须行使控制权。

分享控制要求在教导者和孩子之间平衡控制,遵循着孩子的引导和与孩子轮流是分享控制的两种方法。传统的教育方法和教导过程,常常是在成人的控制之下,成人决定教什么(通常不包括孩子们学习的动机),用什么作为教材(常常是一些教学卡),最后,在孩子反应正确时成人提供奖励(通常是特设强化物)。换句话说,成人完全控制每一件事的发生。而研究显示在学习过程中如果儿童能够有一些控制(分享控制)的机会,其反应将提高,学习更快。在自然活动过程中,创造好的轮流分享控制的机会,可以激发和维持儿童的学习动力。

案例 2-2-5

明明放学回家后就冲出去玩滑板车。明明的妈妈跟着他出去,允许他玩了一会。当明明再次滑到妈妈面前时,妈妈挡住了滑板车,说"轮到我滑了"。妈妈滑了几下后,停在明明的面前,抓住滑板车辅助明明说"滑",她在把滑板车给明明之前等明明说"滑"。之后,妈妈在获得轮流机会之前每次都允许明明有多一些的轮流机会,并每次辅助他说"滑"后,明明可以玩滑板车。这样轮流玩滑板车一段时间后,明明把滑板车放下回到家。到家后,在明明准备拿书架上的 iPad 时,明明的妈妈把 iPad 拿下来并辅助他说"玩",等他尝试说"玩"之后再给他 iPad。明明和妈妈轮流玩 iPad 中的游戏,在他想玩更多的游戏时,妈妈通过辅助"玩"和其他的词语,为明明的语言学习提供更多的机会。

在这个例子中,明明的妈妈对明明的一系列动机表现出了很好的分享控制。首先,在滑板车和玩 iPad 游戏两项活动中,明明的妈妈遵循明明的选择;其次,她利用自然发生的机会轮流。她作快速的轮流并允许明明有较长或更多的轮流。最后明明妈妈鉴别每一个活动的强化物和确定她已控制全部活动。在玩滑板车活动中,明明的强化物是玩滑板车。在玩 iPad 游戏中,玩游戏是自然强化。为了给语言学习提供机会,明明的妈妈得到了这些强化物的控制。明明学会用语言做更多适当方式的沟通和互动。

又如:如果孩子想用积木拼火车,教导者可以一块一块地提供给他,孩子每想要得到一块积木时,都是一个语言学习的机会(命名"积木"或"给我积木"或"我要一块红色的积木"等),视孩子的语言发展调整语言学习目标。如果孩子想吃巧克力豆,先给他一颗,并等待他提更多的要求,为孩子提供更多的语言机会。

(五)有条件地强化

这一方法是指强化必须以孩子的行为为条件。教导者所提供的结果(例如给孩子一个玩具)必须是依据孩子的表现(例如孩子说"玩具")。如果孩子没有口头反应或者没有作出任何努力进行口头反应,或者孩子做出不恰当行为(如破坏性行为),教导者就不应该提供强化。此外,强化必须在孩子作出正确反应或者合理努力后立即给予。

案例 2-2-6

如果孩子喜欢看吹泡泡,确定的目标行为是教孩子说"泡泡",那应该在孩子说出"泡泡"后再吹泡泡。如果孩子没有作出反应或者出现破坏性行为(如抢泡泡瓶或推人等)就不应该提供强化物——吹泡泡。

案例 2-2-7

明明想玩积木,拿着积木盒请他妈妈帮忙打开。他妈妈辅助明明说"积木",明明尖叫。他妈妈等待明明停止尖叫后,再次辅助说"积木",这时,明明说"啊"(这是明明最稳定的发音),他的妈妈立即帮忙打开积木盒递给明明。

在这个例子里,明明的妈妈仅仅在他试图用语言表达时给他积木以提供有条件强化,而在他尖叫时不给予强化。

另外一个有条件强化的例子如下。

案例 2-2-8

牛牛和他的妈妈正在玩橡皮泥。牛牛的妈妈举着橡皮泥,在牛牛接触到橡皮泥时,他的妈妈辅助他说"玩橡皮泥",牛牛模仿说"玩橡皮泥",这时,有人敲门,但牛牛的妈妈先给牛牛橡皮泥后,再去开门。

在这里,牛牛的妈妈及时地、有条件地强化明明的语言行为做得非常好,没有因为有人敲门而忽视对牛牛语言学习的及时强化。

（六）自然性强化

自然性强化是指强化必须与活动或任务有着直接的联系。强化必须与孩子的语言行为有着功能性的联系,而自然结果必须与目标行为有同样的联系。例如,教导者给予孩子的东西必须是孩子所要求的,或者说教导者与孩子进行的活动或动作必须是孩子想要的,而不是向孩子提供与其语言没有关系的所谓强化物(例如,在孩子表示要玩具火车后,教导者给予他一个玩具火车,而不是给其一块糖果或者一个粘纸星星)。

对于一个正确的行为或努力,用正确的强化类型也是很重要的。为了帮助孩子理解他说的与紧接着的结果之间的关系,所有的强化必须与他的行为有直接联系,被称为直接反应——强化关系或自然强化,意味着强化对孩子的行为必须是自然结果。

例如:在孩子说"球"之后,教导者用给他球作为强化,教导者是在教导孩子所说词语与所接受的物品之间建立直接联系。然而,当孩子说"球",教导者不是给他与"球"有关的直接结果,而是代之以一块糖或一块饼干的时候,他会考虑发生了什么。在孩子说的词和明确结果之间替换掉联系,孩子变得更加困惑。在教导孩子不同的物品和活动有特定的名称时,这一点特别重要。为了实现这一点,教导者使用自然强化是必要的,否则,孩子在学习辨别词语"球"是源于球这个物品而不是一块糖时出现困难。

自然强化之所以重要还因为它是孩子在自然环境中接受的结果的一种类型,它帮助孩子在自然环境中泛化和适当地使用语言,而不仅仅是在"教导"的环境中。

案例 2-2-9

明明和他的妈妈在用海洋球池玩"开火车"的游戏,明明在海洋球池里"开着火车"走,海洋球漏出去了几个,明明的妈妈要求"火车"停下来,之后捡起漏出去的海洋球,问明明:"丢进来吗?"明明回答说"丢进来",明明的妈妈立即将球丢进海洋球池里。

在这个例子中,明明的妈妈在他们玩开火车的游戏时对明明说"丢进来"的语言反应提供了自然强化。在这里对明明而言,反应("丢进来"的语言)——强化(丢进来的动作)的关系很清楚。

案例 2-2-10

牛牛和他的爸爸准备出门去超市,当他们走到门口时,爸爸辅助说"开门",牛牛笑着说"门",爸爸让他去开门。在他们走到汽车前时,他爸爸提示说"汽车",牛牛回应"车",爸爸立即允许他上车。

这不仅仅是一个好的使用自然强化的例子(如牛牛在说"门"后获得开门的机会),而且在日常生活中有许多这样的机会。他的爸爸在每天的生活中利用开门、上车等日常活动提供给牛牛学习词语的机会。

(七)强化孩子的努力

强化努力是指对于来自教导者的问题、指令或者机会,孩子作出任何与此相关的努力都应该给予强化。尽管一个努力不一定是正确的,但它必须是合理的。一个合理的努力,一般表现为孩子对任务的注意,或者对教导者所给机会的直接反应,而这种反应表现的是反应的意向或合理的努力。

案例 2-2-11

教导者给的机会是说"饼",孩子很努力反应"hi……"虽然不完全正确,但是接近正确发音,最重要的是给予了反应,教导者应及时给孩子强化。

研究表明,如果要孩子维持更多的学习动力,除了强化所有正确的反应外,教导者也要强化所有合理的努力。合理的,意味着孩子必须是专心于任务(如看着球或手伸向球等),努力必须是与任务有关的,例如,在孩子说"qi"后看着球。然而,对于早期沟通学习的孩子,不仅仅是要有语言学习的动力以获得他们想要的,教导者还需要强化孩子发出的任何有意义的声音,尽管它不像要求的那样清晰。

案例 2-2-12

小强的果汁放在桌子上,在他试着去拿的时候,他发了一个音,小强的妈妈满怀希望地立即跑过去给他果汁。

案例 2-2-13

牛牛和妈妈来到公园游乐场,牛牛首先走向秋千,荡秋千是牛牛最喜欢的一项活动,他爬上秋千,妈妈从后面推了他一下开始荡秋千。一会,妈妈走到牛牛的前面,抓住秋千让它暂时停下来,并辅助牛牛说"荡秋千",牛牛模仿说"qiaiqa",妈妈立即推动秋千。

这里牛牛的妈妈强化了他说"秋千"的努力,尽管离准确表达要求很远,但妈妈连续强化他所有有沟通意向的努力。

在有条件地自然性强化和强化努力之间有着密切的联系。具体地说,如果教导者并不是有条件地强化孩子良好的语言表现,这位教导者也就没有强化孩子的努力,从而这种方法也就谈不上是自然性的强化。

以上分别介绍和说明了 PRT 教育体系中教导者应该严格遵循的七大关键性技能,也是 PRT 体系中如何教的重点所在(Robert L Koegel, & lynn Kern Koegel, 2006)。既往研究结果证明教导者严格规范地使用七大技能,将能很好地改善和维持孤独症儿童的学习动力。本书作者所在中心经过 5 年的 PRT 实践,结果也充分显示了教导者科学地运用七大技能对提高和维持孤独症儿童学习动力、提升干预质量有明显效果。

在应用关键性技能法的过程中,教导者除了要掌握上述七大技能以增加孩子的学习语言动力之外,还要注重创造各种机会为孩子的语言行为提供条件。如果说 PRT 七大技能是教学的具体技术的话,那么创造语言机会就是应用这些技术的宏观环境。

三、创造语言机会

具体说来,除了上述"提供明确的机会"中所介绍的技巧外,创造语言机会的操作还可以包括使用时间延迟法,将孩子喜欢的强化物放在其他可望而不可即的地方,用打破常规的方法引起孩子的惊奇和产生相应语言,考虑学习语言机会的语境等。

(一)使用时间延迟法

如果孩子已经有了一点主动表达的意思或已经学习过表达所用词、

句,在机会呈现时,可以等待 3 秒左右,给孩子一个独立表达的机会,如果 5 秒之后孩子还不能独立表达,教导者最好能及时辅助,以增加孩子成功的机会,减少孩子的挫败感,维持语言学习动力。这种有目的的、适当的等待的方法称为延迟法。

时间延迟法的教育目标是希望孩子能主动说话,要求教导者等孩子适当地表达后再给予帮助或满足要求。等待过程中教导者可以利用环境诱导和鼓励示意等方法帮助孩子表达。通常在孩子明白了他必须发音才可以得到自己想要的东西时,教导者可以开始提供一个短的延迟以提供自主沟通的机会。在操作过程中,教导者要注意以下几个环节:

1. 教导者应该首先利用孩子的需求创造孩子说话的动力。如:孩子要酸奶的时候,却没有吸管。

2. 教导者还要建立孩子的注意力。如:当教导者和孩子玩摇摇马时,教导者在孩子正前方蹲下,或注意孩子。

3. 教导者知道孩子想要什么时,不要马上给予帮助。比如说:孩子很喜欢用床单玩"炒黄豆"的游戏,在孩子很想玩但床单没有铺好时,不要急于帮其将床单铺好。

4. 如果孩子有语言要求,教导者马上对此给予表扬,并给孩子想要的东西。同时还可以加上语言扩展。

5. 如果孩子没有语言反应,或有语言但不正确,教导者可以再回到前面介绍过的教导者示范法。比如:当教导者知道孩子想要的活动是画画,就在孩子画画的过程中,将其画盖住,并等待孩子回应,如果孩子没有给予反应,教导者示范说"拿开",孩子模仿说"拿开",教导者将手移开,孩子继续画画(黄伟合,2003:97-100)。

(二)将孩子喜欢的强化物放在他可望而不可即的地方

这种方法可以促使他必须通过向大人提要求才能得到。

案例 2-2-14

有一次,东东和妈妈在公园里玩,妈妈随身带了一包东东喜欢吃的干脆面,妈妈在东东配合学习一个动作名称后及时地把干脆面拿出来奖励东东的配合,东东拿到干脆面后很高兴,开始撕扯干脆面的塑料包装袋,几秒钟过去了,还没有打开,妈妈利用这个机会辅助东东说"妈妈,帮忙打开",东东很努力地模仿,妈妈随即撕开了包装袋,并给东东一片干脆面。

在这里要注意的是:对孩子喜欢的东西不要一次性地满足他的要求,分次给予,每次提供少量或小片,以创造多一些的需求机会,提供更多语言学习的机会。

在上面的例子中,同样情形下,如果妈妈把一整块面饼都给了东东。接下来的事情是,东东边吃面饼,边沿着马路无目的地逛,再没有兴趣配合妈妈学习语言了。

这时,东东的妈妈没有把握好强化的适当性原则,也没运用分享控制权的技巧,失去了维持东东语言学习动力的机会。

(三) 教导者也可以使用打破常规的方法

这种方法的目的就是打破习惯性的活动程序或日常规律,给孩子一个变化,以引起孩子的好奇和相应的语言。

案例 2-2-15

在早上穿衣服时,妈妈故意把爸爸的鞋给冬冬穿。冬冬这时也许会脱口说"错了"。妈妈这时就可以对冬冬的语言行为加以肯定,并适当地扩展对话的范围。

(四)考虑语言学习机会的语境也非常重要

学习的机会越是熟悉和可预测的,对于孩子来说越是容易成功。这首先是指使用熟悉的语言程序。如前面所述,PRT的激励性程序包括有意义的努力,但是孩子偶尔可能在一个特殊的声音或词语,或在一些声音或词语标示的不同的物体转换中出现停留。那就是说,孩子明白发声的沟通目的,但是不明白每个物品有不同的标签。这样的困难可通过最初制定详细的引导目标来克服。研究表明在熟悉的环境中模仿对于孩子来说很容易学习,更具体的是,这些熟悉的语言程序促进语言学习的各个方面,从理解到表达。由于可预见的环境对于孩子来说可以互动、减少要求。因此,如果孩子表现出这个问题,通过使用熟悉的故事或短语来设计机会以引起新的不同的词语。

案例 2-2-16

在提供给孩子一个愿意参与的活动机会之前教导者需要示范:"集合、准备、跑"。一旦孩子能够预料到这样的形式,教导者必须停顿一下,让孩子表达以完成任务。比如,在教导者说"集合、准备"后停顿,给孩子说"跑"的机会。

这作为一种方法可以维持任务，并且提供给孩子一个容易的机会来发展一个新的词。下面是一些使用这一方法的细节。

1. 准备语言故事：要求教导者回忆以前与孩子的互动，记录下和孩子的这些互动。互动中有哪些特定的故事？常常以什么特殊的方式进行（比如说，当抱起孩子时说"1、2、3"）？什么是适用的语言故事？在特定的故事和游戏中孩子有没有经常说出更多的词？这些应该从分析中找出答案。所有这些故事、游戏和项目都可以在干预中运用。

2. 选择机会进行教学：在这一点上，教导者应该评估哪个活动更能激发孩子的学习动力。比如，在某些游戏中使用"1、2、3"比"起来，起来"可能是更好的选择。或在活动中孩子试图发出更多的声音，那么在这些活动中建立孩子的规则会更有效。

3. 计划机会：指教导者决定给孩子提供语言规则的哪个部分、预计孩子可以完成到哪个部分等。在早期的语言学习中，教导者应该提供全部规则；然后，当孩子能够参与进来时，教导者可以只说规则的开始，让孩子来完成剩下的规则。比如，如果选择的活动是摇摆，教导者可以说"1、2——"，然后停顿，等待孩子说"3"后继续摇摆孩子以强化孩子的表达。

4. 测量计划的有效性：这一步骤的主要目标是为孩子提供一个相似的、容易的语言机会。因此，对于那些功能性词汇发展缓慢或是开始尝试发音的孩子来说这是非常有用的方法。另外，对孩子来说语言程序比较容易，并且常常包含一个非常愉悦的活动，建立在机会上的规则可以有维持任务、改善动力的功能。在学习中孩子努力表达的词语的质量和他表达的动力在沟通教学的早期非常重要。计划的有效性可以通过以下元素的测量进行评价：语言目标与标识（物品、活动等的语言符号）的准确对应、孩子反应的正确性和对孩子的影响等（黄伟合，2003）。

在上述各种方法和步骤中，我们很容易地看到了 PRT 中教导者七大技能的联合运用。以遵循孩子的兴趣开始,在提供明确的语言机会之前先得到孩子的注意,对不能独立反应的孩子给予适当的辅助,在孩子正确反应或努力做出反应后,立即给予自然强化。对能够独立反应的孩子,或在适当的活动中,通过分享控制权提供新旧技能的交替训练,拓展孤独症儿童的词汇和句子,加强其对语言的理解和运用。这些技能的联合运用或交替运用,重要的是可以调动和维持孩子的语言学习动力,创造更多的语言学习机会,提高语言学习效果,进而改善社会性交往和沟通,减少孩子的问题行为,增加孩子语言学习的愉悦感。

这七大技能不仅在培养孤独症儿童的语言学习动力方面有效,在培养孤独症儿童的其他关键性技能方面同样发挥出很好的作用,具体的运用和效果将在后面的有关章节一一介绍。

第3节 个案分析

在目前的国际潮流中,孤独症干预中的基本原则是循证干预(Evidence-based Interventions)。或者用一种人们熟悉的表达:实践是检验真理的标准。循证干预中的"证",不仅是国际科学研究文献中的有关程序及其效果,而且也应该包括适宜于中国社会文化条件的具体验证。本书作者自从 2008 年以来,用 PRT 的理论和方法特别是上述七大技能对孤独症孩子进行干预教育,对其家长给予培训指导,积累了大量的数据和个案。

这一节将以个案分析的形式,描述如何对不同能力的孩子在不同情景下运用七大技能培养和维持孤独症儿童的语言学习动力,以供各位读者参考。在介绍个案之前,为了帮助读者更清楚地知道每个个案中所表示的重点,集中回忆、总结一下教导者必备的七大技能:① 遵循孩子的兴趣,获得孩子的注意;② 为孩子学习提供明确的机会;③ 穿插新旧技能；④ 尊重孩子的选择但注意分享控制权；⑤ 有条件地强化；⑥ 自然性强化；⑦ 强化孩子的努力。尽管每个孩子的兴趣活动及兴趣物都不一样，选择的活动及切入点也会不一样，所运用的策略也有所不同，但教导者对七大技能的运用是不变的。以下是一系列教导孤独症及相关发展性障碍儿童学习第一批语言的例子，包括教导儿童主动性发单音、叠音、单字、单词、短语，辨别语言含义，改善言语能力，建立沟通意识，等。

案例 2-3-1

露露，女，2岁，诊断为 ASD。现阶段互动意识弱，能间断无意识地发几个简单的音，如"ma/ba/da"等。教导者给予的近期的语言学习目标是：主动用单音或单词提要求，同时建立沟通意识，促进其语言的学习和发展。

通过观察和与其妈妈沟通，了解到露露很喜欢玩挠痒痒、裹床单和滑滑梯等游戏。一次，露露手里抱着一个喜羊羊的娃娃。这时，教导者将床单铺到房间一角的地垫上，引导露露将洋娃娃放到床单上，教导者像裹浴巾一样将娃娃裹了几圈（露出头），裹满时，将两个角一拉，娃娃从床单里滚了下来，露露看到娃娃滚下来开心极了。教导者又引导露露躺在床单上，露露等了几秒钟后看了教导者一下，教导者马上示范性地辅助她说"滚"，露露模仿说"gaga"，教导者迅速用床单在露露身上裹了几圈，并将床单两角一拉，露露轻轻滚到了地垫上，她开心极了。教导者再次将床单铺好，露露迅速爬上去躺着，教导者拿起床单的两角举了起来，露露看了看她，并用手扯了扯床单，教导者马上辅助说"滚"，露露模仿说"gaga"，教导者迅速用床单将露露裹起来，当拉起床单两角时，突然停了下来，再次引起露露注意自己，并示范说

"滚",露露看着教导者说"gaga",教导者立即将床单角一拉,将露露滚到了地垫上,露露笑得很开心。跟着露露的兴致,重复地玩,几次后,露露的发音逐渐清晰起来,并且当教导者拉起床单角停下时,露露可以逐渐地主动说"滚",然后被从床单上滚下去。

在这个游戏过程中教导者每一次动作都是统一的,他先将游戏"格式化",这样可以建立一定的规律性,再运用中断的程序比较容易提供表达要求的机会(在说的时候同时要训练孩子的共同注意力)。教导者在操作中的语言辅助和每次的配音都是一致的,比如说教导者的辅助语是一致的,且简单清楚——"滚"。通过有趣、一致的发音可以在调动孩子兴趣的同时为诱发孩子的发音创造更多的机会。

另外,教导者在训练过程中的投入很重要,教导者将自己的角色变成露露的小伙伴,调动了孩子的兴趣。在与孩子互动中,无论是老师或是家长,都得放下自己的架子,学会不断变换自己的角色,融入孩子的活动中,以孩子的快乐为快乐。

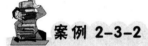

案例 2-3-2

点点,男,1岁10个月,诊断为孤独症。现阶段仅有极个别的无意义的单音。这天,点点和老师一起在游戏教室。老师观察(这期间不给孩子任何任务):点点抱了抱娃娃,就将娃娃放了回去;又碰了碰积木;翻了翻抽屉格子。之后老师发现点点的视线停留在一部玩具电话上,当他正准备接近放玩具电话的格子时,老师迅速将玩具电话拿起来,确定点点看到了玩具电话,同时蹲下身,这时,点点尝试用手去抓玩具电话,老师迅速辅助点点说"要",等待几秒后点点着急地回应说"yaya",老师迅速将电话递给了她,点点很开心地玩起了电话。当点点将电话放在地上时,老师又迅速拿起电话,蹲下来,点点又准备去抢玩具电话,老师坚持没有给她,等到点点注意到了老师,老师辅助说"要",点点迟疑地模仿说"yaya",老师又将电话递给了点点,点点再次玩到了玩具电话。如此几轮练习后,只要老师将电话举起或者放在身后说"要",点点会主动模仿说"yaya"。大约八次以后,老师逐渐减退辅助:只做了一个"y"的口型,点点便可以及时说"要"。再通过多次的训练后,当玩具电话在老师手上时,点点都会主动表达"要"。

在这个过程中,老师做到了先得到点点的注意,再给予指令,这个时机把握得很好。老师每次在想获得孩子注意之前蹲下身来,这样在同一视线更容易引起孩子的关注。而且老师在点点选择玩具时,观察得很仔细,判断也很准确。老师与点点的互动是成功的,因为点点在这个过程中玩得很开心,学习了"要"的发音,懂得了只有自己说了"要"之后,才能得到喜欢的玩具。当然,只是在想得到某一玩具时主动说"要"是不够的,还需要在不同的活动中使用所学的发音,对于教导者来说,接下来要创造更多的机会(不同的情景、不同的玩具及活动)给孩子进行练习。比如:当孩子很渴的时候,大人可以将装有水的水杯拿到跟前,假装喝水的样子,等到孩子伸手拿水杯时,大人通过辅助孩子说"要",使孩子得到水,最后,孩子在口渴时主动通过指着水杯说"要"得到水。如此不断拓展孩子的词汇。

案例 2-3-3

　　彤彤，2岁8个月，诊断为语言发展障碍，现阶段有简单无意识的发音，语音清晰度等欠缺。近期语言学习目标主要为模仿说大部分的单音及叠音，能主动使用部分单音及叠音提要求，改善其发音的清晰度、音量、音调等。彤彤和妈妈在游戏教室玩，教室里面增加了几样新玩具，其中有一个小手鼓，可以挂在脖子上用手拍。彤彤拿起手鼓给妈妈，并示意妈妈将手鼓挂起来（她拿起手鼓的带子往妈妈头上戴），妈妈挂起鼓用手拍了拍，她没有太大的反应，妈妈又一边敲一边唱起了扭秧歌的曲调跳起了十字步，看到妈妈这个样子，彤彤开心得跳了起来。妈妈尝试着不拍鼓直接跳舞，彤彤就很着急地拉着妈妈的手示意让妈妈拍鼓。妈妈又开始一边唱一边跳一边拍鼓，正当彤彤看得很开心的时候，妈妈突然停止拍鼓并放慢了唱跳的节奏（引起孩子的注意），彤彤走上前拉着妈妈的手，妈妈示范说"打鼓"，彤彤看了看妈妈，几秒钟后她很小声地说"dagu"（音调偏高），妈妈马上打起了手鼓。彤彤继续开心地欣赏妈妈一边唱一边跳一边打鼓的样子，妈妈又突然停下来，彤彤迅速走过去，妈妈提示道："打鼓?"彤彤及时地说"打鼓"（音量尚可），于是妈妈又一边打鼓一边唱跳起来。重复练习了几次之后，妈妈只需要做出"d"的口型，彤彤就可以有及时的语言反应："打鼓。"最后，彤彤终于可以主动地要求妈妈："打鼓。"

　　在这个过程中，妈妈提供的机会是非常明确的，彤彤喜欢的是妈妈边打鼓边唱跳的样子，当妈妈停止打鼓时，她主动地将妈妈的手放在鼓上，所以妈妈选择的语言目标是"打鼓"。而且在这个过程中彤彤玩得很开心，妈妈和孩子都"陶醉"在其中。妈妈的节奏也把握得很好，刚开始让孩子有多的机会去体验这个活动带来的乐趣,再逐渐缩短活动停顿的间隔时间,当彤彤能够在口型提示下进行语言反应后,妈妈将彤彤语言练习的频率加大(拍几下停一下),展现了一个循序渐进的过程。从这个活动开始,妈妈尝试扩展了彤彤的第一个单词,在接下来的训练中,妈妈尝试用更多活动拓展更多的词,比如:孩子之前学了用"要"表示要求,接下来尝试教导说"我要";之前玩滑滑梯时教导说"滑",接下来尝试教导说"滑梯"或"滑滑梯"等。

 案例 2-3-4

霖霖,男,3岁1个月,诊断为精神发育迟滞。语言发展方面能发少数几个音,理解少量几个日常生活指令,习惯用一种音或一个词代替很多发音。接下来要教导霖霖更多新的发音,帮助孩子开始区分声音的差别。

星期六的下午,霖霖刚刚起床,他在家里客厅的沙发上玩,妈妈把新买的积木桶拿了出来,霖霖看到后赶紧坐了起来,搬了一把小椅子过来坐下玩。积木桶里有不同形状和图案的积木,霖霖喜欢将积木拼成一排。妈妈拿出了几个积木给霖霖,说"摆火车",霖霖迅速将其拼成一排,妈妈在旁边附和:"哇——"同时又拿出几块在霖霖眼前晃了晃,霖霖看着妈妈说"我要",妈妈立即将积木递给了他,霖霖的火车越来越长,开心极了。这个时候妈妈拿出了一个"小拱桥",并示范将"火车"开到桥上去,同时使用夸张的配音:"唔——轰隆隆,过桥啦!",霖霖似乎对这个新的游戏很感兴趣,对妈妈说"我要",于是妈妈将积木交给了霖霖,当霖霖推着"火车"上到桥的一半时,妈妈用手将"火车"拦住,霖霖看了看妈妈,妈妈示范说"拿开",霖霖停顿了一下后才对妈妈说"拿开"，妈妈迅速将手拿开，霖霖顺利地将"火车"开过去了。妈妈将积木装到桶里，霖霖及时对妈妈说"我要"，于是妈妈给了他几块积木，反复要求了几次后，"火车"做好了，霖霖准备开向拱桥，妈妈用手拦住，霖霖回应说"我要"，妈妈故意拿了几块积木给他，这时候霖霖将积木推开，着急地看着妈妈，妈妈做出一个"n"的口型，霖霖及时说"拿开"，妈妈将手放开，妈妈在霖霖开着"火车"到"拱桥"的过程中，制造了一次又一次的表达练习机会，最后，霖霖在这个游戏中，能够准确地区别使用"我要""拿开"这两个不同的单词了。

在这个例子中，霖霖学习区别使用两个不同的单词。妈妈在孩子感兴趣的活动中，尝试引导孩子新的玩法，扩展孩子玩的技能，同时也制造了一个学习新的语言的机会，虽然霖霖开始学习新词语的时候有些困难，但妈妈运用区别性的强化使他区别两个词语的意义。如，妈妈用手拦住"火车"的时候，如果霖霖说"我要"，妈妈不拿开手，如果霖霖说"拿开"，妈妈拿开手，霖霖可以继续开火车。同时，在这个过程中，妈妈的辅助和撤退也用得很恰当。最后，孩子学会使用正确的词准确地表达不同的要求，开心地结束游戏。教导者在教导过程中正确使用区别性强化，坚持强化新的目标，还可以根据新目标的难度来调整旧目标穿插的机会

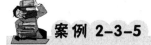

案例 2-3-5

峰峰，男，2岁8个月，诊断为孤独症。无跟随及配合意识，偶有少数无意识发音，不恰当的沟通方式（哭闹）。经过两个月的训练后，峰峰可以模仿一些单音，会用几个简单的单字来提要求。但峰峰很"自我"，妈妈和他一起时常常会觉得"难以控制""孩子不听教导"。

　　星期六上午,峰峰和妈妈在家里玩汽车轨道的游戏,他们一起将汽车轨道拼了起来,并将"桥洞"也安装好了。这时,妈妈拿出了与这个轨道相匹配的小汽车,峰峰对妈妈说"我要",妈妈将汽车给了他,他看着妈妈并等待,妈妈在一旁边做手势说:"1、2、3,出发。"峰峰迅速从起点开到了终点(用旗标当标识)。玩第二遍时,妈妈在他将小汽车开到中途时故意拦住,峰峰及时对妈妈说"拿开",妈妈迅速将手拿开。玩第三遍后,妈妈说"轮到我玩了",并示意峰峰等待,妈妈很快玩了一遍,峰峰着急地对妈妈说"我要",于是他又玩了一遍。经过几轮转换后,峰峰能在自己玩完一遍后主动将小汽车交给妈妈,并模仿妈妈边做手势,边说:"1、2、3,出发。"

　　在学会了轮流之后,妈妈再教导峰峰玩"会说话的汤姆猫"就容易多了,因为之前峰峰的玩法很单一,也不恰当,不愿让别人碰,妈妈想教导都没有机会。现在,峰峰学会了和妈妈轮流玩,在轮到妈妈玩的时候,峰峰在等待过程中会很认真地看着,妈妈用不同的玩法,同时示范给峰峰看。在这个过程中,峰峰不仅学会了如何玩"会说话的汤姆猫",还学习了如何准确地表达"我要""轮到我玩"等,即使妈妈玩的时间稍微长一点,峰峰也能耐心地等待了。

　　在这个例子中,首先,妈妈在玩轨道游戏和"会说话的汤姆猫"的活动中,遵循了峰峰的选择;其次,妈妈在玩的过程中制造了轮流的机会;第三,在轮流的过程中,控制发生着变化,刚开始可以让孩子多玩会,大人玩的时间很短,之后,孩子玩的时间逐渐缩短,大人玩的时间延长。峰峰的妈妈在上面两项活动中的控制非常到位,虽然给予孩子的机会不一样,孩子得到的强化物也不一样,但是她抓住了每一个时机,在控制强化物(开车和玩"会说话的汤姆猫")的同时,也教导了更多的游戏形式及玩法。孩子通过对妈妈的模仿,学会了在轮流的过程中控制大人的方式:"1、2、3,出发。"从而也感受到了控制别人的乐趣,同时也自主地学习了新的语言。

需要强调的是教导者与孩子之间的互动是双向的,把握分享控制权的度一定要依据孩子的情况以及情景而定,不能一味迁就孩子,也不能完全控制孩子。

 案例 2-3-6

朵朵,女,3岁,诊断为孤独症。能听从简单的指令,有简单的单音模仿,不能辨别物品名称。

朵朵很喜欢卡片,在家和妈妈经常玩"变变变"的游戏。看到桌子上摆有卡片(袜子、饼干、杯子、蛋糕等),她都会拿着卡片示意妈妈读。妈妈将她最喜欢的几张卡片抽出来,并准备了相同的实物,妈妈将实物放在一个口袋里面,当朵朵拿出一张卡片时,妈妈会先说出它的名字再拿出实物。朵朵对袜子的图片最感兴趣,她拿出袜子的图片时妈妈说出卡片名称"袜子",等了几秒后朵朵模仿说"袜子",这个时候妈妈一边说"变变变",一边将袜子"变"出来,朵朵开心极了。她再次拿起袜子的图片,妈妈示范说"袜子",朵朵及时地反应"袜子",妈妈又迅速将袜子"变"了出来。接下来,妈妈将袜子的图片拿起来,等了等,朵朵说"我要",妈妈不给予回应,朵朵又说"袜子",这个时候妈妈迅速将袜子"变"了出来。妈妈又拿出袜子的图片,朵朵迅速说"袜子",妈妈将袜子"变"出来。重复几次练习后,朵朵可以主动命名袜子。接下来,妈妈拿出蛋糕的卡片,示范说"蛋糕",朵朵模仿说"蛋糕",妈妈用叉子叉了一小块蛋糕给她吃。经过几次练习后,朵朵可以主动命名蛋糕。这时,开始做辨别练习,妈妈先将蛋糕的卡片拿出,朵朵很快说

"蛋糕",于是得到一小块蛋糕,妈妈又出示袜子的卡片,朵朵说"蛋糕",妈妈没有给予反应,几秒后朵朵说"袜子",妈妈立即将袜子"变"出来。

在这个例子中,妈妈遵循了强化物的使用原则,在给予蛋糕做强化时选择的是小块,体现了适当性的原则,在每一次孩子正确的反应后给予其自然强化,从而强化了主动正确的命名。在设计游戏时,妈妈也很用心,她选择"变变变"的游戏方式是朵朵喜欢的。在体现新旧交替的原则的同时,坚持了有条件的区别性强化,当妈妈出示袜子的卡片,朵朵回应"蛋糕"时,妈妈没有给予强化,当她回应袜子时,妈妈及时地强化了。继续使用这些方法,妈妈很好地教导了朵朵辨别许多物体名称。

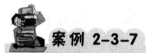

案例 2-3-7

威威,男,3岁4个月,诊断为孤独症。有简单的单音模仿,主动沟通能力不足,不遵从指令。近期语言目标是训练威威用单词主动提要求并扩展大量词语,伟伟妈妈利用了一切自然机会加强练习。

威威早上刚刚起床,妈妈协助他洗漱后,穿好鞋子准备出门时,没有像往常一样将门打开,而是靠在门旁边,威威看着妈妈,妈妈示范说"开门",威威及时模仿说"开门",妈妈打开了门,威威开心地和妈妈一起上学去。下午放学,妈妈接威威回家,走到门口,妈妈仍然没有像往常一样将门打开,而是靠在门旁边,威威看妈妈一下,妈妈示范说"k——",威威说"开",妈妈立即将门打开,威威开心地进去了。吃完晚饭,妈妈准备带威威去公园玩,他们走到门口,威威主动对妈妈说"开门",于是妈妈立即将门打开,威威开心地和妈妈去公园玩。他们在公园里玩了一个小时后回家,快到家门口时,威威走在前面,妈妈假装走在后面掏东西,威威着急地拉妈妈并说"开门",妈妈将门打开。威威进门后就冲到水壶旁边(放置在高桌上),指着水壶看着妈妈,妈妈示范说"喝水",威威立即模仿说"喝水",妈妈帮他倒了一小杯水,威威一下就喝完了,他拿着杯子,看着妈妈,妈妈用口型辅助说"h——s",威威立即说"喝水",妈妈立即帮他再倒少量水,重复几次后,威威可以主动说"喝水"。

在这个例子中,威威的妈妈很自然地用到了一系列自然活动学习语言,自然活动是自然强化的最佳环境和最佳时机,活动的结果是活动中语言行为的自然强化。要充分运用好日常生活中的每一个自然活动,还需要全面了解孩子的常态作息时间、活动兴趣、活动特点,从中找出语言学习的机会。如:威威的妈妈利用了出门(上学、去公园)、回家等不同的时机教导孩子学习"开门",整个过程自然发生,不需要特别的设计,用好技巧就对了。威威在公园玩累了,口渴了,回到家要做的第一件事就是喝水,这时就是学习"喝水"的最好机会,得到水就是对"喝水"这一语言行为最好的自然强化物。

很多孤独症的孩子在学习新的发音和词的时候,刚开始发音可能不是最准确的,需要一个努力尝试的过程,为了减少孩子的挫败,维持孩子的语言学习动力,一定要强化孩子每一个努力。

案例 2-3-8

佳佳，女，2岁2个月，诊断为孤独症。有无意识的少数几个发音，不遵从指令，对大型玩具感兴趣。

妈妈陪佳佳在操场上玩滑滑梯，她玩得很开心，当她准备再一次从滑道上滑下来时，妈妈用手臂挡住了她，示范说"滑梯"，佳佳看了妈妈一眼，说"hhh"，妈妈立即将手放开，让佳佳滑下去。佳佳继续按原有程序玩，她走上滑梯，准备滑下时，妈妈再次用手臂挡住了她，示范说"滑梯"，佳佳回应说"huahua"，妈妈立即将手放开，佳佳又得到了滑下去的奖励。几次这样的练习后，佳佳可以用"huat"作回应，妈妈每一次都会让她得到滑滑梯的奖励。通过一段时间的练习与积累，佳佳可以很清楚地说"滑滑梯"。

这个例子中，一开始佳佳的发音离标准很远，但妈妈在孩子努力做出反应后及时地给予她强化物——让她滑下滑梯，这就是奖励孩子的努力。从这个过程中看得到，孩子非常喜欢玩滑滑梯，玩得也很开心，他们之间的互动是成功的。佳佳在一次次的练习中努力尝试，表示她的动机得到了维持。随着练习频率的增加，佳佳发音的准确性也在不断改善，第一次是"hhh"，后来是"huahua"，再接着是"huat"，最终可以准确地说出"滑滑梯"。

参 考 文 献

1. 岑运强.语言学概论(第二版)[M].北京：中国人民大学出版社,2009.

2. 李红.幼儿心理学[M].北京：人民教育出版社,2006.

3. 黄伟合.儿童孤独症及其他发展障碍的行为干预——家长和专业人员的指

导手册[M].上海：华东师范大学出版社,2003.

4. Robert L Koegel, & Lynn Kern Koegel. The PRT Pocket Guide[M]. Baltimore：Brookes, 2012.

5. McDuffie A, Machalicek W. Distance Video-Teleconferencing in Early Intervention：Pilot Study of a Naturalistic Parent-Lmplemented Language Intervention[J]. Topics in Early Childhood Special Education, 2013：156-169.

6. Davidson R. Affective Style, Psychopathology, and Resilience：Brain Mechanisms and Plasticity[J]. American Psychologist, 2000,55(11)：1196-1214.

7. Vismara L A, Young G S, et al. Dissemination of Evvidence-Based Practice：Can We Train Therapists from a Distance? [J]. Jounal of Autism & Developmental Disorders, 2009,39：1636-1651.

8. Minjarez M B, Williams S E, et al. Pivotal Response Group Treatment Program for Parents of Children with Autism[J]. Journal of Autism & Developmental Disorders, 2011,41：92-101.

9. Nefdt N, Robert L Koegel, et al. The Use of a Self-Directed Learning Program to Provide Introductory Training in Pivotal Response Treatment to Parents of Children With Autism[J]. Journal of Positive Behavior Interventions, 2010,12(1)：23-33.

第 3 章 共同注意力

凯戈尔教授曾经指出,许多孤独症孩子缺乏的一个关键性技能是缺乏对事物多重属性的注意,他进而分析,孤独症孩子往往因为选择性地注意事物的单一属性,所以也就不能将注意在人与物之间进行分配和协调,换句话说他们往往缺乏共同注意力这一普通孩子共有的技能,本章讨论的,是如何提升孤独症孩子对事物多重属性的注意以及相应的共同注意力的问题。

☯ 第 1 节 为什么要发展共同注意力

共同注意力对促进儿童社会沟通能力发展有重要作用。注意不是一个独立的心理过程,而是心理过程的一种特征。它是人们心理活动的指向,并集中于一定的人或物,注意是认知过程的开始,它贯穿于各种心理活动,时刻都在发挥着作用。视觉注意为人及其所处环境的联系提供极为重要的信息,是人探究世界的"窗口"。注意能使儿童有选择性地接受外在环境中的信息,及时发觉环境的变化并调节自己的行为反应,还能使儿童为应付外界刺激而准备新的动作,集中于新信息的获取。注意与儿童的感知觉、记忆密切相关,而且是儿童学习的先决条件,它制约着儿童的生活和学习效果。以下的讨论,从普通儿童注意的一般特点开始,然后进入共同注意力的问题。最后,以此为参考进而探讨孤独症儿童的注意力特征。

一、普通儿童注意发展规律及共同注意力的发展

1. 儿童注意力发展的规律

1~3个月的孩子具有选择性的注意特点,发亮的东西或色泽鲜艳的东西出现在视野内,他会发出喜悦的声音或睁眼注视。

3~6个月的孩子对玩具、物品通过眼睛注视、发出声音获得或表示兴趣,试图通过制造声音、笑、眼神或使用肢体语言引起他人的注意。

6~9个月的孩子能通过眼睛选择另一个人作为交流伙伴,宝宝在此阶段能追随他人的凝视方向,看别人正在看的东西。通过指、好奇地看、声音的变调或词语引起照料者的注意,并以此方式获取信息或物品。

9~12个月的孩子随着活动能力的增强,注意已不完全集中在视觉方面,而是从更多感觉通道和活动中表现出来,如注意更多表现在抓取、吸吮、倾听,操作和运动选择上。随着孩子的成长,其注意的事物会逐渐增多,看的范围更广,自然环境中的一些事物都会引起他们的注意,不仅是兴趣物,还有人、活动等不同性质的刺激物。同时看的时间也随之延长,同时产生探索行为和注意。

1~3岁的孩子随着语言能力的发展,能听懂很多话,语言活动支配他们的注意选择,他们可以将注意力集中在成人用语言表达的对象上,如集中听故事、看书和电视活动上。而且,随着年龄的增长,幼儿的注意可逐渐明确(鲍秀兰,2006:84-85)。

普通儿童在注意事物上具备注意事物多重特征的特点,即他们在大部分的时间所观察到的事物都具备多重信号和属性。例如,当他们看到一个物品时,不只是看到了物品的大体外形和喜欢的某一个部分,还注意到了其具体的形状、颜色、声音、组成部分、材质、使用的多重功

能等事物的多面性。而这些事物的多面性在生活的过程中都已通过这种多重性的注意所获取,因此随着年龄的增长,他们所掌握的多重信息也就越来越丰富。例如:当孩子看到一个玩具汽车时,首先可能看到的是车的整体外形(是小汽车的形状,而不是公共汽车的形状),与此同时,孩子还注意到的是小汽车的车身颜色、车轮胎、车是否有发光、车是否有声音、车上的一些花纹、车的尺寸、车内看得见的一些设置和配件、车内空间的大小等与车有关系的许多特征。个别玩具汽车的这些多面信息被孩子通过视觉注意获取之后,当他在下一次看到另一个玩具火车的时候,他就可以与之相比较,在比较的过程中又一次获取更多新的信息。

2. 共同注意力的特点及其对儿童社会发展的意义

共同注意力是指儿童能够通过协调眼神和动作来与他人分享有趣的事物和体验,与他人共同对某一对象或事物加以注意的行为。共同注意力通常发生在两个人之间,要求双方能够观察确定对方的注意力是否在相关物体或者对象之上(黄伟合,2008:12)。幼儿自主性共同注意力的实验研究中的代表人物 Leslie 和 Baron-Cohen 在模块论中对儿童的共同注意进行分析,发现婴儿大约在 6～8 个月时就知道用视觉来加工、联合处理信息和进行社会参照,此时,他们的具体视觉表现形式为简单的指点性行为,在 10 个月左右起就具备共同注意的能力。

儿童的共同注意可分为两个阶段:第一个阶段是追随他人的视线阶段;第二个阶段则是引发他人注意阶段,婴幼儿用获得的指点行为,引发他人的共同注意。当视线内的环境中出现人和物时,幼儿会将其视线转移到当下的人的身上,并会随着人的移动而移动自己的视线(周念丽、杨治良,2005)。如:格格小朋友 1 岁 2 个月,当教导者从她的侧面走过时,她会从教导者进入她的视线范围内开始追随到远处,直到在她近的视线范围内出现新的追随物,她才改变视线的追随。在此过程中,幼儿还会用手势、表情或者咿呀发音等来引起他人的注意,从而获取他人对自己的关注。

对人的注意是共同注意的重要基础。举例来说,宝宝 2 岁,一个人在客厅玩火车玩具。这时,伯伯敲门进来了,宝宝会停止玩火车,把注意力自然地转移到伯伯身上。这个过程是在自然环境中注意从对物到对人的转移过程。注意在人与物之间转换的另一个例子:普通孩子在一个新的自然环境中第一时间通常会注意到自己感兴趣的物品,同时很快注意到环境中的人,再看看喜欢的物,通过观察人的表情、动作、语言等来判断自己是否可以获得该物品。这个能力在孩子社会交往和沟通方面起着至关重要的作用。

二、孤独症儿童注意特点及相关的共同注意力缺陷

教导孤独症儿童去看和注意要求所学的事物是十分困难的,他们常常不会跟随教导者的指示去注意该注意的事物。首先,若他们能注意,注意的时间也极为短暂。其次,大量研究证明,孤独症儿童在注意上还有"过度性选择"和对环境中重要信息缺乏注意的特点。这一点也是对孤独症儿童学习和生活造成干扰的重要因素之一,它妨碍了孤独症儿童对新概念的学习,干扰了儿童理解环境中关联意义的能力。通常,为了和别人正常交往,人们一般能够自我控制住许多不相干的刺激影响而专注于互动的某些信息上。可孤独症儿童对大部分的刺激反应微弱或没有任何反应,让人觉得他们听而不闻,视而不见,在社会互动中难免被人觉得怪异,互动的方式让人难以接受和理解。以下分而论之。

（一）孤独症儿童注意的过度选择性问题

即注意事物、对象的某种属性而忽视其他的属性。任何事物，根据它们的不同颜色、体积、味道以及新旧等都具有各种各样的形式，而孤独症的孩子往往过分地注意其中的一个方面而忽视其他方面。这种仅仅注意复杂信息中的一个部分的倾向称为刺激过度选择（stimulus over selectivity）或选择性注意。由于孤独症孩子有这种选择性注意的特点，所以他们对事物的多元形式常常不能很好地注意，对与此有关的指令也不能执行。例如，他们可能会按照指令去拿一个杯子，但当大人把大杯子和小杯子以及白杯子和白碗放在一起，再要孩子去拿"白色的小杯子"时，孩子往往会不知所措。所以要教导孤独症孩子注意事物的多重特征。要做好这一点，家长必须在日常生活中用口头和环境布置来教导孩子注意事物的多种属性，并辅助孩子对此有所反应，这种教导孩子的机会在一天的生活中时时刻刻都存在，若家长在与孩子相处时不强调关于事物的多重特征，那就白白浪费了太多的教导机会。每一次我们学习一个新的技能，它都包括注意多重信息（例如颜色和形状）。事实上，在组合两个或更多信息的时候，大多数学习都呈现了。例如，常用的沟通——"再见"，往往是通过说这个词和挥手来完成的。尽管像这样的学习对普通发展的儿童来说是很容易的，但对孤独症的儿童而言，在要求同时注意多重信息的学习中是比较困难的。

表现出这一注意缺陷的儿童可能在对人的细微变化的辨识上同样出现困难，如，豆豆（一位孤独症儿童），在学会命名"李老师"后，对所有的老师都称呼"李老师"，他只注意到这些老师都是给他上课的，至于每个老师上什么课、长什么样子、各有什么特征，他都没注意，更没有细致地分辨。又如，一个孩子在他的老师把平日戴的框架眼镜换成隐形眼镜后就不能辨认这个老师了，他走近老师问："你叫什么名字？"在这个例子中，儿童对老师呈现出的恒久性的特征辨识失败（面部特征、体型、身高等），而这些恒定的特征让我们大多数人识别其他人，即便他们在细微处发生变化时也不会弄错。还有的孤独症孩子会把所有穿红色衣服的人都叫做"妈妈"，所有戴眼镜的男士都叫做"爸爸"，这是因为他们在学习"妈妈""爸爸"的词语时，注意到的爸爸、妈妈的特征只是穿红色衣服或戴眼镜。

大部分孤独症孩子在学习过程中只注意事物的某一点，或事物的大体轮廓，没办法做到点面结合地去注意事物的整体特征。有这样一个研究，在一个星期中，教导孤独症儿童一个任务，包括各种信息成分（如光、声、触觉信息等），孤独症儿童仅学到这些信息中的一个。这一点与普通儿童对照显示，结果很明显，普通儿童学到了这些信息中85％以上的信息。这说明孤独症儿童的反应特质，他们对环境中的多重信息的获取是非常有限的，大多数孤独症孩子只注意到了自己感兴趣的那一点或物品的某一特征的一小部分。这一注意特征严重妨碍了他们的生活和学习，因此，在环境中培养孤独症儿童注意事物的多重信息是必需的。要求家长在训练孩子时要给予关于事物多重属性的指令，这样有助于通过生活情境示范而启发孤独症孩子理解事物多重特征、共同注意与参与活动的意义，弥补孤独症孩子在注意力方面的缺陷。

1. 孤独症儿童注意的分配问题

注意分配是指人在进行联合或多种活动时能把注意指向不同对象的现象。孤独症儿童使用玩具时，常出现某些玩具偏好和不恰当的玩法。注意力只集中在玩具的某一个方面的特征上，要么是特定的物品特定的部位，要么是单一的食物，或者特定的人的特定的部位或活动。如：通常普通孩子在玩玩具汽车时，会把车子放在地上或者桌子上滑动或假装车子在开动，并模仿着车子走动的动作和声音。可许多孤独症儿童并不喜欢这样玩玩具车,他们有的会把车子反过来玩车子的轮子,有的会把车子在地上滑动,但整个头趴在地上看滑动时的车轮转动。整个注意力的分配都在车轮上,关于汽车的其他方面的特征,并没有太多地去关注,如汽车的颜色、形状、质地、外观、功能等。孤独症儿童在许多方面相比正常儿童都有明显发育迟缓,有的会伴有特殊怪异的表现,如:拿到一个玩具就咬,或摔打,或按照自己的规律排列,刻板地单一地摆放,等等。

2. 孤独症儿童注意的广度问题

由于孤独症儿童在主动共同注意上有缺陷,其在共同注意的理解能力上也存在障碍。孤独症孩子在学习和生活中,大部分时间只注意看眼前的事物;不能结合点和面来关注环境中的信息。比如,笔者曾做过如下实验:选定 30 个孤独症儿童,这 30 个儿童都是没有接受过特殊干预和教导的孩子,用配对的方法来测试这些孩子。如用一张 A4 纸大小的板子,在板子上均匀地分别放上同样大小、不同的物品,然后让孩子按出示的样本找找一样的物品。实验结果显示,有 80% 的孩子只看眼睛正面第一眼可以看到的物品,很少看 A4 纸中心点周围的物品。说明这些孩子的注意广度是非常有限的。还有 20% 的孩子在能力起点上比较高,所以在这个能力上的缺陷不明显。

有些孤独症儿童对特定物品或活动具有强迫性注意,这种聚焦注意如果不被打断,可能会持续很长的时间,很难停下来(方俊明、雷江华,2011:53)。如:孤独症孩子集中注意玩搭积木时,他会不停地玩搭积木而拒绝玩其他的玩具,反复搭一种造型,拒绝在玩的方式上有新的改变。这种聚焦的注意妨碍了他将注意力转移到其他人或活动上。比如,童童正独自专注玩小汽车的车轮,身边的伙伴正在玩新买的飞机,这时童童并没有关注到伙伴玩新飞机的活动。有的孩子可能是一个玩具玩上一整天,而且在玩的过程中不允许被他人打断或不允许他人参与到他的活动中,即使指导者用一些非常有趣的新玩具,试图去转移他的注意,也改变不了这种状况。实验发现:有一部分孩子会有很短暂的转移,但通常持续的时间很有限,一旦新鲜感过去后就会放弃或者返回找他原来的物品。这也充分说明,孤独症孩子接受外在新鲜事物是比较困难的,对外界新事物的注意不稳定。如把新的玩具给他后,他只会按固有的一种方法玩,而不会就一个玩具的多重特征变化出多种不同形式的玩法。因此大部分玩具对孤独症孩子显得单一、无趣味性。另一部分孩子基本不会在其他新的事物出现时而随之转移自己的注意力,会一直在自己专注的物品之上。

(二) 孤独症儿童的共同注意力的缺乏

前面已经介绍过,共同注意力就是个体将注意在人与物之间合理分配的能力,通过协调眼神和动作来与他人分享有趣的事物和体验。例如:普通孩子在享受玩具的同时,会对妈妈微笑或与妈妈分享快乐等。而孤独症孩子没有这方面的能力,往往是只注意物而不注意人。如:仔仔在进教室之后,第一反应是去教具柜拿自己喜欢玩的雪花片,拿到手上后就把每一种颜色的雪花片摆在地板上,然后就围着这些摆放的雪花片偏着脑袋边看边转边笑。这时,如果爸爸或妈妈去动他摆在地上的雪花片,他会快速地趴在地上,用自己的身体挡住,不准任何人接触到他的雪花片,并显得特别焦虑,甚至哭闹。如果爸爸或妈妈放弃后,仔仔会马上站起来继续边转边看。教导者试图用不同的玩具来吸引他的注意力,通常他的注意不会被转移。

这种共同注意缺乏的表现在孤独症孩子身上广泛存在。如:注视在一个沟通伙伴和一个兴趣物之间交替、呈现和指兴趣物等,已经被一致认为与自闭谱系儿童的发展有关,特别是与运用这些行为分享兴趣和社会情感有关。与用共同注意提要求不同,后者在自闭谱系儿童发展中有些时候是没有缺失的。这个能力和动机通过运用注视或手势对另外一个人传递兴趣在有自闭谱系风险的儿童中通常是没有表现的（Osterling & Dawson，1994）。

因此，在 PRT 系统中对儿童的第一次筛查、训练、教育程序中，观察儿童这些共同注意的行为是重要的调查内容（Robert L Koegel & lynn Kern Koegel，2006），为儿童提供许多机会以展示其共同注意的行为。如：在自由玩耍的过程中，新奇的玩具很有可能激发分享的乐趣。此外，将兴趣物（如饼干、炸薯条）放在儿童拿不到的紧紧密封的容器里。除此之外，自然事件引发这些行为，儿童共同注意的调查贯穿在各种方式的筛查过程中。例如：在兴趣活动过程中有意停顿和中断合并使用，让儿童要求活动继续。特别是，执行调查的一个任务是：调查者为儿童吹泡泡，在重复活动之前间歇性地停顿，这种停顿为儿童共同注意行为（如交替注视、指）、要求和分享趣味提供了机会（Lord et，1989）。在上述研究中，被诊断为孤独症的儿童没有一个表现出使用共同注意分享兴趣的。共同注意力的缺陷，在孤独症儿童中有较大的普遍性（Koegel. et al.，2006）。

与此相关的是孤独症儿童视觉注意和听觉注意整合运用的问题。下面看一个案例：一个教导者指着一张狗的图片并说"狗"，如果孤独症孩子看着图，但是没有听教导者说"狗"这个词，他们便不能将狗的视觉信息和听觉信息整合起来。同样，如果孩子听到说"狗"，但不看狗的图片，他也不能真正学会"狗"这个词的意思，所以，这类注意的不足对儿童的学习足以产生严重的负面效应。

所有上述孤独症儿童的注意特点，尤其是共同注意力的缺乏，是孤独症儿童的一个核心不足，直接妨碍了他们学习新行为和在自然环境中运用所学技能，是孤独症儿童形成社交沟通行为异常的基础，致使他们很难在普通的教育模式下学习和在社交互动中获得发展。所以,矫正孤独症儿童这些注意的缺陷,教导共同注意力对其学习能力的提升和建立他们有效的社交沟通有广泛积极的功效。

在这个理论假设下,研究者建议教导孤独症儿童共同注意力,结果可能引导其他非目标社交沟通行为的增加。其中一个研究是:让孤独症儿童参加一个为期 10 周的共同注意力训练课程,其非目标行为的同步改变也得到了证实。随着干预的进行,可观察到的同步改变的积极行为有主动社交、积极情绪、模仿、游戏和主动表达。结果支持了上述假设:教导共同注意力能引导出一系列相关技能的改善,并融入孤独症儿童的干预中。

最明显的是共同注意力与较高水平的社交行为发展的关系,如社会智力的发展等。除了促进社交发展之外,共同注意力与语言的发展也有关系,如前面介绍过的共同注意(分享的目的而不是要求)可能与接受性和表达性语言有关联。研究者假设儿童在他们的环境中将共同注意力用于早期的语言学习和语言发展中,共同注意力可作为高级社会认知能力的前导行为。此外,共同注意与游戏的发展也有一定程度的关系(Whalen,Schreibman,Ingersoll,2006.)。

🌚 第 2 节　如何发展孤独症儿童的共同注意力

上面讲述了共同注意力对儿童社会交往能力的发展有重要的意义,而儿童对事物的多重属性、多种形式的注意,又是共同注意力发生发展的基本前提。这一节,将先讨论关于提高一般注意力和关于注意事物多重属性的干预方法,然后介绍建立共同注意力的干预方法。

一、提高一般注意力的方法

不同年龄儿童的注意力水平不同,不同年龄阶段的孤独症儿童注意力水平之间更有显著的差异,且不同年龄组在其注意力的选择性和持续性特点上也存在差异,年龄的增长对孤独症儿童注意力的发展有显著的影响。随着年龄的增长注意力有明显的改善,但到达一定的年龄,可能呈平稳发展的趋势。训练时间越长,注意力水平改善的效果越明显。

教导者可根据关键性技能训练法的基本技巧和程序培养孤独症儿童的早期注意力。以下笔者根据自己的临床实践,介绍这些方法和程序。

1. 动力的调动

在教导孤独症儿童共同注意力之前,教导者首先要合理、充分调动孩子的学习动力。学习动力和对外界事物探索欲望的建立不管是对普通人还是孤独症儿童都至关重要。在教导孤独症儿童的过程中,很多时候会觉得孩子不听话,不配合教导者,感觉他们特别地难以学会一个目标,这让许多专业老师和家长都感到很困惑。换句话说,孤独症孩子在学习新任务时的动力不足是很普遍的一种现象。孩子的学习动力缺乏可以有多种表现形式,如,在教导过程中经常看到的发脾气、摔东西、哭闹、自伤、不服从、不停歇地笑、不注意、反应低、凝视某处、试图离开教学环境或无表情等。不确定这些孩子为什么学习动力如此困难,也许有些孩子实际上是做了,但因为他们常常失败或者没有得到鼓励性的强化而放弃任务。他们有简单的学习,但很少努力。无论什么原因,动力不足和学习困难是显而易见的。对此,希望发展出一系列有效的训练方法。

最近研究建议,增加动力可能在儿童学习上达到戏剧性效果。1987年,Koegel,O'Dell和Koegel发展了一个激励技巧和功能性语言运用的程序。它被有计划地用于自然环境和理想、适合的家庭中。1988年,

Laski,Charlop 和 Schrebiman 成功地教导家长使用这些技术,明显地增加和提高了他们的孩子的注意力和说的能力。这些技术的主要目的是提高孩子注意动力的积极行为。一个动力明显的儿童常常努力练习,在教导条件下也显得更有兴趣,在其他条件下也更喜欢运用学习行为。如:教导者给 4 个孤独症孩子展示吹泡泡的活动,这 4 个孩子在老师吹泡泡前,都没有自主性地关注教导者。当教导者将泡泡吹出来,泡泡到处飞的时候,4 个孩子都在不同的方向自主地注意到泡泡,并随着泡泡的移动而移动注意力,追视时间通常持续在 2～6 分钟。这充分说明动力对教导孤独症孩子起决定性因素。

重点是,教导者在引导孩子时应遵循孩子的兴趣,让孩子选择活动,然后把要教导孩子的目标(注意力的培养)自然地融入他所选择的活动中,这是确保孩子有参与学习动力的第一步。

2. 训练中自然环境的合理设置利用

在其他孤独症干预方法中,也运用到各种不同的环境设置,采用合理的环境设置引导和训练孩子的注意力是训练策略之一。PRT 强调在自然环境中教导,关键是教导者要合理安排好孩子的一日生活流程,给孩子提供大量有序的适当性互动,让孩子一个人独处的时间减少,把握好生活中的每一个机会训练孩子关注的习惯。除此之外,要维持好孩子的学习动力,真正将目标落到实处,最重要的还是教导者必须严格实施七大技能,这些技能和程序在第 2 章中已有详细的介绍,不再赘述,但为了加深印象,让读者能更清楚地解读下面案例中的要点,这里再纲要性地复习一遍教导者应严格遵循的七大技能:① 遵循孩子的兴趣;② 为孩子提供明确的反应机会;③ 新旧任务交替;④ 分享控制权;⑤ 有条件地强化;⑥ 自然强化;⑦ 强化孩子的努力。下面以案例的形式说明七大技能在培养孩子注意力方面的运用。

案例 3-2-1

下午5点钟,仔仔和妈妈在家,仔仔在客厅里玩玩具,妈妈在厨房里准备晚餐,有仔仔最喜欢吃的卤干子。饭做好后,妈妈希望仔仔帮忙摆餐具。首先,妈妈想到要引起孩子的注意,于是妈妈一只手拿着仔仔喜欢吃的卤干子,一只手拿着几双筷子,主动走到仔仔面前,当仔仔抬起头,看着妈妈的眼睛时,妈妈说:"仔仔,把筷子放在桌子上。"仔仔执行指令后,妈妈让他坐下来开始吃喜欢的卤干子。

这个例子中仔仔妈妈做得好的是:首先,她利用了自然的生活情景教学,同时,通过接近仔仔保证能引起孩子的注意,利用仔仔喜欢吃的食物(卤干子)调动孩子看自己的动力,确定和孩子有眼神接触后,指令简洁、明确、清楚("把筷子放在桌子上"),仔仔执行妈妈的指令后,马上就可以坐下来吃他喜欢的卤干子了。

> 同样是仔仔的妈妈,但在参加PRT培训之前,做法就有很大区别:下午5点钟,仔仔和妈妈在家,仔仔在客厅里玩玩具,仔仔的妈妈在厨房里准备晚餐,有仔仔最喜欢吃的卤干子。饭做好后,妈妈希望仔仔帮忙摆餐具。于是,她在厨房大声问:"仔仔,晚饭的桌子摆好了吗?"仔仔没有任何回应。

问题是:在这个过程中,妈妈隔着房间问话,无法确定仔仔对自己的指令是否给予了注意。另外,尽管妈妈的指令适合部分任务,但不明确,对孤独症的孩子而言,尤其是对仔仔现在的理解能力而言,这样的指令要引发反应动力是很困难的。相比之下,一个简短、直接的指令比一个长的、模糊的指令更有可能被理解和完成。

案例 3-2-2

　　童童和他的妈妈在逛街，当他们经过小卖部时，童童冲过去试图抓柜台上的饮料，妈妈快速地把他的手抓回来，蹲下来看着童童问道："你想干什么？"童童看着妈妈说："喝果汁。"妈妈把果汁给童童，付钱。

　　在这个例子中童童的妈妈及时地抓住了教导的机会。第一，在童童表现出问题行为之前（随意拿柜台上的饮料），快速地中断了孩子的行为。第二，主动地蹲下并看着童童，为童童能顺利注意到妈妈的眼神提供了很好的机会。第三，妈妈在确定童童看到自己后问话简明扼要。第四，在童童正确反应后及时给予了强化（自然强化）。在这样的过程中，妈妈引导童童学习关注人的习惯，同时，教会童童获取所需物品的正确方式，纠正问题行为。

　　童童的妈妈在参加学习之前的做法是：童童和妈妈在逛街，当他们经过小卖部时，童童冲过去试图抓柜台上的饮料，妈妈首先想到的是孩子想喝什么，所以妈妈问："这里有牛奶还有果汁，童童你要喝什么呢？"童童不理会并继续自己到处抓饮料。

　　与上面相比，在这里，童童的妈妈没有及时地抓住生活中的自然机会教导孩子对人的注意，另外，他的问题对童童而言，太长，不精炼。童童对妈妈的问题不作反应一点也不奇怪。所以，童童的妈妈认为孩子不听话、不好带、难控制就理所当然了。

案例 3-2-3

　　丫丫的爸爸陪丫丫去上课,到了教室门口,因为教室门特别重,丫丫推不动,就开始踢门。爸爸注意到这个教导丫丫的机会,蹲下来抓着丫丫的手说:"看着我。"丫丫看着爸爸,爸爸问:"你要进去吗?"丫丫说:"进去。"爸爸说:"说得很好。"爸爸边说边帮丫丫打开门,丫丫走进教室。

　　在这个案例中细心的爸爸是如何得到丫丫的注意的呢?他抓住丫丫的手,阻止她从事一个有潜在危险的行为,同时用语言辅助孩子看自己,接下来的指令清楚、明确,确定了孩子的意图,同时也是教导孩子沟通的一个机会。

　　3. 维持孩子的兴趣与注意

　　在这方面重要的方法之一,是在选择儿童的学习目标时,在新目标之间穿插一些维持目标和更有吸引力(或孩子更感兴趣)的目标。这样做孩子注意的动力和自信能够增加,维持和喜欢新任务的学习,同时,让孩子一直保持有较高的成功机会。允许连续增加与儿童动力一致的全部行为技能。与单一训练儿童新技能比较,单一新技能的训练会有更多的困难和更枯燥,可能会很容易地导致孩子的挫败感和动力的下降。同样来看案例。

案例 3-2-4

　　果果现在已经辨识了数字0～10。奶奶想让他学习自己拨电话号码(87829503),因为奶奶知道果果喜欢和他的妈妈打电话。放学后,奶奶对果果说："我们去给妈妈打电话。"他们走到固定电话机旁。奶奶拨"8782950"后停下,问果果:"这是什么数字?"同时指向"3"(维持任务),果果回答说"3",奶奶马上让果果按数字键"3",电话接通了,果果和妈妈说话。下一次,奶奶说,妈妈的电话号码是"8782950",停顿并提示果果说"3"(新增任务)。果果说"3"后,可以按数字键"3"并和妈妈讲话。再一次,奶奶拨"878295",停顿并指着"0"说:"这是什么数字?"果果说"0",然后拨数字键"0"和"3",与妈妈讲话。再下次奶奶问果果:"妈妈的电话号码是878295——"停顿,果果接着说"03",按数字键"0"和"3",与妈妈说话。……如此,直到果果能够独自说出妈妈的电话号码和自己拨打电话。

这里,奶奶将维持任务(命名数字)和新任务学习(记忆电话号码和拨电话)穿插进行,并且能与妈妈简短通话也是一个愉快的维持任务和自然强化结果。在一个长的任务中,如何选择任务,可能是值得思考的。在这个例子中,奶奶教导果果一些重要的技能,如注意、沟通技巧,同时增加了果果成功的机会,维持了孩子注意的动力。

同样条件下爸爸也想教导果果自己拨电话,但在奶奶教导之前,果果爸爸的做法是这样的:爸爸说:"妈妈的电话号码是87829503,你能说吗?"果果没反应,爸爸说:"8782—9—5—0—3"果果说"0—3",爸爸说"5—0—3",这样连续直到果果感到挫败,开始咬自己的手指。为了使果果停止咬自己,爸爸中断教导。

在这里,果果的爸爸连续性地教导果果新目标,没有穿插任何维持目标,果果在这些困难任务上很快失去连续注意的动力,开始出现自伤行为,结果,爸爸也感到失败,被迫中断教导。

4. 分享控制

提高儿童参与学习活动动力的第一个策略是允许孩子在选择任务或谈话主题时作为一个主角,并将孩子所选任务或主题用于教导的互动过程中,因为孤独症的孩子在与他们喜欢的物、人和活动互动中,可能会出现更多的注意动力和参与兴趣。我们允许孩子在整个互动中有大量的控制,孩子可以通过注意和说"不要""把手拿开"等选择停止活动,如果这时没有危险的状况,家长应遵循孩子的愿望,一是预防孩子不恰当行为的出现,二是对孩子的适当性注意行为和语言表达行为的自然强化。当孤独症孩子在活动过程中,出现一些危险性的行为(如攻击性行为、自我伤害行为)或不能被环境所接纳的不恰当行为(如自我刺激行为)时,教导者必须承担控制者的角色,直到孩子稳定下来,同时引导孩子对适当活动的注意和兴趣。这可以使孩子学习动力增加变得容易。分享控制还包括轮流,在轮流过程中创造更多机会培养孩子对兴趣物的注意、对教导者的注意、对活动的注意,在这个过程中,对能力好的孩子还可以培养分享式注意力和参照能力。

 案例 3-2-5

一天中午,姐姐在照顾她的弟弟乐乐,当她得到乐乐的注意时,她问乐乐:"乐乐,你想玩玩具,还是想吃饼干?"乐乐说:"玩。"姐姐说:"好,你去玩玩具。"乐乐拿了玩具公共汽车对姐姐说:"公共汽车。"姐姐说:"很好。"同时让乐乐推车玩。一会,乐乐看着姐姐说:"收起来。"姐姐:"好。"当乐乐把汽车放回去后,又对姐姐说:"饼。"姐姐说:"好的,我们去厨房拿饼干。"

这个案例中姐姐允许弟弟连续控制整个活动的选择权。弟弟在玩具和食物中做选择，然后他首先选了玩具车，这时，有可能会玩很长时间，也没关系，因为，乐乐有了一个好的控制开始，在玩的过程中他所玩的是他感兴趣的，其注意的动力会很高，这样，姐姐可以在轮流玩的时候，创造更多的机会让弟弟注意到自己或活动。同时，通过弟弟自己选择活动，姐姐保持了对整个过程的控制。

> 反之，姐姐在照顾弟弟的时候，姐姐说："我们一起吃东西吧，乐乐。"不顾弟弟的反应走向冰箱。乐乐说："玩。"姐姐说："现在不能玩。""这里有面包和饼干，我们一起吃饼干吧。"姐姐给乐乐一包饼干。吃完后，姐姐说："乐乐，我们弹琴吧，我最喜欢这架玩具钢琴。"姐姐弹钢琴，乐乐走到一个角落自己玩玩具。

这里，姐姐没有给乐乐选择的机会，比如，她可以让弟弟在以下几个方面做选择：吃还是玩？吃什么？玩什么？取而代之的是乐乐不感兴趣的活动，所以乐乐对这些活动没有关注，更不可能对姐姐有更多的注意。

上面谈到的在训练孤独症儿童的一般注意力时，大多数儿童在早期都是被引导的，作为教导者应主动辅助、引发孩子的视线接触，同时，注意教导孤独症孩子共同注意力建立前的两个重要基础行为：视觉运用和指点行为。因为，孤独症儿童在注意的表现中，视觉方向的跟随较多指向目标物（如食物和玩具），很少投向成人——通过目光传递内心的需求。很少有发起性共同注意，即便有，也多以拉、抱等动作代替注视和指向行为。对大龄孤独症个体研究发现，共同注意力的缺陷随着个体的发展而有所改善，虽然在主动发起共同注意力方面仍有缺陷，但已经开始能对他人引发的共同注意力做出反应。对孤独症儿童这种注意的特点我们还需运用 PRT 的训练技巧进行针对性训练。

二、教导孤独症儿童注意事物多重属性的方法

这里强调孤独症孩子的教导目标必须包括对事物多重特征或多种信息的注意。在第一节中谈到事物具备多重特征，对多重特征的注意有利于孩子对事物的全面了解。由于孤独症儿童对刺激的过度选择性特质，他们对事物的多重信息缺乏注意，进而在语言、社交、游戏等多方面的学习出现困难。为此，培养孤独症儿童关注事物多重属性的能力是必要的基础课程。

对于许多孤独症儿童，早期干预中运用多种指令、材料、例子可以提高适当性注意和反应。教导者可以通过在多种环境里、在不同的活动和材料中教导目标任务，这种教学可以为孩子提供足够的机会以教导其对多重信息刺激的注意；另一方面，为了让孩子了解目标要求和做出适当性反应，教导者不得不这样做。对于辨别有困难的学生，教导者可以使用有条件辨别教导，那就是依据对多重信息的反应要求，呈现能让孩子做出正确反应的机会(Stahmer AC. et al. 1993)。例如，教导者可以要求学生从装有多个颜色的铅笔、钢笔和圆珠笔的笔盒里拿出"绿色的铅笔"。

家长在家里，也应该运用相同的方法，即强调事物的多重属性，并用辅助、强化等方法，帮助孤独症孩子注意事物的多重属性。表 3-2-1 是孩子在日常生活中常玩的可用于教导多重属性的材料的例子。

表 3-1　日常生活中可用于教导儿童注意多重属性的材料

车辆	类型和大小,类型和颜色	小的、中等的、大的,不同颜色的公共汽车、轿车和卡车
书	科目和大小,颜色和大小	不同科目、颜色、大小的书
书写的文具	类型和颜色	不同颜色的钢笔、铅笔、蜡笔和水彩笔
玩偶/人物雕像	大小和身份	大的和小的,许多孩子喜欢的人物雕塑
动物雕像	类型和成员	多类动物的妈妈和宝宝
积木	数量和颜色、大小和颜色、形状和颜色	多种颜色、大小、形状的积木
食物	质地和数量,颜色和类型	多种质地和/或颜色的小块的食物

　　教导孤独症儿童对多重特性的注意和理解,既可以是一对一的教导,也可以是在小组活动中教导。如果孩子是在训练中心或普通学校,小组活动有很好的教导物品多重特征的例子和概念的机会,因为在小组活动中教导者不可能为每一个学生提供完全相同的物品环境。

案例 3-2-6

　　在笔者中心学前衔接班的游戏课上,老师带领本班的 6 个发展性障碍的学生做"点兵点将"的游戏,游戏规则是点到谁就由谁起来表演,表演的内容自己定。与既往游戏方式不一样的地方是:老师在"点兵点将"时不是直接叫学生的名字,而是通过描述某个学生当下的衣着特征来进行。比如,老师说"请穿白色毛背心的小朋友""请穿黑色球鞋的小朋友""请穿红色长袖衬衫的女生""请穿蓝色夹克的男生"等。每当老师这样发出一个指令后,学生都很认真地看看自己的穿戴,再看看其他同学的穿戴,是自己时就主动站起来,是别人时就用手指出来,边指边说出那个小朋友的名字。6 个学生在这个过程中对老师描述的多重特性的辨别,有的反应快,有的反应慢,反应慢的小朋友一开始模仿反应快的小朋友,到后来反应也慢慢加快。整个过程中学生都很开心,因为他们都很希望为大家表演自己最愿意做的动作或节目,无论表演什么,都会马上得到老师和同学们的欢呼:"×××,棒棒棒"或"×××,你真棒",有时还可以得到老师准备的小礼物。

在这样的活动中,不仅教导了学生对事物多重特征的注意和辨别,还训练了学生对同伴的注意和辨识,以及对同伴行为的参照。

 案例 3-2-7

在音乐游戏课中,老师在地上画了不同颜色不同形状的图形。活动规则是,学生在音乐停下来的时候要按老师要求站到指定的形状里去。一开始可以要求学生在音乐停了的时候站在蓝色的正方形里,而不是蓝色的圆形或者红色的方形。之后,可以要求学生在音乐停了的时候站在红色的三角形里,而不是黄色的三角形或红色的圆形。

在小组指令中,使用多重特征(刺激),对那些有过度选择的学生也是适合的。

如何在小组活动中实现个别化教育目标?首先,可以将某些物品的多面性和概念很自然地融入小组活动中,或者在教室里展示的物品中,某些多面性的元素已经自然呈现。

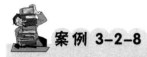

案例 3-2-8

在美术课上,一个学生需要剪刀,教导者可以提供多把看上去完全不同的剪刀,通过每一次给学生不同的剪刀,训练学生对剪刀多重特征和概念的注意——可以用剪刀剪一些东西(剪刀的功能),有不同的颜色、大小、形状、质地等。

此外,还可以用同一物品教导学生学习对不同的指令(体现物品的多种功能或操作形式)作出反应。

案例 3-2-9

学生正在玩积木,教导者可以要求一个学生对积木计数,之后要求他将积木按颜色分类。

这样,教导者同时教导了计数、颜色的辨别和按物品某一特性分类。注意,在这样的教导过程中一定要灵活地使用七大技能以确保学生能够对每一个指令做出反应。

其次,采用差异性教学。因为在小组活动中可能有一部分学生理解多重信息,也有一部分学生不理解(如心理年龄在 36 个月以下的学生)。对于理解的学生,教导者可以要求他们对多重信息作出反应,对于不理解的学生可以降低难度,或加强辅助。

案例 3-2-10

在一节美术课中，教导者准备了不同颜色、不同大小的纸，对可以理解多重特征的学生要求他拿一张大的蓝色的纸，而要求还不理解多重特征的学生拿一张小的纸或红色的纸（必要时辅助学生正确执行）。接下来的活动是画天空中的雨滴和云，对能够理解多重特征的学生要求画出小雨和大雨（需要学生理解两者在所画雨滴数量上的区别），一片云和许多云（需要学生理解两者在所画云数量上的区别）。对不理解多重特征的学生一开始只要求画雨滴和云就可以了。

第三，通过小组指令引导学生对事物多重特征的注意和学习。例如为小组活动中的每一个学生提供特征上有差别的物品。

 案例 3-2-11

同样是在美术活动中，老师可以问一个学生："你想要什么颜色的纸呢？"问另外一个学生："你想要一张大纸，还是一张小纸？"

这里，同样是纸，老师的问题不同，学生对事物特征的注意也不同。这样，在小组中，学生可以互相关注拿到的纸的不同特征，以获取更多的信息。

教导孤独症儿童注意事物多重信息的时候，除了要规范使用 PRT 教育体系中的七大教导技能之外，还要注意：不是所有的孩子一开始就可以教导这一技能的，其中，对心理年龄不足 36 个月的孤独症儿童是不适合的。因为普通发育的儿童在 36 个月之前对多重信息刺激的反应不完善(Stahmer AC，Jessica Suhrheinrich，Sarah Reed，2011：65)。

三、教导孤独症儿童共同注意力的方法

共同注意力是指儿童能够通过协调眼神与动作来与他人分享有趣的事物和体验。共同注意力的表现形式有两种：回应性共同注意力和发起性共同注意力。回应性共同注意力是指对来自他人的关于某一事物的语言或者动作沟通有恰当的反应。比如：当教导者在孩子面前指着一个玩具的时候,孩子往往会顺着指导者的手势或者眼神去看所指的物品,同时,还会扭过脸来回看指导者,发生眼神上的交流,等等。发起性共同注意力是指能够自发地用沟通行为引起他人的注意力。比如,孩子往往把自己喜欢的东西指给身边熟悉的人看,且这个时候的动作或语言主要不是向他人要求什么东西,而是与他人分享自己的兴趣与心情。

而孤独症孩子,回应性共同注意力和发起性共同注意力都有明显的缺陷。大部分孤独症孩子最初在与人对视上明显缺乏。例如,当教导者拿着一个新玩具对孩子说"看哪,我给你带来了新玩具"时,孤独症孩子往往对教导者的话没有任何反应,继续自顾自地看似很专心地"研究"自己手上的汽车车轮,对在一旁的伙伴或指导者不给予任何视觉上的交流。

共同注意力为儿童的语言发展与交流提供良好的基础。科学研究表明,一个孤独症孩子如果有较好的共同注意力,则其将来的语言和社会情感发展程度往往较为可观。反过来说,有些孤独症儿童如果一开始在共同注意力方面有严重缺陷,那他们今后的语言发展和社会情感的解读也会受到严重影响(Christina Whalen. et. 2006)。

所以,对孤独症儿童进行共同注意力方面的教导和训练,无疑有着

非常重要的意义,也为孤独症儿童的主动性语言沟通和社会情感的解读奠定基础。当代的行为分析和发展理论,在如何训练共同注意力方面,已经开始攻关并有所收获。这里,我们就应用 PRT 相关技术有关共同注意力的干预方法,进行介绍分析。

美国加州大学圣地亚哥分校的劳拉·希拉波门(Laura Schreibman)教授及其团队的专家们,长期以来就如何对孤独症孩子进行共同注意力的训练进行了探讨和实验研究。希拉波门教授在总结了自己和同事的许多科学实验和临床经验后指出,在教育孤独症孩子提高共同注意力时,要注意以下一些原则。

第一,教导者要让孩子在训练过程中能够有机会选择有关的活动或游戏,即遵循孩子兴趣选择有趣的活动。这样,孩子会有比较强烈的学习动力。除此之外,教导者与孩子还应该有轮流发起和回应共同注意力的练习机会。当然,如果孩子一开始还不会,教导者可以向孤独症孩子示范能够体现出共同注意力的动作。如,当指导者对孤独症孩子说:"你看,那边是什么?"孤独症孩子可能无任何反应,这时,教导者应采用提示的技巧辅助孩子顺着手指的方向看过去,再与指导者有一个眼神上的回应。到训练后期必须交换角色,由孤独症孩子发起共同注意力。比如,在商场门口,孩子看着妈妈,并用手指着对面走来的充气熊猫说:"妈妈,你看那里。"妈妈顺着孩子的手看过去,再回头与孩子对视,并作出评价。

第二,教导者在必要的时候,一定要为孤独症孩子提供即时恰当的辅助。辅助的形式可以包括全身体辅助、半身体辅助、语言辅助、位置辅助、视觉辅助和示范。辅助是一种手段,其目的在于帮助孩子尽可能地掌握反应共同注意力的行为和动作。

第三,教导者在安排训练目标的时候,要根据新旧交替的原则。也就是说,每一次训练既要有新的内容,也要让孩子有时间复习已经掌握的技能。新旧技能的穿插比例通常是三个旧的技能穿插一个新的技能。这样做便于孩子在学习过程中体验到更多的成功,减少挫败。同时,也将旧的技能进行巩固稳定。更重要的可以维持孤独症孩子的注意力。

第四,对于孩子的学习表现,教导者不仅要有奖励,而且要尽量努力使孩子的表现和所得奖励物之间有直接的联系,即自然性强化。例如,孩子若能够跟随教导者的眼神或手势而注视一件有趣的玩具,则孩子所得到的奖励就是能够玩这件玩具。让孩子所获得的和他所看到的是一致的,有直接联系的。

对感官刺激的过度选择,常造成孤独症儿童注意力特有的选择性特质。了解其特质,寻求并实施适应性策略是教导者帮助儿童跨越学习困难、更好适应教学的先决条件。下面将具体说明,教导者应如何根据这些原则,发展并执行对孤独症孩子进行共同注意力训练的程序。其中包括两个重要的方面:第一是关于回应性共同注意力的训练;第二是关于发起性共同注意力的训练。

对孤独症孩子进行回应性共同注意力的训练目标,是要求他们对来自教导者的关于某一事物的语言或者动作沟通有恰当的反应。对孤独症孩子的回应性共同注意力的训练,可以从最简单的要求开始。而孤独症孩子随教导者转移注意力,便是一个例子。

从程序上说,教导者可以根据观察确定一件孤独症孩子喜欢的玩具,如小汽车。当孤独症孩子在玩其他玩具时,教导者把孩子的手放在玩具小汽车(即一件新的玩具)上,并说"汽车"。如果孩子能够随教导者转移注意力,如看着或者抚摸玩具小汽车达 10 秒钟左右,他就可以随心所欲地玩任何玩具,包括玩具小汽车。而如果孩子不能随大人转移注意力的话,则教导者可以暂时收起所有的玩具。这样的过程可以反复进行,使孩子慢慢地知道随教导者转移注意力的不同结果。

接下来,回应性共同注意力训练的一个重要目标是孩子与大人眼光的接触。为了增加孩子与大人眼光接触的机会,教导者可以在孩子玩心爱的玩具时,把自己的脸贴近该玩具。比如,孩子喜欢吹泡泡并注意飞动的泡泡,教导者便用自己的脸去碰撞泡泡。把孩子喜欢的物品放在离教导者眼睛很近的地方,同时,教导者也可以模仿孩子的动作、声音以取得其注意力和眼光接触。一旦孩子与教导者眼光有所接触,就奖励其该物品,教导者也可以同时表现出高兴的神态如微笑。如果孩子不与教导者有眼光接触,教导者可以把所有的玩具都收起来,过一会再来引起孩子的注意。这样的过程也应该反复地进行练习。

教导者还有一个目标是让孩子跟随大人的指点而有所关注。例如,如果教导者知道孩子喜欢玩具飞机,便把一架小飞机放在写字台上。然后,当孩子与教导者有眼光接触时,教导者用自己的手去指这架玩具飞机。孩子必须随着教导者的指点把头转向玩具飞机,然后才可以得到玩具飞机。如果孩子不能够随着教导者的指点而转向目标,教导者可以缩短自己与玩具飞机的距离,再来用手指点飞机。如果这样的辅助还不足以使孩子把头转向玩具飞机的话,教导者也可以用辅助的技巧,如用自己的手把孩子的头转向玩具飞机,然后再给予奖励。

另外一个方面,发起性共同注意力的训练目标,是要使孤独症孩子能够自发地用沟通行为引起他人的注意力,向教导者展示分享兴趣物和事件。例如,冬冬用手指着天上正在飞过去的飞机给教导者看。孩子这种沟通行为的目的,主要不是在于得到什么东西,而是在于与别人分享兴趣和感情。

发起性共同注意力的一个方面是孩子的目光从玩具、物体转移到旁人身上。在训练过程中,教导者可以让孩子先玩一样喜欢的玩具,而自己待在孩子身边,这样,孩子便有机会向大人展示特定的玩具了。如果一个孤独症孩子在一开始没有向大人展示,教导者便可以为孩子提供形体辅助或姿势辅助或语言辅助,来引起孩子的发起性共同注意力。形体辅助可以是教导者一边用手帮助孩子的手拿着玩具,一边用另外一只手把孩子的头抚转向着大人的方向。此外,教导者还可以用"给我看看"的话,来为孩子提供语言辅助。而姿势辅助则是教导者用手指着自己的眼睛,来对只顾摆弄玩具的孩子示意注意的目标。当然,如果孩子还是没有注意大人或向大人展示玩具,则教导者也可以把所有的玩具都收起来一会儿。这样做是让孩子逐渐明白在这个时候,只有注意大人或向大人展示玩具,他才可以保留这些玩具。

普通孩子常常用手指的方法来表达自己的问题和兴趣,因为他们知道大人可以通过"形",即用手指点的动作而达到"神",即对自己想法的理解。大人一旦理解了孩子的兴趣和问题,便会有针对性地向孩子讲解。而孤独症孩子在社会认知方面有缺陷,所以他们也不会有用手指点的动作。由此带来的问题是,大人不知道孩子的问题和兴趣,也不能根据孩子的兴趣和问题为其提供有用的信息。所以,教导者要训练孩子形成具有共同注意意图的用手指点的动作。

例如,当孩子在玩自己的玩具(如火车)时,教导者把一件新玩具(如飞机)放在孩子看得见的地方。教导者可以先示范性地用自己的手指着玩具飞机,然后用"指给我看"之类的语言辅助来让孩子模仿指点玩具飞机。如果孩子还是没有用手指点的动作,则有必要给予其形体辅助,即教导者用自己的手帮助孩子用手指玩具飞机。孩子能够用手指点新玩具后,才可以继续玩原来玩着的玩具火车。否则的话,教导者可以把原来玩具收起来一会儿。这种过程一直持续,直到孩子慢慢形成发起性共同注意力。

令人鼓舞的是,将行为分析和发展理论相结合而发展出来的有关干预程序,已经得到了临床实验结果的初步支持。例如,在美国孤独症研究者 Christina Whalen 和 Schreibman L(2003)的研究中,有五个孤独症儿童参与了实验。实验者首先教孤独症孩子学习回应性共同注意力。实验者用辅助的方法引起孩子对特定玩具的注视,具体方法是用手指着这一玩具或者用眼睛盯着这一玩具,以引起孤独症孩子的注意。具体做法是,只有在孩子与大人有眼光接触后,大人才把玩具给孩子。否则的话,大人就将玩具收起来一会儿。像分段回合教法的其他应用一样,上述程序需要一而再再而三地重复。接着,实验者又用类似的方法教孤独症孩子学习发起性共同注意力。实验数据表明,五个参与实验的孤独症孩子中有四个通过训练大大提高了回应性共同注意力和发起性共同注意力。但要指出的是,在三个月以后的随访测试中发现,这些孩子的共同注意力程度比研究刚刚结束时有所下降。所以,孤独症孩子的家长们要掌握上述方法并持之以恒地加以运用。这样,才有更大的可能帮助孩子学会并保持与共同注意力有关的各个方面(黄伟合,2008)。

第3节 个案分析

在欧美的西方发达国家,用 PRT 训练提高孤独症儿童共同注意力的实证性科研文献,可以说屡见不鲜。而在中国大陆,有关研究报道甚少。以下,笔者根据个案研究的方法,对 PRT 用于提高孤独症儿童共同注意力方面的操作过程与实际结果,加以初步的描述与归纳。

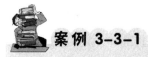

案例 3-3-1

　　仔仔是一个可爱的小男孩,6 岁。诊断为孤独症。4 岁开始接受干预至今。去年已上普通幼儿园大班,同时,每天放学后回中心继续接受以中心为基础的 PRT 训练。妈妈全职、全程陪同参与教学,课堂中妈妈学习老师的操作方法,课后妈妈利用生活中的每一个机会对仔仔进行练习。目前,孩子在情绪情感上很稳定,遇到困难时,他会运用语言与同伴沟通互动,在规则上可以跟随普通幼儿园的一日作息时间上课,不会干扰课堂,偶尔 30 分钟的课堂中会出现 1～2 次用手摸旁边的小朋友,在学习方面排名在全班大概前 10 名(全班共 40 个孩子),老师反映他的知识性接受能力很好。但现阶段存在的主要问题是共同注意力方面还不能达到分享自己的兴趣和情感体验,即时准确的情境性表达欠缺。因此,笔者用 PRT 的形式引导仔仔的共同注意力、主动性语言沟通和自我管理能力。这里主要描述针对仔仔共同注意力的训练。

　　仔仔的妈妈在没有学 PRT 之前的教导过程是:仔仔喜欢树叶,妈妈决定利用他的兴趣教他一些树叶的名称。于是妈妈找来了各种树叶的卡片,并准备好了桌子和小椅子,让仔仔坐好后,妈妈开始拿出一张张的树叶卡片,指着卡片说:"仔仔,这是什么?"仔仔说:"树叶。"妈妈说:"嗯,很好。"接着,又拿出一张不同的树叶的卡片问:"这是什么?"仔仔说:"树叶。"妈妈说:"嗯,不错。"这时,在妈妈拿第三张树叶卡片时,仔仔站起来跑到客厅拿自己的玩具汽车玩。妈妈在房间大声叫道:"仔仔,回来,回来坐下,你回来坐下我给你树叶。"在妈妈的叫喊下仔仔很不情愿地回到妈妈身边,妈妈抓住他把他摁在椅子上,同时抢走了仔仔手上的汽车,说:"汽车给我。"之后,指着手上的树叶卡片问:"这是什么?快说,说了就给你玩。"这时仔仔开始捶桌子,把桌子上的卡片发泄式地丢掉,妈妈这时也变得很生气,开始大声地指责仔仔不乖、表现不好等。

在这个案例中,妈妈一开始就在环境的选择上没有根据孩子的兴趣而设计,仔仔喜欢的是真正的树叶,而且,当仔仔努力后,妈妈没有遵循强化的原则,也没有利用孩子的兴趣维持孩子的注意力,因此仔仔感到受到挫败,试图逃避在一起的体验。

训练早期,教导者利用生活中的每一个细节和机会来引导仔仔的一般注意力。训练前期,仔仔只会对自己感兴趣的特定物品持续关注很久,所以在前期有两个目标:① 引导仔仔注意更多的其他物品,扩展他对外界注意的范围和广度;② 在培养仔仔对物的关注的同时慢慢将其注意力引到人的面部上。

首先扩展兴趣物。教导者注意到仔仔每次来教室时,只会找固定的玩具——雪花片。教导者将这些都记录下来,通过记录发现,仔仔喜欢的是圆的、颜色鲜艳的东西。因此,教导者在生活中收集了彩色圆环、圆形积木等类似的玩具。等仔仔下一次来教室的时候,教导者将雪花片收藏起来,展示给他彩色圆环或圆的积木,同时示范出一些新的有趣的玩法,从而引起仔仔的注意力,使他将原有对雪花片的注意力转移到圆环和积木上。这样坚持下来,仔仔对环境中的事物的注意越来越多,范围越来越广。当然扩展孤独症儿童对更多物的注意需要一个长期过程。

慢慢将孤独症孩子对物的注意引到对人的注意。仔仔在一开始进教室后只对雪花片和手拍鼓感兴趣,他会一直按自己固有的方法(长条、圆圈)排放雪花片,同时把手拍鼓摆在自己的面前,不让任何人接触。一旦有人过去与他讲话或者在他的旁边坐下试图参与他的活动,他就会发脾气(哭闹、发泄式地乱扔雪花片)。教导者把仔仔的这些表现全部通过视频记录下来,课后教导者通过看视频来确定仔仔的训练目标。在第二次课中,教导者在仔仔刚一进教室的时候,就会拿一个雪花片在手上,并展示在他的眼前,同时,教导者蹲下与仔仔的视线保持平行,把雪花片放在离自己眼睛很近的地方,当仔仔看了雪花片,同时关注到了教导者的脸,教导者就把雪花片给仔仔。同时,教导者从口袋里将准备好的第二个雪花片快速拿出来,以同样的方式展现给仔仔,当仔仔看了雪花片,同时关注到了教导者的脸,就给他第二个雪花片。这样一个一个地给孩子,而不是一整包地给孩子(通常一整包都给他后,其他人就很难再介入到他的活动中了),为有效地引导孩子的注意力提供了较多的练习机会。其二,教导者在给仔仔雪花片时,是放在离自己脸部较近的地方,这样可以辅助仔仔能够更容易地注意到教导者的脸,培养其对人的关注。当然这个过程是要在生活的任何情境下抓住每一个机会进行练习的,而这种机会在常规生活中处处存在,注意力的建立并不是靠一天两天就可以培养出来的,它是一个长期训练过程。

又如在公园散步的时候。晚饭后,仔仔和妈妈一起在公园散步,仔仔很爱树叶,仔仔的妈妈就决定在这个环境中教导仔仔观察不同的树叶,扩展仔仔对不同树叶的兴趣,感受不同树叶的不同特征。妈妈第一时间捡起地上的树叶,并蹲下,将树叶放在离自己眼睛很近的地方。妈妈指着枯黄的树叶说:"这是什么?"仔仔看着妈妈说(因为妈妈手上有仔仔感兴趣的树叶):"树叶。"仔仔被允许拿着树叶。接着,妈妈又捡起地上一片绿色的树叶说:"这是什么?"并辅助仔仔说"绿色树叶"。仔仔看着妈妈慢慢地说:"绿色树叶。"妈妈把绿色的树叶给他。再一次,妈妈拿着尖叶子的树叶问:"这是什么?"妈妈辅助仔仔说"树叶",然后妈妈给他树叶。这里,仔仔妈妈很好地利用散步的时间和仔仔已有的兴趣物来扩展孩子的注意力(对不同特征的树叶的注意、对妈妈的注意)。首先,仔仔的妈妈利用仔仔喜欢的树叶做强化物，引导仔仔看自己，并自然地奖励给仔仔树叶，让他拿在手上。第二，仔仔的妈妈在这个过程中还进行了新旧任务的交替，把不同颜色、不同形状的树叶交替给他，产生一些细微的变化，让孩子慢慢接受改变，慢慢扩展孩子对兴趣物的范围。同时，引导孩子对物品（树叶）多重特征（不同颜色、不同形状）的注意和接受，使孩子的兴趣变得越来越广。这对家长和孩子来说都是愉快的，整个教导过程自然轻松。

案例 3-3-2

在孩子建立了一定的关注之后，我们还要维持好孩子的已养成的好习惯。同时还要扩展出更多的技能。孤独症小朋友堂堂，今年 5 岁，在妈妈的陪同下来笔者中心接受 PRT 的系统干预，近期将共同注意力的培养作为重点。妈妈反映，堂堂和她在一起的时候，可以听很多指令，说一些简短的句子，但就是不看着妈妈，或者看了也只是瞥一眼，不能维持。

堂堂的妈妈在笔者中心接受了专业系统的 PRT 指导后，进步很明显。如，堂堂的妈妈知道堂堂很爱看花，就决定教他一些他喜欢的花的名称。堂堂已经能够分辨颜色，妈妈计划在颜色辨别的基础上教堂堂学习表达花名，同时练习随妈妈手指的方向看花的过程。妈妈带堂堂到花鸟市场散步，指着百合花说："什么颜色？"同时辅助堂堂顺着自己手指的方向看过去，堂堂看到后说："白色。"妈妈买了一朵百合花给他。稍后，妈妈指着一朵玫瑰（同时辅助堂堂顺着手指方向看）问堂堂："这是什么花？"并辅助堂堂说"玫瑰花"，堂堂模仿妈妈说"玫瑰花"，妈妈又买了一朵玫瑰花给他。如此将命名花的颜色和学习花的名称交替练习。堂堂的妈妈把要教导的目标安排在适当的情境中自然地引导，并且从堂堂感兴趣的物品和已经掌握的内容开始，这样做有利于激发堂堂关注学习目标和学习过程的动力，增强堂堂的配合意识，最后能主动顺着妈妈手指的方向关注妈妈所指的花。同时，堂堂的妈妈把花的辨别命名这个新的目标放进来，把已会的颜色命名融入这个教导过程中，新旧任务交替的技能用得很好。

通过这些案例可以看出，在教导孤独症儿童共同注意力之前需重视以下几个方面。① 通过生活中的观察，找到孩子真正感兴趣的事物，用以调动孩子对物、人和活动注意的动力。② 教导者在教导过程中要准确、灵活运用各种操作技巧（主要是 ABA 基本技术及 PRT 七大关键性技能）。作为教导者，本身应善于观察孩子，善于针对个案的不同特点、不同目标教导做思考和设计，在教导中语言要丰富，表情要夸张，针对不同能力层次的孩子要善于使用一些声光性的玩具来刺激他们的感官，吸引他们的注意力，培养其对外界事物注意的习惯。③ 注重家长的参与。因为孩子和家长在一起的时间是最长的，课后大部分时间都和家人在一起，而且孩子和家长在一起的时间其情景都是非常生活化的，在此情景下教导孩子会更自然，教导出的结果也更符合生活和社会的要求。此外，也可以节省很多时间，孩子直接在自然生活中边体验边学习边运用。仔仔共同注意力的教导就是由妈妈全程参与和实践的，她每天用固定的时间到笔者中心在专业老师的指导下练习发展孩子的共同注意力，回家后坚持将所学技能运用到社区化的情景中教导仔仔。④ 坚持利用生活中的每一个情境为孩子提供练习注意力的机会，为后期共同注意力的建立奠定基础。

案例 3-3-3

　　孤独症儿童共同注意力的引导利用游戏也是一种很好的教学形式,通过不同的游戏形式可以引导不同能力层次的孩子的共同注意力、语言能力和其他的相关技能,因为认知世界的能力是一个整体,绝不能独立开来。大量的实验证明,在游戏中可以发展出很多目标以外的相关技能。如引导共同注意力的同时可以潜在地发展孩子的语言能力、自我管理能力、理解能力以及配合能力等。例如,天天小朋友,5岁半,一直在笔者中心接受团体形式的 PRT 训练。天天刚来中心时,不会讲话,也不关注人,和其他孤独症孩子一样,与他讲话沟通,他听而不闻,视而不见。教导者在训练早期,采用天天喜欢玩的小游戏接近他。如,天天对滑滑梯很感兴趣,一开始,教导者让天天自由玩一两轮,第三轮开始时,当天天爬上滑滑梯准备下滑的时候,教导者用身体控制住天天,让游戏有一个中断。同时,教导者用自己的眼睛主动寻找天天的眼神。这样,天天本来以为可以像原来一样下滑的时候,出乎意料地被阻止了,而且这时又没有任何声音提示,因此,天天在想下滑又没有办法滑下去的时候,就有可能抬头看看,正好教导者在寻找、等待他的眼神,这样,对视的机会就发生了。接下来的每一次,都以同样的方法中断游戏——建立对视——继续游戏。天天慢慢学会了主动看教导者的眼睛,最后,天天形成了习惯——遇到问题的时候,会主动找人通过眼神表达自己的需求。

　　训练中期,在天天已具备对人的眼神关注的基础上,教导者开始训练天天的回应性注意力。比如,教导者在地上放三块垫子,自己站一块,天天站一块,还空一块垫子。教导者用手指的形式发指令,让天天自己根据手指的方向找到正确的垫子站,天天找对了,教导者给他一个大大的奖励。后来,教导者用同样的方法,把垫子加到四块,同时,妈妈参与进来,妈妈充当同伴的角色,教导者会要求天天按手势找垫子,也会要求妈妈找垫子,这样在游戏中,无论是妈妈还是天天都要持续地关注老师的手势,游戏才可进行。天天在这个游戏中,注意力持续的时间不够长,教导者利用同伴的角色来激励天天,如,当天天注意力不集中的时候,教导者马上说:"来,妈妈刚才看着老师了,妈妈可以得到奖励。"这时,天天会约束自己在垫子上站好,并持续注意教导者的手势要求。当然,此活动也不能持续太长的时间,要在孩子的承受范围之内。

训练后期,教导者让同龄普通孩子加入游戏中来,增加天天共同注意力的难度,从一个同伴开始。当然,妈妈作为同伴还继续留在活动中,妈妈在这个活动中,要装得比天天的能力弱一些,让天天在这个活动中处于中间水平,增强他的自信,因为同伴通常在活动中显得很强,因此,妈妈来充当最后一名的角色。教导者这时指垫子的时候会故意模糊不清,比如指两块垫子的中间,这时候,到底应该站在哪一块天天不能确定,当不确定的时候,天天就会看看垫子,再抬头看看教导者,甚至看看其他人进行参照。只要天天看看垫子,再抬头看看教导者的时候,教导者就马上给天天准确地指一次他该站的垫子。同时奖励天天来当小老师。天天当小老师的时候,可以指挥每一个人,教导者就变为学生配合天天的要求,并装作不会或者故意出错,看天天是否观察到了,在天天注意到之后,让天天再给一次指点,让教导者站对位置。在这个游戏过程中天天主动用语言也是可以的,如果把眼神和主动说一起表现出来会更好。

此活动还可以围绕天天的共同注意力做进一步的调整和晋级,比如,慢慢地把垫子范围扩大,垫子与垫子之间的距离拉远,这样教导者在指垫子的时候距离也就远了,距离远了天天顺着手指方向看的线条也就越长,这样,为天天在生活中能看到别人手指的远距离的事物打下良好的基础。

在上面的游戏中,教导者除了引导孩子看之外,还通过让天天当小老师练习他的发起性共同注意力。在家里,天天当老师,爸爸当学生,爸爸跟着天天画房子,天天先画好,便主动跑过来把手里的画给爸爸看,示意爸爸看自己画的画,与爸爸分享自己的成果,这时,爸爸很乐意按天天的指挥做事情。

除此以外,家长可以在家里让孩子看妈妈的手势取相应的物品,特别是孩子有兴趣的物品。比如:天天在家里想吃柜子上的巧克力,但天天找不到巧克力放在哪里,妈妈坐在沙发上用手指的方式让天天通过看妈妈的手势、眼神、表情来判断巧克力的准确位置,当天天找到时就可以吃巧克力;如果没有找到,天天就会回头看妈妈,妈妈就给准确的手势确认巧克力的地方。如果这次天天还是找不到确定的位置,妈妈给予及时的辅助,让天天成功地找到,并可以吃巧克力。这种情况下,天天虽然没有独立地找到巧克力,但他努力了,所以,及时的辅助有助于天天获得成功感,并得到了想要的物品。结果使天天在下一次的活动中还会继续努力和配合。

 案例 3-3-4

贝贝小朋友,是一个可爱的小女孩,来中心时运动能力特别弱,如坐在板凳上再站起来都显得很笨拙,大概要5～10秒钟才可以完成这个动作。在视觉运用上基本不关注人,对物品和玩具的兴趣非常少,每一种玩具拿在手上通常关注不到两秒钟。教导者通过观察贝贝的生活习惯,发现她对音乐很感兴趣,每当音乐声响起,她就会随着节奏晃动身体,特别是节奏欢快的音乐。于是,教导者唱《娃哈哈》的歌给贝贝听,让贝贝熟悉这首歌的旋律,贝贝每次听到这首歌时,表情都显得很愉快,也会随着节奏晃动身体。有一天,教导者唱:"我们的祖国是花园,花园的花朵真鲜艳,和暖的阳光照耀着我们……娃哈哈呀娃——"(中断)这时,贝贝也停下来,教导者在贝贝的前面看着贝贝,贝贝两秒钟后抬头看着教导者,教导者立即唱:"娃哈哈。"贝贝又继续摇晃。就这样,贝贝每天都会有很多的机会练习,无论是在家里还是在中心的课堂上,贝贝都会得到这样的机会练习对人的注意。三个月的训练后,贝贝对人的关注越来越多。在此基础上,教导者开始在贝贝的旁边唱歌,让贝贝的视觉关注由开始的一抬头就可以看到教导者转换到现在抬头后还要有一个90度的转动,建立贝贝对人的视觉追视能力。当积累到一定的熟练度后,教导者开始在贝贝的后面唱,这样贝贝要转180度后才可以看到教导者,只要贝贝转过身去,教导者马上继续唱《娃哈哈》。就这样,教导者换不同的方位进行中断,贝贝对人的关注也慢慢可以变化不同的方位,在中断后的关注中显得越来越灵活。

贝贝在对人的注意力上进步很明显,但在对物的关注上还不够,因此,教导者把唱歌换成录音机放歌曲,用录音机放同一首歌来引起最初对物的关注,每当音乐停时,贝贝就会看录音机,这时,教导者就打开录音机继续放音乐,在反复练习中建立对物的关注。

接下来,教导者训练贝贝的注意在物和人之间转换:贝贝每次看着录音机时,教导者试图去打开,但不要真正打开,给贝贝一个视觉暗示,贝贝除了看录音机,还要看教导者,这样教导者才会帮忙打开录音机,听到音乐。这样可以慢慢建立贝贝对物和人在注意力上的合理分配,使其逐渐适应社会环境的需求。

　　天天小朋友是一个进步非常快的小男孩,三岁开始接受训练,现在上小学一年级。训练初期,天天无对视反应,对外界事物缺乏适当性关注,只看一眼自己感兴趣的物品,而且只看喜欢物品的某一个部位,如汽车的轮子、圆形眼镜架、妈妈耳朵上的圆形耳环,或者只看妈妈带有线条的裙子,而不关注妈妈的脸,因此,常常在人多的地方牵错了妈妈。喜欢的活动非常少。自接受专业训练以来,天天的爸爸妈妈非常用心,每天陪同孩子一起学习,在训练前期,教导者利用 PRT 的技巧教导天天学会对视和扩展对外界活动的兴趣。天天一开始很喜欢玩滑滑梯,教导者遵循孩子的选择,给天天一两次的机会自由玩,不需要天天做出任何的努力,甚至帮忙其建立起对滑滑梯的浓厚兴趣。接着,教导者开始中断天天玩滑滑梯的程序,同时,辅助天天看教导者,如果天天没看,教导者用全身体辅助,直到成功获得眼神的接触,才可以让天天恢复玩滑滑梯。就这样,天天的爸爸妈妈也长期利用生活中的每一个机会对天天感兴趣的活动引导练习,慢慢地帮天天建立了关注人和外界事物的习惯。

　　天天有了基本的注意力后,针对天天只看事物的某一特征,而不注意事物多重特征的问题,教导者先安排天天在相对结构化的环境里进行练习。教导者先让天天根据听指令来找到相应特征的物品,教导者说:"请你拿一个红色的大龙球来。"天天需要先在脑子里提炼出球的概念,首先它是圆的,然后要知道红的,还要是大的。一开始天天随便拿一个球就过来了,这时,教导者不给奖励品,同时辅助天天完成,直到独立完成,才可奖励。同样,这需要一个过程培养,还要将之前所学的知识点串联起来进行运用,如颜色、形状、大小、各类名称等。

现在,天天可以对外界的一些事物做综合性的描述了。在教室里,天天和同伴豆豆互扮教师的角色,天天手上拿着一沓认识的卡片,教豆豆做描述。如黄瓜,天天说:"你看,这是一个绿色的、长长的黄瓜,它摸起来有点刺手,是用来吃的。"教导者在一旁评价说:"嗯,天天很棒,有说出黄瓜的名称、颜色、形状和功能,可以得到一枚棒棒章。"之后,换角色,轮到天天看,豆豆描述物品的多重特征。教导者辅助天天在听豆豆描述时要注意豆豆有哪里说得不一样。豆豆说:"你看,这是一条漂亮的绿黄瓜,长长的、硬硬的,是用来吃的,吃起来脆脆的、甜甜的,真好吃。"教导者在一旁评价说:"豆豆小朋友也说得很好,他和天天说得有点不一样哦,如豆豆还说黄瓜是硬硬的、漂亮的,吃起来是脆脆的、甜甜的,这些是天天没有说过的,天天在下一张卡片中可以加进来说哦。豆豆小朋友也可以得到棒棒章。"就这样,天天在这个活动中可以有机会关注到物品越来越多的属性。活动的延伸促使天天在一日的生活活动中自主地关注事物的多种属性。慢慢地天天的主动性沟通语言也得到了很好的提升。

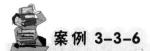

案例 3-3-6

恩恩是一个帅气的小男孩,上幼儿园中班,诊断为孤独症,在笔者所在中心接受 PRT 的训练,恩恩的妈妈全程参与教导学习。恩恩来到中心时,对环境的适应能力特别差,对人的选择性也特别强,整个活动只允许妈妈的陪同,但妈妈不能参与他的活动,否则会发脾气、摔玩具、哭叫,同时说很多不符合当下情境的书面性语言(故事书里的语言)。不会开口用说的方式来表达需求,常用的请求帮助或有需求时,会拉妈妈或者要妈妈抱,然后整个身体朝他要的物品方向倒。在视觉运用上明显不足，在共同注意力上，只注意事物的某一个方面，对事物的其他特征不关注，特别是主动性的分享式注意力缺乏。在社会交往上，明显缺乏合理的沟通技巧，在有人主动找他互动时，他通常选择离开。玩的方式相对固着，不跟随，也不分享。

针对恩恩的情况，在共同注意力培养方面的计划是，首先培养恩恩主动发起注意的习惯。在观察中，教导者发现恩恩与妈妈的配合比与其他人配合更容易，因此，教导者让妈妈全程参与干预计划的实施，每月来中心接受专业指导 20 个小时左右，其余时间妈妈利用生活中的每一个机会对恩恩进行共同注意力的训练。例如：训练前恩恩无论在家里还是在其他环境下，当他想要玩积木时通常是拉妈妈的手走到柜子的前面，然后要妈妈抱，整个注意力盯在积木上，示意自己要柜子上的积木，全程没有看妈妈，更没有注意力在妈妈和积木间的分配转移。

训练开始，教导者指导妈妈：恩恩有需求的时候，要先蹲下来主动找到恩恩的眼神，确保恩恩和妈妈有眼神的接触，之后便立即给他想要的玩具。例如：在教室里，恩恩想要空调上的泡泡水，他走到妈妈的旁边，边看着泡泡水边拉妈妈的手试图往空调的方向走，这时，妈妈蹲下来看着恩恩的眼睛，如果恩恩没有看妈妈，妈妈就不要有任何回应。恩恩拉妈妈去拿泡泡水的意愿没有成功，很快恩恩就看了妈妈一眼，再看空调上的泡泡水，这时妈妈马上给他泡泡水玩，同时说："恩恩看妈妈了，给你泡泡水。"恩恩看看妈妈，再看看泡泡水，很明显是一个很好的共同注意力的开始。

又如，恩恩和妈妈在厨房里，妈妈打开橱柜拿碗，在橱柜里有妈妈藏的一包薯片，机灵的恩恩一下就看到了，他马上看着橱柜里的薯片边拉妈妈的衣服，边做要抱的姿势。妈妈这时蹲下来，等待恩恩主动看妈妈，直到恩恩看了妈妈一眼，再看看薯片，妈妈立刻示范说："要薯片。"恩恩看着妈妈点点头,妈妈满足恩恩的需求,给他薯片,并同时说:"很好,恩恩看着妈妈了,给你薯片。"

恩恩和爸爸在客厅,爸爸在看报纸,恩恩走到爸爸的旁边,拉着爸爸的手,往抽屉方向走,想获得抽屉里的玩具。当恩恩与爸爸走到抽屉旁边时,爸爸蹲下来,与恩恩的视线保持平行,安静地等着恩恩主动看自己,由于恩恩得不到想要的玩具,爸爸在旁边又没有任何反应,恩恩开始主动看爸爸的眼神,还拉着爸爸的手示意帮忙开抽屉,同时说:"爸爸打开。"瞬间,恩恩又看看抽屉,爸爸马上说:"好的,打开抽屉。"恩恩拿到抽屉里的玩具车显得很高兴和满足。

爸爸妈妈坚持用 PRT 的技巧对恩恩进行共同注意力的训练,使恩恩对人的关注日益增加,在有需求的时候可以先看看妈妈,再看看自己想要的物,再看看妈妈(来回地分配自己的注意力),妈妈点头同意,恩恩才可以去拿自己想要的物品。实践证明:生活中的每一个小小的瞬间机会都可以训练孤独症孩子的共同注意力。

训练后期,恩恩可以向教导者和同伴展示自己的作品,每天从普通幼儿园回来还会主动跟妈妈讲幼儿园里发生的事情。一次,在笔者中心,在妈妈的帮助下恩恩按要求用积木拼成了一座从来没有搭成功过的城堡,恩恩很兴奋,主动跑向教导者,一只手指着城堡对教导者说:"你看,成功了。"还再次回头看了看教导者,确认教导者在看他所指的城堡。这个过程,恩恩完美地向教导者主动发起了一次共同注意。教导者立刻做出很兴奋很高兴的表情,表示非常认同和赞赏。

据妈妈讲述:现在,恩恩可以在学校与同伴分享情感上的快乐了。比如,恩恩和同学们上完体育课回到教室座位上,坐在恩恩旁边的同学毛毛看到后面的同学皮皮脸上很脏(因上体育课时流汗多,加上手脏,没洗手就摸了脸),于是,毛毛拍拍恩恩,恩恩看着毛毛,毛毛没有说话,用手指和眼神示意恩恩看后面的皮皮,恩恩很快明白,转过身看了看皮皮,然后回头看着毛毛笑了。毛毛和恩恩因共同关注到同一件有趣的事,通过共同注意力分享彼此内心的感受和快乐情感,这也是共同注意力的完美体现。

恩恩的爸爸妈妈在参加培训之前,对恩恩的教导就不一样了。比如,同样的情景,恩恩在厨房里看见橱柜里的薯片,想要吃,就去拉妈妈的衣服,妈妈边做事边说:"干什么呀?你要什么呀?"恩恩继续拉妈妈的衣服,妈妈看着恩恩,猜想恩恩可能是想要薯片(妈妈根据恩恩的一向表现推断),就说:"等一下,我就给你拿。"妈妈很快把一包薯片拿下来给恩恩。问题在于:第一,妈妈错失了一次训练恩恩关注人的机会(那时,妈妈还不知道如何训练孩子);第二,妈妈的问话是无效的,而且最终也没有给恩恩一个下次可以准确表达的示范性的答案。结果,之后恩恩还是会以拉的方式来表达需求,甚至出现问题行为。因此,教会孩子用共同注意可以减少问题行为的发生。爸爸之前的做法是:客厅里,爸爸正在看报纸,恩恩走过去拉着爸爸的手,要爸爸跟他走。这时,爸爸说:"干什么?你要什么?"恩恩没有其他的反应,继续拉爸爸,爸爸放下报纸随着恩恩走到抽屉旁边,爸爸说:"干什么,要什么?是开抽屉吗?好的,我给你打开。"爸爸在这个过程中没有抓住机会引导孩子对人的关注,也没有教导其他有效的沟通方法。现在,参加培训后的恩恩的爸爸妈妈在与恩恩的互动方式上,已经有了很好的改善,孩子也随之有了明显的进步。

总之,为了建立孤独症儿童对外界事物多重信息的注意,促进孤独症儿童共同注意力的发展,教导者要准确、灵活地运用PRT七大关键性技能,抓住生活中的每一个机会进行全面练习。在训练的过程中,专业指导老师、家庭中的每一个成员及生活中的伙伴,都是孩子建立共同注意力阶段的重要参与者,共同一致的教导才能更快更好地提升孤独症儿童的共同注意力。

参 考 文 献

1. 鲍秀兰.0—3岁儿童最佳的人生开端(第一版)[M].北京：中国发展出版社,2006.

2. 黄伟合.用当代科学征服孤独症[M].上海：华东师范大学出版社,2008.

3. 周念丽,杨志良.孤独症幼儿自主性共同注意的实验研究[J].心理科学,2005.28(5).

4. 方俊明,雷江华.特殊儿童心理学[M].北京：北京大学出版社,2011.

5. Robert L Koegel, & Lynn Kern Koegel. Pivotal Response Treatments for Autism[M]. Baltimore：Brookes,2006.

6. Ghristina Whalen, Schreibman L. The Collateral Effects of Joint Attention Training on Social Initiations, and Spontaneous Speech for Young Children with Autism[J]. Journal of Autism and Developmental Disorders, 2006,36(5)：655-664.

7. Stahmer A C, Jessica Suhrheinrich, Sarah Reed, Schreibman L, & Bolduc C. Classroom Pivotal Response Teaching for Children with Autism[M]. New York：Guilford Press, 2011.

8. Robert L Koegel, Schreibman L, et al. How to Teach Pivotal Behavior to Children with Autism：A Training Manual[M]. Santa Barbara：University of California, 1989.

9. Lord C, & Schopler E. The Role of Age at Assessment, Developmental Level, and TST in the Stability of Intelligence Scores in Young Autistic Children[J]. Journal of Autism and Developmental Disorders, 1989(19)：483-489.

10. Robert L Koegel L, O'Dell, & Lynn Kern Koegel. A Natural Language Teaching Paradigm for Nonverbal Autistic Children[J]. Journal of Autism and Developmental Disorders, 1987(17)：187-200.

11. Laski K E, Charlop M J, & Schreibman L. Training Parents to Use the Natural Language Paradigm to Increase their Autistic Children's Speech[J]. Journal of Applied Behavior Analysis, 1988.

第4章 自我管理能力

这一章主要介绍的是一种为实践所证明有效的对孤独症儿童进行自我管理能力训练的程序。自我管理方法所提供的是以学生为主体的积极干预的技术，能够用于改善学生们的各种各样的行为。在社区中对孤独症儿童一对一的干预往往是非常困难的甚至是不可能的，因此需要训练个体能够掌握自己管理自己的技术，从而在没有他人干预的情况下也能够有效控制自己的行为。而这里谈到的自我管理能力训练的程序也正是由此设计并用于社区中进行教导的。这种程序并不意味着去取代以往有质量的教育方法，而是在于使孩子处于众多的环境中或者当教导者不在场时去扩展训练所取得的成果。

🌀 第1节 为什么要发展自我管理能力

在本节中主要描述的是自我管理能力及自我管理能力训练在孤独症干预中的运用，首先了解自我管理的定义、意义及自我管理的基本程序，然后介绍自我管理能力训练在孤独症干预中的作用。

一、自我管理能力的界定及其意义

"自我管理"并不是一个特殊教育的专用名词，其实，每个人都非常熟悉，人们在日常生活中都会经常运用自我管理能力来规范自己的行为。比如,有人为了第二天上班不迟到,设定了闹钟,以便能在早晨特定时间起床。学生在课堂上想讲话,或想吃东西,或想下位走动时,想到学校规则,为避免挨老师批评,忍到了下课。有些记忆力不够好的人,把一周要做的事记在备忘录上,以提醒自己按时完成任务。这些都是自我管理的例子。

如果一个人,通过自身的内在努力,来影响自己的行为,以适应社会环境的需要,那么他就实现了自我管理(李芳,李丹.2011:151)。或当一个人为适应所处的某一环境或达到某一个目标,通过应用行为改变策略以达到想要的行为改变,便可视为自我管理。这种改变包括增加好的行为,减少不好的行为。自我管理不完全等同于自我控制。自我控制是一个人意图用一种行为控制或改变另一种行为,这种"意图"可以观察得到,且大多发自人的内心活动,不太强调外部环境。比如,戒烟,有人戒得掉,有人戒不掉,人们常常说戒得掉的人有毅力,有恒心,但是毅力和恒心是抽象的东西,怎么去测量、把握、运用和增强呢? 从行为分析理论来说,自我管理应当是自我控制与外部环境交互的结果。比如,一个人在公共场所拿出烟,倘若此时有人提醒他此处禁烟,他会把烟放回去,这便是与外部环境交互产生的自我管理。再比如,学生在课堂上想要举手发言,但又不敢时,如果老师给予任何形式的鼓励,学生会勇敢地举起手,这也是由外部因素实现的自我管理。自我管理广泛应用于教育、企业管理等人力领域。对孤独症儿童来说,自我管理同样重要,或者说尤为重要。

一般而言,人们所熟悉的特殊教育技术,大都是如何通过他人,如教导者或家长的策略来影响或改变学生的行为,这些是很有效的一些课堂技巧。但对特殊儿童来说,特殊教育的最终目标,是让他们尽可能地融入社区,在各种社会环境下出现尽可能多的恰当行为,而避免各种不恰当行为或者问题行为。

事实上，在特殊儿童教育中，儿童长期受控于教导者，会产生行为主导上的依赖性，也会固定于教导者的模式、行为、步骤、节奏和教导习惯，而对以刻板行为为特征症状的孤独症儿童来说，这种长期重复更不易改变其刻板行为。在这种状况下，特殊儿童缺少独立性和对自身的控制及管理能力，因此，特殊儿童在不同环境中常表现出能力不能泛化，以及主动性和自我控制能力较弱等，也因此，他人的干预对个体行为的改变，有时也会被认为治标不治本（李芳，李丹.2011:152)。

自我管理的过程，实际上是对儿童自身行为控制权的逐步过渡。也就是说，通过自我管理的程序，让教导者控制行为逐步过渡到学生控制行为。当然，必须明白，自我管理不可能单独存在，它必须与特殊环境中的教导、各种特殊教育手段相结合，甚至可以将它看做他人干预在各种社会环境中的泛化，是外部干预的内化，或多种教学效果在社会环境中的适应性整合。

广义的自我管理过程是，一个人首先确定一个想要达到的目标行为，观察该目标行为是否发生，并加以分辨和记录，完成目标行为后，给予自我强化。

PRT教育程序中自我管理主要是：个体能够分辨一个具体行为是否发生过，记录这一行为，取得奖励。为了增加学生的学习动力，必须让学生参与选择教育环境、刺激信号和奖励物。归纳起来，自我管理由三个步骤组成：自我观察、自我记录和自我强化。这也是本章要介绍的自我管理能力必备的三个方面。对于孤独症儿童来说，这个过程中的三个步骤都相当重要。

自我观察在自我管理过程中发挥着重要的作用，被称为"有效自我控制的活力源泉"。在自我观察中，包括：儿童能够主动观察自己的行为,判断一个具体行为是否发生过;分辨发生过的行为是良好行为,还是不良行为,确定这个行为是否是目标行为等。在所有三个步骤中,对孤独症儿童来说,自我观察的完成是最重要的,也是最困难的。因为它是整个过程的第一步,要帮助孤独症儿童理解目标行为,理解自我观察,并完成观察的任务,才能完成后面的步骤。在自我记录中,要求儿童能记录目标行为是否发生,强调及时如实地记录自己的行为。在自我强化中,儿童为自己的良好行为提供适当的奖励。例如,做完功课后去玩游戏。这三个步骤,可以单独实现,也可以综合完成。

案例 4-1-1

　　假设给学生拟定的目标行为是"吃饭前要洗手"。第一,学生要理解"吃饭前要洗手",理解的判断标准有:学生可以执行"洗手"这个指令,或者描述"洗手"这个行为等。第二,确定学生能准确回忆这个行为是否发生过了。如,在学生洗手后询问他:"你洗手了吗?"或"你洗过手没有?"或"刚才你做什么了?"这种询问可以在洗手之后立即进行,直到学生能够准确分辨这一行为是否发生过。第三,学生能辨别自己的行为是否符合目标行为——吃饭前要洗手。第四,如果符合,记录完成,如果不符合,记录错误。第五,在符合目标行为后强化自己。

　　教导者需要根据学生的具体情况,在不同的阶段进行适当协助。比如午饭前洗过手,学生判断自己达到了目标行为,记录一次,奖励自己(午饭时有学生喜欢吃的鸡腿)。如果教导者将一天三餐吃饭前都洗手作为行为目标的话,可以教儿童早、中、晚饭前,每洗过一次手,便记录一次,每次之后都可以自我强化,如,饭间吃自己喜欢吃的饭菜。如果一天三次都能正确观察记录目标行为,最后学生可以得到额外的奖励,比如看一会儿动画片等。此后,逐渐过渡到他能够养成饭前洗手的习惯。这个过程不仅仅是强化了儿童每一次的目标行为(如"吃饭前洗手的行为"),更强化了儿童自我管理的行为。由此可见,培养孤独症儿童自我管理能力是提升他们适应社会水平的重要一环。

那么,自我管理能力的培养有什么样的优势意义呢?对此可以从以下几个方面来认识。

1. 自我管理强调培养儿童独立的自主能力

自我管理强调个体的自主性与独立性,它将行为从外控的方式改为借由个体认知历程,进行自我调适,终极目的在于有系统地改变个体的认知,进而使行为发生改变。它强调透过个体内在的对话,来解释和评量自己的行为,为自己的行为设定一个目标,并且自己对自己实施强化或惩罚,进而改善行为(李芳,李丹.2011:152)。自我管理有别于依赖外在奖惩的行为干预技术,它教导儿童使用内在语言来修正类化到其他情境中,更有利于学生良好行为在其他情境中的表现。对特殊儿童教育来说,自我管理与其他教育方式的最大不同,在于"自我"两个字。观察某种行为,要儿童自己去做,记录某种行为,也要儿童自己去做,甚至强化自己好的行为,也要把强化的权利交给儿童本人。也就是说,自我管理,强调的是培养特殊儿童的独立自主能力。

我们在教导孤独症及其他相关发展性障碍儿童的过程中,常常会发现,孩子尝试目标行为的动力总是不足,甚至对目标行为感到厌烦,这与他们的能力较弱有关,也与他们获得的社会经验较少有关。于是,教导者常常以基础的食物或玩具作为强化,但随着他们对目标行为的尝试、练习,逐渐掌握了这一目标行为之后,他们获得了完成任务的成功感,以及随之而来的社会关注,这些"计划外的强化"比食物和玩具更能激发他们的动力,他们逐步开始喜欢这一目标行为,乃至当教导者没有要求这一目标行为时，他们也喜欢去做，甚至逐渐成为他们的强化物。

 案例 4-1-2

> 有个女孩，不喜欢梳头。妈妈说，每梳一次头，可以玩她喜欢的手机游戏2分钟。为了得到手机游戏这个奖励，她接受了梳头这个行为。妈妈每天给她梳头时，都给她扎上漂亮的头花。这样她出去后，别人都会夸她："哇，好漂亮呀，你头发真的很美哦！"随着时间的推移，慢慢地，她不再需要手机游戏也愿意梳头了，甚至还能主动要求梳头。

这就是动力的逐渐过渡，让孩子有做某一行为的内在动力和内在控制力，这是我们特殊教育的最终目标之一。自我管理的重点，也就是强调独立性，独立控制力。自我管理的程序，有助于由教导者控制行为过渡到由学生控制行为。可以假定，自我管理程序导致行为的改变，而改变了的行为最终是由外部环境中自然发生的相关性事件得到强化。例如，一个学生先是学会记录自己的问题行为就可以得到一个代币，而后他在问题行为消失后又可撤销这种程序。正是因为这个道理，学生们有可能慢慢脱离由教导者提供的奖励，而其目标行为由一般环境中固有的"自然强化物"所保持与维系。

因此，在自我管理中，教导者所要做的事，实际上就是把对行为的"控制权"交还给学生自己，但在这一过程中，要教给他们"控制能力"，也就是如何"使用控制权"。所以，在教导过程中，学生独立能力的培养相当重要。

2. 自我管理可应用于广泛的人群

自我管理的优点是显而易见的，首先在于它的灵活性。这种程序很容易根据不同的学生、行为和场所而调整、适应，它也很容易贯穿到教导的不同内容、不同目标、不同场所当中,并可随时运用。

其次是不同能力的人都能学习自我管理技能。John O. Cooper 等提出,广泛的年龄层和不同认知能力的人都已成功地利用自我管理策略。学龄前儿童、小学到高中正常发展的学生,学习障碍的学生、情绪行为障碍的学生,孤独症的儿童,以及智能障碍和其他相关发展障碍的成人和儿童,都曾成功地使用自我管理策略,就连大学教授们也使用自我管理,以改善自己的表现(Cooper et al.,2012:620)。

对特殊儿童来说,广大专业人员和特殊需要学生的家长们的最终目的,是创造条件使学生能够融入社区。学生要能够融入社区,他们符合社区范围"规范"要求的行为必须在较少指令的条件下持续较长的时间。许多有发展性障碍的人士常常由于表现出一些问题行为,而在融入社区的过程中困难重重。自我管理训练方法所提供的以社区为基础的积极干预技术,能够用于改善人们各种各样的行为,这些程序将管理行为的责任从教导者转移到行为者本人,可用在各种自然环境(例如,学校内外的各种场所,其他种种令教导者鞭长莫及的社区场所,等等),帮助有困难的人士更好地适应社区生活。

3. 自我管理可以应用于各类行为问题

自我管理的应用很广泛,它可以解决各类行为问题。对于成人,它能帮助人们更好地管理自身行为,比如戒烟、减肥、运动、写作等需要长期坚持的行为。对于普通学校里的儿童,它能帮助学生增加良好行为,减少问题行为,比如,教学生良好的卫生习惯、作息习惯、学习习惯等。它还能帮助人们完成比较难而艰巨的任务,比如学习一门外语、弹奏一种乐器、跑马拉松,等等。它还广泛运用于管理领域,以各种激励手段,促使员工实施自我管理,以达到更高的人工效率。当然,对于普通人群,它是一种锦上添花的技能,而对于特殊儿童,则是帮助他们实现生活自理、融入社会的一种必备技能。有研究发现,自我管理可以成功地减少儿童的破坏性行为、抗拒行为、暴躁行为、吵架、多动和攻击行为等。大量的研究者也证实了不同的障碍儿童都能够有效地使用自我管理技术,如自我监督、自我强化、自我指导等。当然,特殊儿童在学习自我管理程序的过程中必定会遇到更多的困难,所以,需要教导者根据儿童自身的学习能力对自我管理的技术进行适当的调整和组合,以满足儿童的个别化需求。

二、自我管理能力训练在孤独症儿童干预中的应用

在过去的研究中,自我管理一直被看做是一种较高级的行为能力。所以,对智商分数较高的学生才会教导自我管理的技能。比如,实验早期所进行的研究注重的是智力正常但语言有障碍的学生。但是,近来一些研究表明,如果方法恰当,自我管理能力的培养可以用于各类孤独症儿童,包括伴有轻度、中度甚至严重认知障碍的学生。如对智力年龄水平比普通偏低一半的学生进行的研究表明,自我管理对减少其问题行为的治疗相当有效。因此,自我管理训练可以帮助各种各样的人群学会矫正他们自己的行为。当然,语言是自我管理中比较重要的能力,虽然语言能力并非是掌握自我管理的必要前提,但语言有助于自我管理能力的训练。迄今为止,自我管理虽然尚未被用于完全没有语言能力的学生,但是这些程序已经成功地用于语言非常有限的学生(例如生理年龄为 13 岁,而在标准的定量评估中仅仅只能达到 3 到 8 岁的心智年龄)。所以,对那些语言有限的学生,也可以通过自我管理完成部分的自我行为控制。以下为几个方面的作用。

1. 自我管理可以影响孤独症儿童很多外力不易掌控的行为

比如,孤独症儿童的自我刺激行为。自我刺激行为的内在动因,教导者很难去把握,教导者往往只能通过结果观察到已经发生的自我刺激行为,然后运用策略去减少它。甚至孤独症儿童自己,也难以明白自我刺激的内在动因。而且,自我刺激行为没有规律,并可能随时、随地发生。但是,通过自我管理程序,孤独症儿童可以逐渐学会自我提示、自我控制和自我强化,来减少自我刺激行为的发生。

2. 自我管理能力能够提高孤独症儿童的社会会话能力

很多孤独症儿童有语言,但不会主动提问题。有些儿童即便是提问题,也只能根据自己狭隘的兴趣重复问同样的问题。如果孤独症儿童学会根据他人的兴趣主动地提出有意义的问题,就为其沟通能力和社会交往能力的发展创造了更有利的前提。由于孤独症儿童主动发起会话的能力较弱,不会提问,很难交到朋友。教导孤独症儿童的主动性语言,一直是特殊教育中比较困难的环节,因为教导者无法随时正确而及时地捕捉孤独症儿童的语言动机。自我管理则在这一方面有它独特的优势。比如,将目标行为设定为"提出与他人话题相关的问题"。如果对方说"我明天要出差",目标行为则可设定为"提出几个与出差相关的问题"。如:去哪里出差? 和谁一起去? 坐火车还是汽车? 去几天? 等等。每提出一个问题,学生自我记录一次。强化既可以是即时性的实物,也可以是代币,待几个问题之后再换成具体的实物或活动。这样渐渐练习后儿童能够学会这一行为。

以下是一个用自我管理方法建立孤独症儿童主动性沟通的例子。

目标:教导孤独症儿童根据别人的兴趣提出有意义的问题。

教导者教导孩子根据别人的话题提一个完整的问题,并达到一定的句子长度,同时,学会补充在沟通过程中的不足。例如:教导者说:"我在生日时得到礼物了。"孩子要问:"得到什么礼物了?"

程序:

① 教导者首先提出一个简单的引导性句子,以此引出孩子有关的问题。例如:"昨天我去超市啦。"

② 教导孩子针对教导者的话题提出有关问题,如:"买什么啦?"

③ 教导者回答孩子的问题,如:"买了×××。"

个案分析:

① 现状。桂桂,可以说一些句子,但不会提问题,当别人陈述一件事时,他不知道如何反应。如,教导者说:"我昨天去解放公园了。"桂桂没有反应。

② 教导。如,教导者接着说:"我玩得很高兴。"然后及时辅助桂桂说:"你玩什么了?"桂桂模仿问:"你玩什么了?"教导者即刻教桂桂做自我记录(用盖章的方式给自己记分),然后教导者给予强化。

③ 独立。如上教导过程,反复练习,直至桂桂独立依据教导者的陈述提出不同的问题。

④ 泛化。在独立的基础上,逐渐撤销桂桂自我记录的工具,教导他在自然环境中根据人们的陈述随机提出问题,维持对话。例如:阿姨在陪桂桂玩,说:"周末,我到游乐场去了。"桂桂问:"你认识新朋友了吗?"阿姨说:"没有,但我遇到了几个老朋友。"

运用上面的程序,遵循 PRT 的七大教导技能,同样教导孤独症儿童的其他功能性的主动性沟通技能,如:针对别人的话题提出有意义的评论等。

3. 自我管理能力能够帮助控制孤独症儿童的刻板行为,提高孤独症儿童行为的灵活性

孤独症儿童的刻板性行为,在于这些行为的一再重复,且不符合社会常规。如果孤独症儿童在具体的生活情境中,通过自我管理的技能,扩展兴趣,逐渐增加能被社会所接纳的行为,那么相应地,刻板行为也就

会随之减少。既往研究,通过在社区环境中设计并完成了几百个自我管理的程序,这些特殊需要的学生分别具有从轻度语言障碍到严重智力障碍的残障程度以及从自我伤害到攻击他人等问题行为。通过干预,这些参与自我管理训练程序学习的学生都显示了迅速的、明显的和持久性的行为方面的进步。除此之外,有关教导者也报告说,尽管在执行自我管理程序初级阶段时,他们需要对学生提供一对一的帮助,但是整个自我管理程序从总体上说比以前的干预所花的时间要少得多。当然,自我管理训练还处于早期阶段,对于严重的问题行为来说尤其是如此。但是自我管理程序的技术对于解决更多问题行为显得非常有效,对于没有外部干预而要学生表现出良好行为的情况来说尤是如此。

通过教导训练,孤独症儿童能够学会观察并记录自己的行为。研究证明,一个孤独症儿童如果有了这种形式的自我控制能力,就很有可能应用这种能力,改善行为的灵活性。因为,这时他能够观察到自己的行为,并能感受到自己行为的动机,这样,他就不会整天无所事事。不灵活、重复、固执都是孤独症儿童表现出来的不同形式的刻板行为,妨碍他们对外界的适当探索和学习,所以,灵活性的建立对孤独症儿童非常有必要。那么,什么是灵活?这是人类一个很重要的技能,适当地调节行为的变化,而不发生问题行为。对孩子来说,当事物变化时,他们仍然保持平静,当他们处于变化当中时,表现出适应能力。

用自我管理提升孤独症儿童灵活性的程序如下:

第一,首先确定孩子刻板性行为的级别,干预要从影响最小的刻板处开始。

第二,遵循以下步骤进行干预:

① 评估测定目标行为(刻板性行为);

② 确定目标行为与强化物;

③ 教导自我管理,并用纸来做记录;

④ 教孩子用自我管理提升灵活性。

首先,教导者要告诉孩子如果提升了灵活性就可以得到奖励。其次,需要解释什么是灵活性,如何得到代币等。如:"如果每次能够玩不同的玩具,就可得到一个代币。"然后,教导者开始让孩子去自由活动。这时,教导者应提醒孩子玩不同的玩具,再提示他要为自己的灵活性行为贴代币,同时解释得到代币的原因是玩了不同的玩具。如果孩子没表现出灵活性,告诉孩子下次还有机会,继续努力。在一开始教导儿童灵活性时,制定的目标要比较容易。例如:兰兰,每次在玩玩具时只玩单一颜色的玩具,在干预中教导者根据以上步骤让兰兰玩不同颜色的玩具,如蓝色的、红色的玩具。经过一段时间的训练后,兰兰已经能够灵活、广泛地玩不同的玩具了,并且干预后兰兰在其他方面的灵活性也渐渐地增强了。

4. 应用自我管理程序教导孤独症儿童的一些适应能力及行为

为了让孤独症儿童能更好地适应社会,还需要修正、完善和建立一些具体的适应性行为和能力,比如:卫生习惯(一个阶段针对一个目标行为,如洗脸、擦眼镜、穿干净衣服、梳头、洗手、洗澡等)、乘公车时保持安静(不尖叫、不乱跑、不打其他的乘客等)、正确使用语音、独立学习、完成作业、检查作业、上课时不离开座位、参与班级活动、举手回答问题,不要自我伤害、攻击他人,上课不要大声讲话、咬指甲,等等。这些行为和能力建设都可以用自我管理程序教导。

自我管理程序,包括有自我观察和自我记录,可以帮助孤独症儿童改变下述两方面的问题:① 改善迟缓、学习障碍、行为障碍等,提升学习能力;② 减少分裂性、不适当性或刻板性行为。所以,教导孤独症儿童掌握自我管理程序,建立其自我管理能力,是促进他们融入社会的关键性领域之一。

最后,需要明确强调的是,在实施自我管理程序的过程中,仍然要准确地运用 PRT 中的七大关键性技能。

◎ 第 2 节　如何发展自我管理能力

本书第一章里有提到过:在 PRT 教学体系中,自我管理是一个积极的支持策略,已经作为一个程序被发展,其中包括教导孤独症个体辨别自己的目标行为,然后计分或记录目标行为的发生,最后自我奖励。这个程序包括准备阶段、教导阶段、培养独立阶段和泛化阶段。每一阶段又包括各项具体步骤(Robert L Koegel,& Lynn Kern Koegel,2012;Robert L Koegel,& Lynn Kern Koegel,2006)。本节的主要任务就是将 PRT 研究者们既往研究总结出的这些程序和步骤结合笔者的理解和实践详细地介绍给读者。

一、准备阶段

准备工作在既往实际工作中常常容易被忽略,但在 PRT 的自我管理程序中它是非常重要的,受到了特别的强调。作为教导者,在教导儿童自我管理之前,要非常清楚地了解准备工作的各个方面,准确全面地做好准备工作,保证教导过程的顺利进行。

1. 明确定义要教导的目标行为

确定一个清晰且适合孩子的目标行为,是所有训练的基础,自我管理也一样。这个目标行为有三个条件:① 符合孩子现阶段的能力;② 是清晰的;③ 是可测量的。

目标行为既可以由教导者自己确定,也可以和学生讨论来确定。当然,目标可以是增加一个或几个好的行为,也可以是减少一个或几个不好的行为。首先,教导者应该评估所确定的目标行为是否是功能性的,也就是说对学生是不是有直接实用价值的,这可以用功能分析方法来评估。明确定义目标行为的目的,是教导者能容易地测量和评估行为,容易清楚地知道学生是否真正理解目标行为,也可以促进与其他参与人员之间的沟通。当然,在训练过程中,有些行为比较容易明确定义,比如攻击他人、回答问题等。但是,在很多时候,给行为下明确的定义比较困难,尤其是行为涉及面比较广的时候,这时,我们就要对目标行为进行分解或具体化。比如"与同学不能好好相处",这种定义比较空洞,我们可以把这一目标行为具体为"打同学""抢同学玩具"等。再比如"在学校不听话",这种行为的描述和定义也很宽泛,应该具体为"擅自离开座位""上课时大声唱歌与说话""不按老师要求做功课"等,这样定义出的目标行为,更有操作性和测量性,对于接下来的训练也更有用。在训练中,一个复杂的或宽泛的目标行为,在分解为具体行为的时候,往往会有一长串细目,不过,不用担心,教导者如果具体地一个一个地去完成,就很容易达到目标。

另外,确定的目标行为应具有实用性,对学生有现实的使用价值,这样,教导者训练的目标行为本身对学生有了功能意义,学生就很容易获得自然强化。

在训练中,一般是教导者选择一个"目标行为",但是,理想状态下,可以由学生自己选择一个目标行为,因为,那样学生会更有动力,成功的可能性更大。当然,重度障碍和问题行为严重的学生,可能缺乏自我选择的能力。如果是这样,就用功能性分析方法来确定目标行为,并评估自我管理训练的环境和开始的时间。

 **小 贴 士**

关于行为的功能性分析方法将在本书的第七章详细介绍,请参阅。

在一段时间内,选择多少目标行为,也应该根据学生的情况来决定。针对有些学生,最好是先选择一个目标行为,等到第一个目标行为训练有效之后,再增加另一个目标行为。一般情况下,建议选择最为严重的问题行为先训练。如果有的学生能够理解,或确定他完全有能力完成,则可以把同属一类的几个行为整合起来,统一命名为一个目标行为,当然,这个命名也应该确保学生能够完全理解和分辨。比如,如果学生能非常清楚地理解"集中注意力"这个目标,也可以清楚地理解这个目标下的一系列行为(如,上课时坐在自己的座位上,眼睛看黑板、看老师,老师讲课时不要随意说话,等),同时,学生也清楚地理解"注意力不集中"的各种表现(如,老师讲课时把椅子前后翘、离开自己的座位、坐在椅子上但脸朝旁边或看外面、和同学说话等),那么就可以把这一类行为放在"集中注意力"这个目标行为之下,一起进行训练,效果可能更好。当然,这需要教导者列出目标行为(例如"集中注意力"),并在目标行为下面列出所有涵盖的子行为。

2. 选择一个初始目标

在确定目标行为之后,还要进一步在观察评估的基线基础上选择一个初始目标,使儿童可以通过完成初始目标来获得强化物。如果所定的初始目标与频率相关,比如是增加良好行为,那么事前要规定良好行为发生的次数,如,能够主动提问三次,或自己独立穿衣两次等。而如果目标是减少问题行为,那么事前要规定时间段,如,5分钟内没有玩手,一天没有推小朋友等。在训练中要注意,初始目标对儿童而言应当非常容易,保证他们有更多成功的机会。比如,某学生在 30 秒内不做自我刺激行为很容易,但坚持在 2 分钟内不做自我刺激行为很难,那么初始目标就应该是"30 秒内不做自我刺激行为",以后再慢慢延长时间段。

3. 为学生准备记录行为的工具

准备阶段的第二步,是要为学生准备记录工具。如果已经和学生一起定义了恰当行为和不当行为,教导者要考虑的是,学生将如何记录目标行为。

记录目标行为的方法有两类,一类是计数,一类是计时。如果要学生记录恰当行为的发生次数,就可以准备一个腕戴计数器,让学生计录目标行为发生的次数。例如,东东从不主动参与其他小朋友的活动。如果他每主动参与一次,就教他马上按一下计数器,以此记录他参与活动的次数。之后,可以用腕戴计数器的数字换取实际的强化物。如果学生要记录的是减少不恰当行为,那可以准备一些卡片或一个画有格子的小记录本。如果学生在一段时间内没有发生不恰当行为,他就可以在一个小格子里打"√",表明在这个时间段里,他没有发生不当行为。举个例子,如:彬彬,在上课时间经常与小朋友讲话。他的训练目标,是教他学会管理自己在上课的一段时间内不与小朋友讲话。如果规定的时间过去了,他没有和小朋友讲话,他就可以在一张预先画好的卡片上打上一个钩。和腕戴计数器一样,这些钩的次数可以换取实际强化物。如果学生是要根据特定时间来记录自己的行为,我们可以为他准备一个定时闹钟,在预先设定时间结束时会闹铃,以提醒学生观察记录目标行为。

4. 确认学生所喜欢的强化物

和其他训练一样,强化物应当由学生来选择,以提高学生参与训练的动力。如果学生不能表达他们想要什么,就要观察学生在自由活动中选择什么东西、做了什么活动；另外也可以提供多种物品和活动，让学生进行选择。注意，强化物可能是会经常变化的，这要遵循孩子的兴趣而定。强化频率方面，通常情况下在训练的开始阶段，要给学生经常性的、及时的强化物（实物或活动）。比如，在没有自然强化的情形下，也可以是孩子喜欢的一小块饼干、一小口饮料、一个玩具等，或者一个拥抱、一个小互动游戏，等等，以保证学生在进入训练时保持较好的动力。有的学生可能对食物或者互动不感兴趣，则可以给一些短短的"自由活动时间"。总之，选择强化物的最重要标准，是学生的兴趣。要注意，在整个训练过程中，所有的实物性强化都必须同时伴随社会性强化。

当学生比较熟悉和习惯训练过程以后，强化物使用的频率可以慢慢降低，时间间隔慢慢延长，且变得抽象（如代币）。例如，初期一次强化给一小块饼干，后期学生可能需要集满4个代币或8个代币，才能换到一小盒饼干；或者集满50个代币，换到一次去肯德基进餐的机会等。在学生理解的情况下，还可以用代币换现金，学生用现金购买自己喜欢的东西。

二、教导阶段

在自我管理教导中，教导者必须准确地运用PRT的七大关键性技能。除此之外，教导者还需要遵循以下几个关键性的步骤。

1. 帮助学生理解和辨别目标行为

让学生理解和分辨目标行为是很重要的。教导者应该在训练前，根据学生的能力及兴趣，收集好用于做记录的材料，再帮助学生理解他要做什么、将要完成的目标行为具体是什么，并能与不良行为进行辨别。教导者可以示范目标行为和不良行为，如果学生可以做到，则要求学生表演。教导者要随机示范这两种行为，并在示范后提问："这是（目标行为）吗？"如果学生回答正确，给他一个小小的强化。如果学生回答错误，立即指出错误,然后重新示范目标行为,重新提问,但立刻提示正确答案。多次重复这样的过程,直到学生完全理解并辨别目标行为。这是在自我管理能力训练中非常重要的步骤。如果是能力较弱的学生,训练前则有必要不断重复这样的步骤。

2. 教学生记录目标行为

在学生能够正确识别目标行为,并能区别于问题行为之后,就可以教学生记录,记录是在目标行为发生之后的。

举例说明,如果学生使用腕戴计数器记录,应该按如下顺序来做:

① 先把腕戴计数器套在学生手腕上;

② 告诉学生,每做一次目标行为之后,按一下计数器的按钮;

③ 和学生约定,当他的计数器上出现了数字"×",他就可以得到奖励(强化物);

④ 如果学生做了目标行为,但没有马上记录,就及时辅助他记录。如果学生做了目标行为后主动记录,就要充分表扬"记录"的行为。比如,教导者可以说:"太棒了! 你做了×××(目标行为),同时又做了记录,真不错!"

当学生已经达到了行为的初始目标,就可以说:"你看看,现在计数器上的数字是几?"达到约定的数字,立即给学生强化物。等学生享受完强化物后,也相当于他稍事休息后,可以重新设定计数器上的数字,重复上述过程。当然可以根据学生的状态和需要,调整时间和次数,保证学生经常成功。

如果目标行为是问题行为,而给学生使用的是定时闹钟,顺序如下:

① 给学生一张画有格子的纸卡,告诉他这是自我记录卡,纸卡上应该事先画好了方格。告诉学生在多长时间内没有出现目标行为(这个目标行为一般是指要减少并消失的问题行为),就可以在方格中打钩。比

如,如果在 30 秒内没有玩手,学生就可以在这里打个钩。当然,教导者要确定,定时闹钟在预定时间结束后会闹铃。

② 在说"开始"前,提醒学生不要做不良行为,然后按下定时闹钟,开始计时。比如,可以说:"记住不要玩手啊……准备……开始!"

③ 当定时闹钟响了以后,说,"时间到了",以便学生明白,规定的时间已经结束。然后问学生在这段时间中他有没有做过目标行为。比如:"时间到了,你在这段时间里玩手了没有啊?"有时候,可以帮助学生及时正确回答问题,如:"是的,在这段时间内你都没有玩手。"并示范给他看。假如学生达到了初始目标,就提醒他在自我记录卡上的格子里打钩,并立即表扬他自我记录的行为。如,教导者说:"很好,你没有玩手,而且还在卡片上打了钩,太棒了。"当然立即给予强化物。等学生享用了一会强化物后,再给他一张新的记录卡,重新开始上述过程。如果学生没有达到初始目标,教导者可以对学生说:"没关系,再来一次。"如果学生在第二个回合还是没有达到初始目标,那就要考虑降低目标的难度、缩短时间长度,以增加学生获得成功的机会。

3. 强化学生的自我管理行为

尽管教导者的目标,眼下是增加学生良好行为和减少不良行为的频率,但长远目标,是要培养学生即使教导者不在身边,也能够长时间地自我管理这些行为。所以,要注意表扬学生的每一步行为,包括"准确记录自己好的行为"。比如,贴代币或者在格子里打钩。这与表扬学生的目标行为同样重要。如:教导者可以说:"哇,你真棒,回答了刚才的问题,而且还按了计数器,真能干!"也可以口头表扬学生正确记录了自己的不良行为,比如,在规定的时间里,学生做了一次自我刺激的行为,学生说:"我玩了一次手。"那么教导者可以说:"是的,你说出来很好。没关系,我们重新再来一次。"对有些学生,口头表扬就可以了,有些学生,则需要立即给予强化物。强化物对维持学生动力非常重要,因此不要忘记在正确行为之后立即强化。

三、独立性培养阶段

前面讲到,自我管理训练的长远目标,是学生能够在教导者不在现场的时候,独立管理自己的行为,即建立儿童自我管理的独立性。要达到这一目的,有四个关键或步骤。

1. 增加学生自我管理行为持续的时间

不管腕戴计数器、定时闹钟,还是自我记录卡,无论学生使用哪一种自我观察、记录的工具,教导者都要逐渐增加学生"自我管理"的时间。开始训练时,教导者可以把每天训练的时间安排得很短,比如只有 10 分钟。当学生能够渐渐脱离教导者的协助,完成目标行为时,就可以逐渐增加自我管理训练的时间,直到学生自我管理行为的时间很长,长到足够与其他人相处。这样的要求对他除睡觉以外的所有时间来说,都适用。

如果学生用的是定时闹钟的话,也可以逐渐拉长闹铃的间隔时间。比如,开始训练的时候,可以 30 秒之后闹钟铃响,然后是 45 秒、1 分钟、2 分钟,等。一般来说,15 分钟到 1 小时的时间段,大致可以作为许多目标行为的"独立性标准"。

2. 逐渐撤退对学生的辅助

当学生掌握了一些自我管理能力之后,给予学生的辅助就要慢慢撤退,这些辅助包括之前的语言性和非语言性的。针对每个学生的能力程度,在辅助的种类和数量上都要因人而异。

以下举例说明辅助撤退的步骤(学生的目标行为是上课时能坐在座位上):

① 最大限度的辅助。如，教导者说："到时间啦！你刚才坐在座位上了吗?"并指着记录卡说："接下来你要做什么呢?"

② 开始撤退辅助。如，教导者说："到时间啦！刚才你坐在座位上了吗?"等学生回答问题后，教导者仍然看着学生，让他意识到还有事情没做完。

③ 继续撤退辅助。如，教导者说："到时间啦!"等学生自主地描述了自己的行为之后，仍然看着学生，让他意识到事情没做完。

④ 在规定的时间过了以后，教导者可睁大眼睛看着学生，使他意识到事情没做完。

⑤ 在规定的时间过了以后，教导者逐渐减少与学生眼光接触的强度与时间，并让学生在没有语言和非语言提示的条件下也要主动完成自己自我管理的步骤。

需要反复强调的是，教导者一定要确定学生在前一步成功之后才能过渡到后一步，在整个过程中都是如此。直到学生学会了自我管理目标行为，即有教导者在场，而无需教导者的任何协助，包括眼神提示这样的非语言帮助。在这样的基础上，才能指望学生在独立的时候也能管理自己的行为。正因为如此，逐渐减退辅助非常重要，当然，前提是保证学生较高的成功率。

3. 逐渐提高学生获得强化物的行为标准

随着学生逐渐学会自我管理，教导者也应该逐渐提高学生获得强化物的难度。如果学生使用的是腕戴计数器，应逐渐增加"数字"来换取奖励。比如教导者说："你回答了 3 个问题，就可以得到一块妙脆角。"然后逐渐提高到 5 个问题、10 个问题，但要保证学生在这个过程中一直保持较高的成功率。如果学生用的是定时闹钟，那么应逐渐增加每张记录卡上空格的数量。最后也许可以要求每张卡片上的 8 个或 10 个空格都打了钩以后,学生才可以得到强化物。如果考虑进一步的独立性,教导者也可以尝试让学生自己掌握和发放强化物。比如,学生用一个盒子装满糖(孩子自己的选择),然后按约定的时间和数量,自己奖励自己。

学生的独立性培养能不能更深一步,由数据来决定,而不能单凭感觉。观察和收集数据的常用方法有三种。

① 记录行为发生的频率。如每分钟、每小时、每天等,视各人具体情况而定,对每次发生的行为都打一个钩。例如在学校上课时,"学生未经老师批准就离开座位"的行为,每发生一次,就打一个钩。然后,可以在每节课后做个统计,以便确定这个行为的变化。这种测量方法对那些相对短、快的行为最适用。

② 测量在一定时段中有没有出现某种行为。即某一时段中,记录有没有发生过目标行为。比如,教导者设定一个小时,然后把它分成 60 个时段(每分钟一个时段),发生过目标行为的时段,画"+",没有发生过目标行为的时段,画"—",然后用加号之和,除以总数,就可以得到这个行为发生的百分比。

③ 用图表表示所测行为。这种方法更具有视觉性效果,在对每一时段的目标行为的频率或者百分比进行统计后,就可以用一个图表来显示,并据此调整干预的程序。在设计图表时,纵坐标表示所测量行为的单位,可以是行为发生的频率,也可以是行为发生的百分比(从 0 到100%),横坐标表示每次评估测得行为的时间。如果统计每一整天中目标行为总共发生了多少次,横坐标的标题就是"天",如果是统计每天两小时中每一小时内目标行为总共发生了多少次,横坐标上就可以加上"小时组合(共 2 小时)"等标题。

在进入干预程序的下一步,即教导者逐渐增加离开学生的时间之前,需要确定学生是不是已经达到标准。如果没有达到标准,教导者就急于增加离开学生的时间，则有可能事倍功半。学生达到标准的条件大致如下：

① 学生是不是有动力得到下一个奖励？

② 学生能否独立地记录自己的良好行为？

③ 学生是否能等待强化物？这个等待可能是出现 5 次良好行为之后，或者是在之前所约定的 10 分钟后。

④ 有教导者在场的情况下，学生能否管理自己的行为达到一个小时或者更长？

4. 教导者逐渐增加离开学生的时间

当数据达到标准，并且学生可以无需教导者的任何帮助就表现出自我管理能力时，教导者可以进入这一步，安排逐渐离开学生的机会。在教导者离开的这段时间内，学生要学会自己管理自己的行为，并且做好记录，或者在教导者不在场时持续管理自己的行为，而教导者不必为了他能得到强化物而去延长他的时间。

根据学生的需要和所处环境，教导者逐渐离开学生的过程可能是在不同的时间段。无论什么环境下，教导者逐渐退出可以从较短时间开始。比如从 10 秒开始，当教导者离开的时候，找一个借口，比如说，"我去喝点水"，或者干脆什么都不说就离开。这时，教导者说或不说什么，或在什么时候离开学生，都应当以学生最能接受的方式来定。

教导者怎么知道在自己离开的这段时间里，学生做了什么呢？如果现场有其他人，可以问问他们，学生是不是做过良好行为并且遵循了自我管理的步骤。如果只有学生一个人，比如在家里，教导者可以在门窗后面观察，有时候甚至只能通过听来获取信息。当教导者回到现场时，教导者心里已经知道学生的表现，但还是要问学生，是不是表现出目标行为。比如，教导者可以说："我不在的时候你有没有丢东西呀？"如果学生回答不正确,那么可以帮助他正确回答,但不要说你是怎么知道的。比如教导者可以说:"对啦,你没有丢东西。"或者说:"不对呀,你丢东西了。那你还可不可以在这里打一个钩呢?"教导者问过学生是否表现出目标行为之后,还要看他是否做了记录,包括贴代币或在卡片的格子里打钩,从而确定他是否完成了自我管理的步骤。如果学生正确完成(需要提醒的是:如果目标行为没有发生,而学生也没有给自己打钩,那也是一种自我管理的行为),教导者就表扬他。比如说:"太棒了,你刚才没有丢东西,而且还给自己打了一个钩,真棒!"或者说:"对呀,你刚才丢东西了,那你就不可以在这里打钩了,以后如果你不丢东西,那就可以得到钩钩了,再来一次,好吗?"如果学生没有正确记录自己的行为,这时,教导者有必要辅助他完成。因为正确记录目标行为是教导者能够慢慢退出的必要前提,所以在此阶段应该很少有关于目标行为的不正确记录。如果学生在此阶段还是经常有对目标行为的不正确记录,那教导者可能要退回上一步,即教导者在场时,渐退关于正确记录行为的辅助。

教导者逐渐撤离的关键,在于教导者要短暂而不定期地出现。如果教导者不在时学生正确完成了自我管理的步骤,那教导者就应该给他奖励,然后尽快再次离开。这次要比上次离开的时间更长一些。教导者要重复这一过程,逐渐增加教导者离开时间的长度,直到学生能在比较长的时间里自己管理自己的行为。

一般来说,长远目标是教导者每周只需查看一次。为了达到这个目标,退出的过程可能要花上一天到四天不等的时间。这些听起来好像很费时间,但教导者和学生在一起的实际时间很短——在有意地成功缺席几次之后,教导者只需要在每次奖励学生之后就可以离开。等学生能够在教导者离开后的相当长时间内(如一个小时)管理自己的良好行为,教导者就可以改变对学生提供奖励的方式。比如,教导者不必在学生完成每一张记录卡就马上奖励他,而是可以定下一个时间,让学生把一天或一周的数张记录卡全部完成后再给他奖励。

四、泛化、运用阶段

如果学生能够在教导者离开时独立完成自我管理的步骤,那么教他在各种环境中自我管理自己的行为,一般来说比较容易。

首先教导者告诉学生,如果他能够在第二个环境中也这样做,就能够得到额外的奖励。比如说:"现在,你在阿姨那里也可以戴计数器了,如果你在那里表现好可以得到额外的奖励——去一次肯德基。"教导者要和学生一起到第二个环境中,确认他在那里戴好计数器,然后找到相应的人,准备今后几天自我管理的材料。在第二个环境中,教导者先给学生指令,让他开始自我管理的步骤。比如,教导者说:"如果你'注意力集中'就可以得到钩钩。"观察他一会儿之后,教导者就可以离开一段时间,比如五分钟。等到教导者回来以后,就可以与现场的人交流,了解自己不在的时候学生的表现,然后根据学生的行为表现给予一定的奖励(如同第三步中所描述的独立性的培养方法)。就像教导者在最开始的训练环境中所做的那样,在第二个环境中也有必要逐渐淡出自己的存在。有经验表明,如果孩子在第二环境中成功应用了自我管理程序,在随后的环境中应用自我管理的程序时,只需要把有关材料(即定时闹钟、自我管理卡片、计数器)给学生就可以了。

最后简单地谈谈疑难问题的解决方法。在教导孤独症儿童自我管理的过程中,教导者常遇到的问题及解决方法有如下一些。

① 教导者认为遇到疑难问题时,首先要检查强化物,是不是对学生有吸引力,并有效。在很多时候,都是强化物不够吸引学生,这会产生无数的问题。如果对这些强化物加以调整。就可能增进学生的学习效果。

② 学生不能正确地记录目标行为时,首先,可以回到上述第二步(帮助学生理解目标行为),确定学生能够清楚地理解、分辨两种行为:不当行为和良好行为。如果不是这个问题,不妨换一种他已接受的记录方法。

③ 如果学生没有做出良好行为就给自己加分,可以试一试因为他不当记录而给他扣分。

④ 如果学生做出了良好行为而忘了记录,教导者仍然要检查强化物的强度。如果学生有很强的动力来得到这个强化物,但是仍然忘了记录,那么,一是要教学生懂得良好行为与强化物之间的联系,为此,教导者可以降低得到强化物的难度,必要时甚至可以"每一次良好行为对应一个强化物";二是可以在学生良好行为发生后立即协助记录。如果教导者已经一而三再而三地检查了以上所有步骤,而学生仍然不能准确记录目标行为,也不要就此放弃自我管理的程序。就以往经验来说,准确地记录目标行为当然可以极大地促进训练效果,但即使有些学生不能准确地辨认良好行为的发生,自我管理的训练仍然有良好效果。

⑤ 有些学生不愿意戴计数器,或者使用定时闹钟。有可能是两个原因:学生把自我管理工具与"任务"相提并论,或者学生觉得戴起来不方便。如果是第一个原因,首先检查教导者的语言,尽量不要说"你现在得戴计数器啦",或者问"你要不要戴计数器啊?"而说:"你戴上计数器就可以得到×××啦。""你喜欢在哪个手上戴计数器呢?"但务必确认,强化物要有足够的吸引力,学生真正想要努力得到它。另一个办法是确定学生戴计数器的时间,让它成为作息的一部分。比如学生不愿在家里戴上计数器,就么就在他回家以前让教导者帮他把计数器戴上。

⑥ 如果担心因为孩子不会计数,而不知道什么时候自己已经有了足够的点数可以换取强化物,就可以直截了当地告诉他,等卡片上所有的格子都画满了钩钩时,就可以拿到强化物了。因为,理解"满""空""没有

完全满"比较容易,主要是必须让孩子知道,他们应当为了某个目标而努力。

总之,如果实施了自我管理训练,没有看到学生的行为变化和改善,教导者首先检查强化物是不是有吸引力,比如,看看学生是不是去拿这些强化物,他是否确实很想得到这些东西,等。其次,考量教导者预定的目标行为对学生来说是否有用,是否能很明显地改善学生的生活质量?另外,还要确定的是,教导者有没有要求过高?比如,目标超过了学生的能力范围,或目标太多,持续时间太长?如果设定的目标行为是学生必须管理一组目标行为,那么减少其中的数量以便完成。如果仔细检查以上提出的每一个环节,应该能够发现是哪一个环节出现了问题。

🍥 第3节　个案分析

以下的案例是本书作者所完成过的难度不同的自我管理的项目。当读者在阅读这些案例时,设想一下将准备如何教导自己接触到的孤独症儿童学习自我管理的技能,使他们能够独立完成步骤,并且能在不同的环境中学会应用这些步骤。

案例 4-3-1

响响,6岁5个月的男孩,诊断为孤独症。经过早期在中心的系统干预训练后,现在已经进入普通幼儿园接受融合教育。在融合的前期阶段,响响能够在老师的引导和同伴的带领下参与幼儿园的一日常规活动,在活动中表现出简单的互动,其方式基本能被同伴所接纳。响响在集体课堂上也能参与活动,但在执行老师的某些连续性课堂指令的时候,通常会因为对老师的指令不能快速地全面理解,而时有下位或摇晃板凳或自言自语的行为,其行为直接影响了课堂秩序,以致老师认为教响响学习是一件非常困难的事情。本书作者在对上述响响出现的问题进行观察、分析后,发现响响主要存在以下三个方面的问题:① 对课堂上老师的部分复杂指令理解速度和准确性上有一定的困难;② 听集体指令的习惯不佳;③ 静坐等待能力不足。因此,和家长讨论后决定用 PRT 的技能培养响响自我管理的能力。以下是教导的具体过程。

第一阶段,老师和家长一起开始教导前的准备工作。

按照上一节所描述的教导自我管理的程序,在开始教导响响自我管理这一技能时,首先是要明确定义响响的目标行为,教导者对响响在课堂上表现出的摇晃板凳、离开座位、自言自语等问题行为做了系统的观察,通过功能分析明确了响响这一系列行为的具体功能,是为了逃避困难。在课堂上能执行老师的指令应该是响响好的行为表现,而摇晃板凳、离开座位、自言自语的行为则是不好的行为表现。这样,响响在课堂上执行老师的指令是需要增加的行为,而摇晃板凳、离开座位、自言自语等问题行为是需要减少的行为。

教导者在对响响的目标行为做了上述具体的定义之后,教导者同妈妈一起讨论响响在课堂上用哪种类型的工具记录目标行为比较合适。依据妈妈对响响的了解和响响平日的表现,教导者们决定用代币记录响响在课堂上执行老师指令这一良好行为的次数。于是,妈妈给响响准备了他喜欢的红花代币。

响响是个有一定认知能力基础的学生,教导者在同响响妈妈的沟通中了解到他很喜欢去超市买食品,于是,教导者将响响带入超市,观察响响在自然环境中的选择，最后，响响选择的是他最喜欢的食物（巧克力），因此，教导者将它作为响响完成任务后的一种奖励。

在响响选择好强化物后，教导者根据他在课堂上现有执行指令的能力，与响响约定在接下来的训练中响响的起始目标行为是：在10分钟的课堂上能执行老师的3个指令。这是响响的初始目标。在这里需要再次强调的是如果学生的理解及等待能力不足，其干预基线应根据学生的能力而定，教导者或家长都不可以根据自己的想法来定基线目标。

第二阶段，教导者开始教导响响自我管理的技能。

第一步：教导者帮助响响辨别他的良好行为（执行老师的指令）和不良行为（老师发指令后，他摇晃板凳、离开座位、自言自语）。为了帮助响响辨别、认知这些行为的区别，教导者首先将他在幼儿园课堂上的表现拍成视频，然后和响响一起观看视频，当在视频中看到响响正在执行老师的指令'小手放桌上'时，教导者连忙指着该视频说："你看，现在响响执行了老师'小手放桌上'的指令，这样做很好，表现很棒！"而后面一段视频看到的是，当老师说"请小朋友把手上的书关上，放在桌子的中间，然后手背后坐好"时，响响没有执行老师的指令，还继续翻书。当老师再次重复指令后，响响把书随手放在桌子边上，开始摇晃板凳。教导者指着这段视频对响响说："这样做是不好的行为，因为响响没有听老师的指令，摇晃板凳了，老师不喜欢。"通过视频的反复辨认后，响响似乎明白了目标行为。接着，教导者开始让妈妈利用自然生活情景训练响响好的目标行为——迅速执行指令。如，在吃晚餐时，妈妈对响响说："过来吃饭。"这时，响响按照妈妈的指令走向餐桌坐下，妈妈高兴地说道："响响，你按妈妈说的做了，这样表现很好。"就这样，妈妈在一周的时间中，利用生活中的每一个机会，对响响迅速听指令的目标行为进行了大量的练习，响响在自然环境中即时执行指令的能力有了很大幅度的提高和改善。

响响执行指令的习惯不好,与之前家长的教育方法有直接的关系,比如,妈妈之前的做法是:晚上,准备睡觉时,妈妈对响响说:"响响,过来睡觉。"响响没有反应,妈妈就反复地说:"响响,过来睡觉呀,快过来呀,睡觉了。"在妈妈的反复催促下,响响磨磨蹭蹭地走到房间,妈妈说:"快点啊,这么磨蹭。"说完就让响响脱衣服睡觉了。长期下来,响响在自然环境中执行妈妈指令的能力越来越慢,有时甚至不执行妈妈的要求。妈妈觉得孩子明明会做的事,为什么都不能按要求马上做,哪怕是一个很简单的指令,觉得难以理解,因此也变得越来越焦虑。这是因为,之前响响的妈妈没有与响响明确约定,也没有教导响响辨别哪一种是良好的表现、哪一种是不好的表现,同时对响响不反应或反应慢的行为缺乏及时的适当辅助,更没有对响响的反应作任何的奖励。所以,教导孩子真正理解和辨别自己好的和不好的行为是关键的第一步。

第二步:教导响响使用红花代币记录自己良好的行为。教导者对响响说:"如果你在课堂上执行一次老师的指令,就在代币板上贴上一个红花代币。如果你能在课堂上执行老师的三个指令,就可以得到三个红花代币,下课后,你可以找老师用这三个红花代币换取一块巧克力。"

训练初期,教导者先从一对一形式开始训练,然后逐步过渡到小团队环境中训练。教导者还利用家庭生活环境中的自然机会教导响响记录自己好的目标行为。如,响响的妈妈邀请了响响的几个同学到家里玩,其中一个游戏是模拟小课堂。几个孩子围着桌子坐下,妈妈扮演老师,发出了第一个指令:"请小朋友坐好,小手放桌上。"响响很快执行了指令,妈妈赶紧抓住响响的手辅助响响将一个红花代币贴在记录板上,并表扬道:"你刚才执行了指令,还记录了自己好的行为,你做得真好。"接着妈妈发出第二个指令:"请小朋友把书翻到第 20 面。"响响没有反应,妈妈推了推响响,响响即时执行了这一指令,妈妈又指了指红花代币,响响似乎明白了,马上给自己贴上一个红花代币。妈妈及时说:"响响,你这次表现太棒了,不但执行了指令,还用红花记录了刚才好的行为。"接着妈妈给大家讲述书上的故事。故事讲完了,妈妈发出了第三个指令:"请小朋友把书合起来,放在桌子的中间。"这时,响响立即将书拿了起来,眼睛看着妈妈,妈妈连忙用手指了指桌子的中间位置,响响迅速地执行了第三个指令。这时,妈妈看了看响响、又看了看红花,响响明白了,赶紧为自己贴上了第三朵红花。10分钟的记录时间结束了,响响按约定得到了三朵红花,妈妈示意他拿起贴满三个红花的粘贴板,辅助他说:"老师,你看,我执行了三个指令,还做了记录,现在可以换巧克力了吗?"老师说:"好啊,你刚才记录了自己的三个好的行为,给你巧克力吃。"

通过每日的生活情景,妈妈在笔者的指导下,抓住生活中的每一个机会进行练习。如,在睡觉前,妈妈与响响约定:在睡觉过程中如果响响能正确地记录自己三个好的行为,妈妈就给响响讲一个最爱听的故事(如小红帽的故事)。注意,在教导孤独症孩子记录自己好的行为之前,家长要充分做好记录的准备工作,如在睡觉活动中,妈妈要有计划地提前准备好适合孩子能力范围的任务,例如:该去卧室睡觉了,自己脱外套和裤子,把被子打开盖在身上,等。妈妈每说一个任务,响响都可以迅速完成,并即时通过贴红花记录自己好的行为,妈妈就即时地对响响说:"响响真棒,听话了,还自己记录了,现在我给你讲小红帽的故事。"

生活中像这样训练孤独症孩子自我管理的机会很多,家长要把握住每一个机会进行训练,如果教导者或家长在生活和学习中坚持让孩子自己记录自己好的行为,孤独症孩子自我管理自己行为的技能会很快提高,并能将这一技能运用到任意的时间中。从而使得孤独症孩子在社会互动中与他人互动的主动性越来越强,与环境中自然人互动的机会也越来越多,为后期孤独症孩子真正融入社会环境中提供重要的有利条件。

第三阶段,进行独立性的培养。

经家庭环境的密集训练后,响响已经完全理解了迅速执行老师指令的目标行为,也能观察并主动独立地记录自己好的行为。教导者为了让响响尽快适应普通幼儿园的课堂要求,在前期训练结束后,便安排响响先在幼儿园小团体课中运用自我管理技能。为了能更适应普通幼儿园的情景,不让同学认为响响太特殊,或不使记录形式太引人注意,经过与家长和响响本人沟通,决定将贴红花的记录方式改为腕戴计数器记录。教导者告诉响响:"如果你在团体活动中执行了老师的指令,就按腕戴计数器上的按键,听一次指令按一下按键。如果你执行了老师的三个指令,按了三次按键,计数器上就会显示出数字'3',这样,你就可以去向老师换取一块你想要的巧克力。"

为了让响响能够很好地使用腕戴计数器,教导者在幼儿园组织了一个小团体教学活动作为实验,也为撤退辅助做准备。响响和幼儿园的几个同伴(三人)一起活动,几个小朋友坐好等待,教导者说:"请小朋友们把书拿出来翻到××面。"响响和同伴一起执行了教导者的指令,教导者及时示意响响按一下计数器,计数器上立即显示出数字"1"。这时,教导者向响响点点头并竖起大拇指说:"你刚才做得真好,执行了老师的指令,还自己做了记录。"在接下来的10分钟的活动中,响响逐步能正确地使用腕戴计数器记录自己执行老师指令的好行为了。小团队活动结束后,响响自己拿着计数器来找教导者,指着计数器上的数字"3",对教导者说:"老师,我在计数器上记录了三次执行老师指令的行为,现在可以换巧克力了吗?"教导者高兴地应了一声,"嗯,你做得很好,巧克力给你啦!"

通过前面一系列的练习,响响已经能够在幼儿园的小团队中独立地自我管理自己的目标行为。这时,教导者开始逐步增加响响目标行为的难度,如,在幼儿园课堂上自我管理行为的时间,把原来的 10 分钟记录时间增加到 15 分钟,把初始的目标行为要求 3 个增加到 5 个,即在 15 分钟的课堂上响响要能执行老师的 5 个指令,然后才能得到奖励。最后,时间和要求上与幼儿园其他小朋友一致。除此之外,在不同形式、不同内容和不同老师的课堂上,同样要求响响运用学到的自我管理的技能管理自己的行为,并且逐步撤退辅助,到最后撤掉腕戴计数器。经过一段时间的坚持训练,响响已能在幼儿园的所有课堂上独立执行老师的指令,且摇晃板凳、下座位、自言自语等问题行为也随之消失。

干预后的追踪访问表明:响响不仅在幼儿园保持了上述好的目标行为,还能将自我管理技能运用到不同的环境和不同的行为目标中,且自我管理的持续时间也逐步增长。

案例 4-3-2

通过自我管理技能训练消除学生自伤性和攻击性行为

南南,是一个 8 岁的女孩,患有孤独症,有较重的攻击性和自伤性行为。南南的父母长期以来在各种不同环境中尝试用不同的方法来处理这些行为,但都难以控制。教导者在开始训练之前,首先与南南的父母做了深入的交谈,也对南南做了观察,收集了大量南南的行为数据,统计分析发现,南南的攻击性和自伤性行为通常发生在南南的父母没有给予南南直接关注,或者是要求她做一件困难的任务时。通过行为功能分析,结果表明南南的问题行为有两个方面的功能:引起大人的关注和逃避不愿做的事情。

通过上述分析后,教导者决定一方面教南南用各种适当的方法得到大人的关注和拒绝不想做的事情,或遇到困难时以适当的方式请求帮助,另一方面也希望用预防问题行为的技术来帮助南南学会良好的行为。除此之外,面对南南这样的问题,教导者认为自我管理训练应该是针对南南行为比较理想的干预程序。

从前面的了解和教导者的观察知道,南南的自伤性和攻击性行为时间较长、程度较重,为减少南南的这些不良行为,在教导自我管理技能课程中,初始目标定为南南在5秒钟内不打自己和别人即为表现好。需要辨别的行为是自伤和攻击行为。教导者在评估过程中观察到南南理解不打自己和不打别人的良好行为的意思,也能够分辨自伤和攻击行为,知道它们是不好的行为,也就是她能够认知自己行为的对错,因此,教导者在开始训练时没有再专门示范这些良好行为和问题行为。

教导者通过与南南协商,决定用画有5个方格的记录本让南南来记录自己良好的行为,并教导她如何使用这个记录本(包括使用的时间、条件、作用等)。例如:如果你在规定时间里(5秒钟,以闹钟响作为提示)不打人或不打别人,就可以在一个方格里打一个钩,如果你得了5个钩,就可以得到你想要的东西。同时通过跟南南的讨论,确定了南南现在最想要的强化物是"奇多"(一种小零食)。同时,教导者告诉南南:"如果在接下来的活动中你表现出良好行为——不打自己和别人,得了5个钩钩时,你就能够得到这些'奇多'。"

做好了上述准备工作,开始教导。这时,教导者对南南说:"现在,你可以做自己喜欢做的事了。"这时,南南拿着彩笔在画板上很认真地画画,闹钟响了,5秒钟到,教导者发现南南并未出现任何不良行为,于是对她说:"你刚才的表现很棒,没有打自己和别人,可以在空格里画上一个钩。"南南听话地在记录本上画了一个钩。在接下来的不同活动中(一开始都是南南喜欢做的活动),教导者针对南南自我管理训练的时间段都是从5秒钟开始,以5秒钟为一个时段进行观察,在这些活动的规定时间段南南未出现不良行为,教导者就会辅助南南在方格里打上钩来记录自己在活动中的良好行为。当南南在记录本上打满 5 个钩钩的时候,教导者对南南说:"你今天在画画、看电视等活动中都没有出现打自己或打人的行为,自己还记录了自己好的行为,你的表现我很满意,现在可以给你'奇多'了。"随着教导过程的进展,教导者逐渐将南南自我管理的时间段增加到 10 秒钟,并对南南的记录辅助也慢慢地开始减少,当南南再次得到 5 个钩钩时,教导者问南南:"你刚才表现出良好行为了吗?"南南说:"表现很好,没有打人。"教导者给予南南"奇多"奖励。随着南南在管理自己行为方面逐渐变得有一定的独立性时,教导者开始在南南活动中加入一些对南南来说比较难的任务(数量上从一个难任务开始)。待南南适应之后,教导者对南南的观察也渐渐减少,按前面介绍过的程序,最后退出活动现场,让南南独立管理自己的目标行为。通过这个程序的训练后,南南的自伤和攻击性行为基本得到了控制。同时,教导家长需要在日常生活中维持和加强南南这一技能的运用。

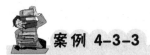

案例 4-3-3

运用自我管理程序教导学生提问题

浩浩,5 岁,在笔者中心接受干预一段时间之后,已经回到了普通幼儿园接受融合教育。虽然浩浩能执行一定的课堂指令,也能和同伴进行一问一答的对话,但在对话中他仍然是以回答问题为主,也能问一些简单的问题,例如"你去干什么了"之类的问题,主要是依据自己的兴趣提简单的问题,不会根据情景和别人的话题提问题以获得更多的信息。针对浩浩这一能力的不足,在 PRT 的教学中,教导浩浩学会根据情景和别人的话题主动提出问题作为近期的主要教学目标。

在训练初期,教导者向浩浩解释了什么是根据情景和别人的话题提问。例如,教导者先示范说:"我昨天去看电影了。"浩浩可以问:"你去看什么电影了?"这就是根据情景和别人的话题提出问题。教导者遵循 PRT 七大教导技能和上面的自我管理程序教导一段时间之后,浩浩基本上可以围绕别人所说的话题来问一个问题了。接下来,就要教导浩浩根据一个主题提出几个不同的问题。

教导者通过对妈妈的访谈和对浩浩的观察,发现浩浩对 iPad 很感兴趣。于是,教导者准备了一个 iPad、一个画有 4 个方格的小白板以及一支白板笔。教导者对浩浩说:"浩浩,现在我们要来学会提几个不同的问题。当老师说了一句话后,你想一想可以提哪些问题,每提一个问题,浩浩就可以在方格里打上一个钩,直到你问了老师 4 个问题之后,老师就奖励你玩一次 iPad。"浩浩很高兴地说:"太好了,可以玩游戏了。"教导者开始描述:"我昨天晚上出去吃饭了。"浩浩问教导者说:"你去吃什么了?"教导者说:"太棒了,你提出了一个很好的问题,我昨天晚上去吃油焖大虾了。"在教导者回答浩浩问题的同时,提示浩浩拿起白板笔在小白板的第一个方格里打上了一个钩,教导者接着说:"你可以问我第二个问题了。"只见浩浩挠挠头,茫然地看着教导者,教导者立即辅助他说:"你和谁一起去……"浩浩接着仿说道:"你和谁一起去吃饭啊?"教导者很夸张地说:"太好了,这是第二个好的问题,我和我的好朋友一起去吃饭。"与此同时,教导者指了指白板上的第二个方格,示意浩浩打上钩。浩浩领悟到教导者的意图后,在白板上打了第二个钩。接下来,教导者用同样的方式提示浩浩问了第三个和第四个问题,分别是"你去哪里吃饭?"和"你坐什么车去吃饭?"浩浩很顺利地在剩下的两个方格中打上了钩。教导者说:"浩浩,你刚才问了四个非常好的问题,得到了 4 个钩,所以,现在你可以玩一下 iPad 了。"浩浩非常高兴地玩了一会 iPad。在随后的训练中,教导者仍然是以同样的步骤来教浩浩提出新的问题,只是在给予辅助的过程中,运用了时间延迟法,给予更多的机会让浩浩学会思考如何提出新的问题。

经过三四天的练习后,浩浩基本上可以针对教导者说出的每一句话提出 3~4 个不同的问题了。这时,教导者开始退出直接的教导,转而由浩浩的爸爸、妈妈来进行教学,教导者在一旁给予相应的指导。教导者将教导的步骤写在纸上,给爸爸妈妈一个视觉提示,以防遗漏掉任何一个程序。这样,浩浩很快就学会了根据爸爸妈妈说的话提出相关的问题,不再问同一个问题了,同时,在这个过程中,浩浩还学会了许多新的词语,说话时与对方的对视时间也延长了,领会对方表情动作的能力也提高了。

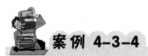

案例 4-3-4

通过自我管理教导学生养成良好的卫生习惯

西西,一个患有孤独症的小男生,在辅读学校里就读。他的卫生习惯非常差,每天都不愿意洗脸,哪怕脸上粘了东西,别人帮他弄掉,他也不愿意接受。妈妈曾经多次想帮他学习如何可以保持脸上的清洁,西西都会拒绝。妈妈认为以西西目前的能力,是可以理解洗脸过程的。教导者决定通过教西西自我管理的技能解决这个问题。

首先,教导者将"脸上保持干净"定为西西的初始目标。通过讨论后,西西选择了自己的奖励,得到 3 个钩钩可以在课后与老师一起到多媒体教室看动画片。

其次,教导者评估发现西西无法辨认干净的脸和肮脏的脸区别在哪里。于是,教导者在生活环境中收集了有小朋友早上起床刚洗完脸的图片,小朋友刚吃完饭未擦干净脸的图片,小朋友从外面玩耍回来有着汗水、灰土的脸的图片。教导者拿出一张洗完脸的图片让西西观察并问西西:"这上面小朋友的脸是干净的吗?"并辅助西西回答说:"脸是干净的。"接着,教导者又拿出一张刚吃完饭未擦干净的脸的图片让西西观察,问道:"这上面小朋友的脸是肮脏的吗?"并即时辅助西西回答说:"脸是肮脏的。"在西西能对教导者拿出的图片(干净、肮脏)进行很好的辨认后,教导者决定让妈妈带着西西在生活环境中再次辨认这两种不同的脸。妈妈每天都会花大量的时间,借助自然情景进行训练,如:待西西洗完脸就让他对着镜子看,妈妈问道:"西西,你看看,现在你的脸是干净的吗?"妈妈辅助西西回答:"脸是干净的。"在西西吃完饭后就让他对着镜子观察,妈妈又问西西:"现在,你的脸是肮脏的吗?"西西说:"吃完饭没擦是肮脏的。"西西在生活环境中经过妈妈的反复教导后,现在已经能完全辨别干净的脸和肮脏的脸。

接下来,教导者开始教导西西用打钩钩的方式来记录自己好的行为——保持脸上是干净的。教导者告诉西西:"如果你的脸是干净的,就要在随身携带的小本子上打一个钩,这个钩表明你已经有过一次擦干净脸的行为,并且自己记录了这一好的行为。"最后,西西经过辅导和大量练习后,已能在教导者逐步减退辅助的情况下及时擦掉脸上的脏东西,并给自己打上一个钩。当西西得满了3个钩钩的时候,教导者会及时地辅助西西说:"3个钩钩都得到了,现在可以去看动画片了。"从这里可以看出教导者是给予了西西及时的奖励。需要注意的是如果西西的脸不干净而他却在小本子上打了钩,教导者就不允许他看动画片,并且告诉他为什么不允许。如果他的脸干净但他却没有在小本子上打钩,教导者也会及时地口头表扬他观察正确并给他补打钩钩的机会。

西西经过前面教导者的反复教导,在学校里保持脸部干净有了明显的进步。接下来,教导者开始要求妈妈在家里也对西西进行自我管理的训练,因为,此时西西在家里还没有表现出自我管理的行为。妈妈运用自然情景,在西西每天早上起床后就直接将他带到卫生间并辅助西西清洗脸,洗脸后让他对照镜子察看,并问道:"现在你的脸是干净的吗?"西西回答说:"是干净的。"这时,妈妈指了指旁边梳妆台上的小本子(妈妈事先放在那里的),西西迅速在小本子上为自己打了一个钩钩,妈妈马上表扬西西说:"你刚才做得很好哦,洗了脸,还给自己打了钩,现在你多了一个钩了。"到了晚上睡觉前,妈妈再次利用现有的自然活动教导西西,这次,西西已能通过观察自己的脸部对妈妈的提问做出正确的回答,并及时地为自己好的行为打了一个钩钩。其后,按前面描述的独立、泛化的程序完成西西保持脸上干净的目标行为的教导。现在,很少看到西西脸上有脏痕了。

本书作者已经在家庭、学校课后等社区环境中设计并完成了多个自我管理的程序,在那些干预过的学生对象里有着不同程度的语言问题以及自我伤害、逃避任务等问题行为。这些参加自我管理技能学习的学生在不同领域都有了明显的进步,在行为方面也有了持久性的进步。除此之外,家长在引导学生方面也有了显著的改变。家长和老师都感受到:尽管在教导孤独症儿童自我管理技能的初级阶段,他们需要对学生提供一对一的教导机会也很多,但整个自我管理程序从总体上说比以前的干预所花的时间要少得多,进步却大得多。当然,自我管理的训练对于那些特别严重的问题行为来说是有局限的,但是自我管理程序的技术对于解决许多问题行为还是非常有效的。

参 考 文 献

1. 李芳,李丹.特殊儿童应用行为分析[M].北京:北京大学出版社.2011.

2. 约翰 O. 库伯,蒂莫西 E. 赫伦,威廉 L. 霍华德. 应用行为分析[M]. 美国展望教育中心,译. 武汉：武汉大学出版社,2012.

3. Robert L Koegel，& Lynn Kern Koegel. The PRT Pocket Guide[M]. Baltimore：Brookes，2012.

4. Robert L Koegel，& Lynn Kern Koegel. Pivotal Response Treatments with Autism—Communication,Social,& Academic Development[M]. Baltimore：Brookes，2006.

5. Robert L Koegel，Lynn Kern Koegel，Parks D R. How to Teach Self-Management to People with Severe Disabilities：A Training Manual[M]. Santa Barbara：University of California，1990.

第 5 章　主动交往能力

生活中,如何表达自己的想法,如何去获得更多的信息,如何去建立并维持友谊,都离不开主动性交往的能力。对于孤独症儿童的家长来说,有一部分人十分在意孩子的语言发展,但是仅有语言能力,没有主动交往能力,孩子在与人进行交流、沟通时仍然会出现各种各样的问题。

☯ 第 1 节　为什么要发展孤独症儿童的主动交往能力

社会交往,也就是人际交往,是两个或两个以上的人出于自身需要,运用语言性或非语言性的方式交流信息、沟通感情、进行活动的过程(李红,2007:292)。

交往在人类的社会活动中扮演着极其重要的角色,每个人每天都需要花费大量的时间与不同的人进行交往,如与同事的交往、与朋友的交往、与父母的交往,等等。因为交往是一个极为复杂的过程,从婴儿期的交往到成年之后的交往,它是一个逐渐发展的过程,并且在这个过程中,每一个不同的阶段的交往都有它特有的一些特征,所以如何在不同的阶段更好地进行社会交往,也是心理学家们一直研究的课题。

从出生开始,人类就会通过各种不同的形式与他人进行着交往。刚出生的新生儿,会通过哭声来向父母或照料者传递着饿了、尿湿了或者不舒服的信息。2～3个月的婴儿会对熟悉的人比不熟悉的人展现出更多的微笑，来获得他们的回应。7～8个月的婴儿会通过手势指认物品并同时发出"嗯嗯"的声音，来获得成人对所指物品的命名。随着年龄的增长，和各项技能的不断提高，社会交往的方式会变得越来越多样化，交往的内容也会随之变得越来越复杂。

举个例子，A和B是两个幼儿园中班的小朋友，都是男孩，某天放学之后，他们进行了一段对话。

A："我妈妈昨天给我买了一个陀螺，可好玩了。"

B："是吗？我也有一个。你妈妈给你买的那个陀螺叫什么？"

A："我的陀螺叫黄金火焰，你的呢？"

B："我的那一个叫极地金盾，那我们明天带来比试一下吧。"

A："好的。"

从上面这个例子可以看到，交往是一个双向的过程，也就是说在交往过程中同时存在一个讲者和一个听者。讲者是信息的传递者，听者则是这个过程中的信息接受者，这两个个体的角色会在交往的过程中随时进行互换，简单地说A和B在这个交往过程中既是讲者，也是听者。在本章节中，我们将着眼于如何建立及提升孤独症儿童的主动性交往能力（也就是交往过程中讲者的角色）。为了更有效地帮助孤独症儿童建立和发展主动性社会交往能力，需要先了解社会交往过程中的一些基本元素及规律。

一、普通儿童主动交往能力及其对发展社会性友谊的重要性

1. 普通儿童交往能力的发展规律及表现形式

交往是一种技能，能熟练掌握并合理地使用这些技能，才能获得更进一步的提升。这种提升不仅仅是获得更多的信息，还包括建立更为和

谐的人际关系。表 4-1 展示了不同阶段的普通发展儿童在主动性交往方面的一些有代表性的行为特征。这些普通儿童发展规律的信息将为教导孤独症儿童主动性社会交往能力提供一定的参考和指导。

表 5-1　普通发展儿童社交行为发展

年龄	社交行为
0～3 个月	对熟悉的人有互动性的微笑，并能对听觉或触觉的刺激有微笑的反应
3～6 个月	试图通过制造声音、笑、眼神或使用肢体语言引起别人注意
6～9 个月	能重复活动以引得成人或照料者的笑声
9～12 个月	在其他儿童面前展示一件喜爱的东西，试图引起他的注意，如凝视、微笑和发出声音。
12～15 个月	与成人主动分享（自发地）
15～18 个月	能与其他儿童一起游戏（交换玩具），能与其他儿童玩一些简单的互动性游戏
18～21 个月	能通过眼神对视跟成人发起游戏
21～24 个月	在其他人痛苦（悲痛）时试图安慰他
24～30 个月	衣服脏了时会要求更换，会拿损坏了的玩具要求修理
30～36 个月	能征得他人的同意（要求许可）

如表 4-1 中所介绍的，在出生后，新生儿就已经开始了和外界的交往。在 1 岁之前，大多数婴儿交往的主要对象是父母、照料者、兄弟姐妹和其他的亲人，与这类对象的交往称为亲子交往。1～2 岁，随着孩子活动范围的扩展，他们交往的对象也会逐渐增加，如同龄的孩子以及他们的父母。3 岁左右，孩子进入幼儿园，并逐渐向小学过渡，交往的对象和之前比又增加了同学和老师，并在同学的基础之上发展出一些同伴，在这个阶段中，师幼交往和同伴交往也随之出现。

对普通儿童交往的特征，不仅可以从纵向侧面来考察，而且可以从横向侧面来考察。以下是横向交往的主要方面。

（1）亲子交往

父母是孩子的第一任老师。家庭中父母与子女之间的相互作用是影响孩子成长的核心要素（李红，2007：294）。父母在婴幼儿整个成长过程中的指导角色是任何人都无法取代的。

亲子交往中，父母自觉不自觉地向孩子传授着多方面的社会性知识、道德准则、行为习惯和交往技巧，也为孩子提供了练习社会交往技能的机会，并对孩子的许多社会性行为给予了大量的指导、纠正和强化。如分享、谦让、轮流、协商、支援、友爱、尊敬长辈、关心他人等（李红，2007：294）。不仅如此，亲子交往也给孩子提供了大量知识积累的机会。一般到了15个月时，儿童已经平均掌握了10个单词，而且词汇量还会系统地扩展，在16～24个月的某几周，儿童的词汇量一般会从50个单词增长到400个单词（罗伯特·费德曼，2007：197）。这些词语可以通过主动性交往，从父母或照料者那里获得，并开始理解日常生活中常见家人的称呼、物品名称等，在之后的生活中加以运用。

案例 5-1-1

叮叮，一个普通的1岁2个月的男孩，在看到妈妈手里拿着一块海苔时，主动说"谢谢"，此时叮叮的妈妈告诉孩子说"海苔"。叮叮模仿妈妈说"海—苔"。妈妈给他吃这块海苔。

在这个过程中，叮叮通过主动说"谢谢"向妈妈传递"我想吃"的信息，同时，也从妈妈那里学习了一个新的词语"海苔"。或许叮叮在下一次看到海苔时，便会主动地通过说"海苔"来向妈妈或其他照料者传递"想吃海苔"的想法和意愿。

案例 5-1-2

很多父母或照料者在孩子9~10个月大的时候,会和宝宝玩骑马的游戏,也就是成人跷起二郎腿,让宝宝坐在成人的脚背上,并摇晃自己的脚,同时说"骑大马,骑大马"。待孩子到了1岁左右,开始学会走路的时候,他们只要看到成人跷起了二郎腿,就会主动地坐到成人的脚背上,眼睛注视着成人,嘴里说"马马",成人便开始摇晃自己的脚。当成人突然停下时,宝宝再次主动说"马马"或"骑马马"要求成人继续刚才的活动。再后来成人可以教孩子通过说"跷跷""跷跷板""跷上来""跷下去"或"再一次"等来获得玩这个游戏的机会。很多这个年龄的孩子对这项活动乐此不疲。

在这个活动中,既维持和发展了孩子的语言沟通和非语言沟通的技能,也发展和丰富了孩子的词汇。在生活中这样的例子不胜枚举。

(2) 同伴交往

在中国,孩子们通常在2岁半到3岁开始进入幼儿园。孩子在幼儿园里会开始很多亲子互动之外的新的社会交往,如师幼交往和同伴交往。

同伴交往是指年龄相同或心理发展水平相近的儿童之间的一种共同活动并相互协作的过程(李红,2007:303)。

 案例 5-1-3

在幼儿园的自由活动时间里,一个小朋友到玩具角开始用积木搭建高高的楼房,当别的小朋友注意到的时候,他们往往也会来到玩具角,与之前已经开始搭积木的小朋友协商:"我们能不能一起搭房子?"

在得到同意后,可能会有两三个小朋友一起来搭积木。在搭的过程中,他们之间会进行一些简单的交流,如要求、评论、分享。并在活动结束时,一起向老师展示合作的最后成果。

幼儿在与同伴的交往中,练习社交技能,学习与他人平等合作、协商的方式,在与同伴的交往过程中体验亲社会的行为及利他精神(石淑华,2008:94)。这对将来孩子长大成人之后的人际交往能力起到了决定性的作用。

2. 主动交往的界定及其意义

主动性交往具有一定的功能性,讲者(主动交往的发起者)可以通过主动性交往来满足自己的需求,对他人或事件进行评论,获得更为丰富的各类信息,分享自己的感受,进而建立更为和谐的人际关系。人类可以通过语言性的表现形式,如祈使句、感叹句、疑问句等来实现上面所谈到的一些功能。

也有一些主动性交往不需要依靠语言这种表现形式,如,有一种大家在聚会时经常玩的游戏,叫做"我做你猜"。游戏规则是,两名游戏者,一人通过另一人比画的动作来猜出目标词语是什么。在游戏过程中,比画动作的那名游戏者是不能发出任何声音的,只能依靠自己的肢体动作来传递与目标词语相关的一些信息,让另一名游戏者来做出判断,这是一种非语言的交流。

 案例 5-1-4

小丽,5岁的小女孩。她正在自己的小桌上用铅笔画着一幅画,待她把所有的线条都画好了之后,准备开始涂色。可是,她无法拿到放在柜子上的涂色工具。她便开始大声呼唤正在厨房里做饭的妈妈。妈妈走过来问她："宝贝，你要干什么？"小丽说："我的画画好了，现在要涂色。"于是，妈妈把柜子上的水彩笔拿下来给她，可她却摇摇头，于是妈妈又把油画棒拿下来递给她。这次，小丽笑了，并伸手接过了油画棒，继续完成她的作品。

小丽在妈妈拿水彩笔给她时，并没有用语言来表示，而是直接用了摇头这个动作来告诉妈妈："我想要的不是这个。"而当妈妈将油画棒递给她时，她仍然没有说话，而是通过微笑和接受油画棒表达了"我要的是这个"的想法，同时也肯定了妈妈的做法。

有时，我们在工作单位的走廊上，碰到了熟悉的同事或家长，通常我们也不一定会说"你好"或者"嗨"，而是大家相视一笑或点点头来与对方打招呼。

从上面的例子可以看出，交往的形式可以是语言性的，也可以是非语言性的，或者是语言性伴随非语言性。非语言交往的形式包括表情、眼神、肢体动作、手势等。所以，很多时候一个人不需要说话，周围的人只要通过他脸上的表情就能看出他当下的状况是喜，是怒，是哀，还是乐。

8～10个月的时候，婴儿开始用手势和其他非语言的反应形式（如面部表情）和同伴进行沟通（Shaffer & Kipp，2009：363）。甚至在更早的时候，他们也是使用这些反应形式来与父母或其他照料者进行沟通的。

除此之外，值得强调的一种主动性交往的重要表现形式，就是讲者通过提问题的方式开始社交沟通。例如，儿童在两三岁时，就会提出各种各样的问题，诸如"这是什么呀""球在哪里呀"等。表4-2对各种主动性的交往进行了描述（Koegel & Koegel，2012：76-77）。

表 5-2　主动性交往的描述

主动性发起	目标	程序	例子
那是什么？	增加词汇量并表达	将一些具体的物品放在一个不透明的袋子里并提示孩子主动问："那是什么？"从袋子里拿出物品给孩子并命名。逐渐增加孩子所不能命名的物品并撤掉袋子	孩子喜欢恐龙，所以将各种各样的恐龙玩具放在袋子里。提示孩子问："那是什么？"回答说："那是霸王龙！"同时给孩子这个玩具。稍后，在袋子里放入一些新的物品并撤掉袋子
在哪里？	一般介词的获得	将一些具体的物品藏起来（如在……里，在……下面，在……里面，在……上面，在……后面）并提示孩子主动问在哪里。让孩子指出具体的位置来回应，以获得想要的物品	孩子在玩拼图时，将一些拼图块藏在房间的不同地方。当寻找其中一块时提示孩子说"在哪里"，以不同的介词短语来作答，像"在桌子下面"，让孩子能找到想要的拼图块
谁？	发展代词的使用，包括你的、我的和他的	将想要的物品放在孩子面前并提示孩子问"这是谁的？"用"是你的"来回应。然后提示孩子说"是我的"并给孩子想要的物品	将孩子喜欢的糖果放在桌上。提示孩子说"这是谁的"并用"是你的"来回应，提示孩子说"是我的"并给孩子一颗糖果
发生了什么？	增加动词多样性和时态	找到孩子感兴趣的流行的立体书。提示孩子主动在动作发生时（正在发生什么）或动作发生后（刚才发生了什么），问问题并回应	孩子喜欢火车，所以搭建一个火车轨道并破坏其中一段。当火车行进到坏的轨道处时提示孩子说"刚才发生了什么"，用"它坏掉了"做出回应并修复轨道让孩子能够继续
看！	主动性发起寻求注意力的短语	找到孩子喜欢的玩具或活动，并在将玩具给他或让他参与活动之前提示他对另一个人说"看"	孩子喜欢投篮的活动。将球拿在手上并提示孩子对同伴说"看"，当同伴看到了并说"太酷了"之后，站到一边让孩子能够投球

179

续表

主动性发起	目标	程序	例子
帮忙！	主动性发起寻求帮助的短语	找到孩子喜欢的需要帮助才能完成的玩具或活动，提示孩子说"帮忙"，然后协助孩子参与活动或玩玩具。撤退提示让孩子能独立地说"帮忙"	孩子非常喜欢画画，所以将笔和纸放在桌子上。当他试图打开笔盖时，提示他说"帮忙"。用"好的，我来帮你"来回应并打开笔盖，给孩子笔让他画画

儿童早期的主动性提问题具有社会性意义和教育意义。具有社会性意义是因为主动性提问题可以使儿童与家长、成人或照料者开始一系列的互动。来回的互动能持续很长一段时间，有时长到成人需要打断他们。具有教育意义，是因为当儿童参与这些互动时，他们的语言得到了发展，他们学到了如何社会互动——无数微妙的和并不是很精细的行为，这会让他们变成有足够社交能力的社会人。图 4-1 向读者清楚地展示了主动性交往的意义（Robert L Koegel，& Lynn Kern Koegel，2012：81）。

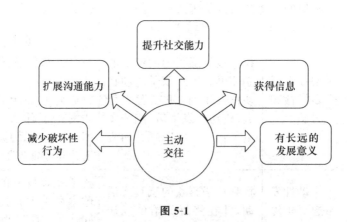

图 5-1

由上可见，主动性交往可以扩展孤独症儿童与人沟通的能力，提升他们的社交能力，使其能从外界获得更多的信息，同时减少他们的破坏性行为,对孤独症儿童逐渐融入社会具有长远的发展意义。

二、孤独症儿童在交往方面的特点及其所引起的结果

众所周知,孤独症的三大核心症状之一就是社会交往方面质的障碍。就如在第一节中所提到的,普通儿童开始使用自我发起互动技能是在非常小的时候。在语言前期,儿童与他们的父母产生互动是通过指、看向物品,然后再看看他们的父母,类似这样的行为。但孤独症儿童很少有这样的互动(Koegel & Koegel,2012:73)。他们不仅缺乏能够参与互动的共同关注,并且似乎也只能发展出非常有限的方式来使用语言。也就是说,他们几乎不会使用语言来发起社会互动。主动性发起互动的缺乏是孤独症儿童的一个关键性问题,导致了他们非常严重的非典型发展。他们使用沟通几乎都是用于拒绝(如说"不""走开"或"再见")或基本的要求。大部分时间孤独症儿童都只是对成人的主动性发起做出反应。他们在交往方面表现出如下特点。

1. 缺乏社会交往的动机

与普通发展儿童不同的是,孤独症儿童对别人甚至是自己的父母经常不予关注。他们不仅对人的眼神不会加以留意,对别人的声音也不感兴趣。有时候他们与别人同处一室,可以对周围所发生的一切毫不在意。

大多数时候,大家看到孤独症儿童在看到自己喜欢的物品时,会自己去拿,他们不会去在意或理会这个物品是否是属于自己的;或者当他们遇到自己无法完成的一些较为困难的任务,需要得到他人的帮助时,他们往往也是拉着父母、照料者、老师或其他一些人的手来协助自己完成任务,但在这个过程中,他们与协助者之间几乎没有任何语言和眼神交流,他们之间的关系是人与工具的关系(这个关系中,孤独症儿童是

人,而协助者是这个关系中的工具),而不是人与人之间的关系。他们不懂得以怎样的方式向他人要求,以获得自己想要的东西,所以他们更多地将自己的兴趣局限在他们能独立完成的范围之内,这样可以避免与他人产生更多的社会交往。

 案例 5-1-5

　　小小,他最喜欢吃的水果是橘子。在秋天橘子大量上市的时候,妈妈买了一袋小橘子,回家后将这袋橘子挂在了门背后。小小放学回家后,在门背后发现了这袋小橘子,就美滋滋地拿了个小板凳坐在门边,开始一个接着一个地吃橘子。待妈妈从厨房出来时,他已经吃掉了四个小橘子。于是妈妈便将这一袋小橘子系起来,放在了冰箱的上面,继续回到厨房准备晚餐。小小踮脚试图去拿橘子,但个子太矮,够不着。他跑到餐桌旁,将一个高脚椅艰难地挪到了冰箱的旁边,爬了上去,踮着脚从冰箱上将那一袋橘子拿了下来。可惜的是,妈妈将袋子系了一个死结,小小用尽力气,仍无法将袋子打开。这时,小小开始哇哇大哭。妈妈在厨房听到了小小的哭声,连忙跑出来。看到这番情景,妈妈马上替小小解开了袋口,拿出了一个小橘子,递到了小小的手中,他马上停止了哭泣,剥开橘子一瓣一瓣地吃了起来。

　　在上面这个例子中,由于小小缺乏主动向妈妈要求自己所喜欢的物品的动机,一直是在尝试自己解决问题——从高处拿下装小橘子的袋子。但是他没有想到的是,虽然他拿到了装小橘子的袋子,但无法自己解开袋口的死结。如果这时,他有向妈妈求助的动机和能力,他只需要将袋子提到厨房门口,对妈妈说:“妈妈,帮我把袋子解开,我想吃橘子。”这个问题就能很容易地解决。

还有一些孤独症的儿童,他们在经过密集的干预训练后,可以偶尔地看着大人,或者是使用语言来向他人要求自己喜欢的物品或者活动,但是他们的主动性交往仅限于此。他们在有需求时,通过眼神来与他人建立简单的信息交换,但是这种眼光接触纯粹是工具性与机械性的。他们能够接受社交性的亲近,并不会躲开他人的主动亲近,但是他们不会主动开始这种社会互动(Wing,2008:25)。

2. 依恋关系的异常

普通儿童到了 6 个月龄以后会逐渐发展起对父母或其他亲人的依恋感。在 3 岁上幼儿园时,往往会表现出不同程度的分离焦虑,具体的表现为:有的孩子在父母将他们送进教室离开后,便开始长时间的哭泣,一边哭还要一边大声地说:"妈妈,早点来接我。""妈妈,带我回家。"有的孩子甚至是在父母送他们去幼儿园的路上就开始边走边哭,希望父母将他们带回家,不要去幼儿园。但通常情况下这种分离焦虑持续的时间不会太长,约一周左右,孩子们就会被幼儿园里老师设计的有趣的活动、教室里新奇的玩具所吸引,逐渐愿意去上幼儿园。并且在接下来的学习生活中,建立良好的师幼关系和同伴关系。虽然孩子们在幼儿园建立了新的人际关系,但与家长的亲子关系仍然会处在这几种人际关系中较高的水平,并不会因为建立了其他新的关系而有所减弱。

那孤独症儿童在亲子关系中的表现又是怎样的呢?本书作者在工作中所接触到的孤独症儿童里,在亲子关系方面通常存在着两种形式的异常。一种是对父母或照料者的过分依恋。

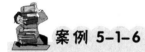

案例 5-1-6

小艺,一个孤独症的小女孩。3 岁时到中心接受干预训练。来中心的第一天,爸爸准备把孩子交给老师后就离开。可是小艺死死抓住爸爸的衣服，怎么都不肯松手，并且号啕大哭。尽管她哭得很厉害，但是却没有像普通儿童那样用语言来告诉老师或爸爸她不想让爸爸离开。而且她也不像有的普通小朋友一样，眼睛里含着眼泪看着爸爸，只是一味大哭。好不容易，老师从他爸爸手中将她接过来，并不停地安抚她，试图将她的情绪稳定下来。但是，她上课的时候也哭，下课的时候也哭，吃饭、睡觉时还是不停地哭，直到哭累了才渐渐睡着。开始干预的第一天，小艺的嗓子也哭哑了。在接下来的近一个月时间里，她每天都是这样一种状态，只是每天哭的时间逐渐在缩短。终于在一个月之后，她能够接受爸爸当着她的面离开教室。

又如，笔者所在的中心，有一种干预形式是需要家长陪同训练的，并且大多数时间都是由家长陪同孩子一起教学。有一些孩子对自己的家长是寸步不离，上课的时候在一起，吃饭睡觉在一起，甚至连家长去洗手间都要跟着。一旦家长不在他们的视线之内，他们就会马上到处寻找家长的踪影。这类型的孩子往往在人物泛化上存在着很大的障碍。

而另一种则是对父母或照料者的离开表现得无动于衷，也就是说当父母离开他们的身边时，他们没有如上面所描述的普通儿童那样出现分离焦虑。普通儿童到了一个陌生的环境，父母不在身边时，刚开始会格外地紧张不安。但是孤独症的儿童，不会注意到他们的父母或者照料者是否在身边，或者身处的环境是否安全。通常这一类的孤独症儿童在日常生活中，也很少甚至基本没有表现出与父母有视线上的接触，更别说主动地与父母进行一些简单、有趣的亲子互动了。

3. 不能建立正常的同伴交往

笔者所接待的初次咨询的家长中，在他们介绍孩子的情况时，经常有这样一句话："我的孩子不和其他的小朋友玩。"对于大多数孤独症儿童来说,他们对物的兴趣远远大于对人的兴趣。在他们的眼中,同伴的重要性甚至不及一辆小汽车或者是一颗彩虹糖。但是,在日常生活中,建立正常的同伴交往对孤独症的孩子来说又是必须的。他们对同伴产生了适当的关注,就能在将来回归到普通幼儿园时,在课堂上参照普通儿童的行为。

孤独症儿童对玩具的兴趣单一,游戏技能缺乏,使他们无法理解集体游戏中需要遵循的游戏规则。有时他们也会在其他孩子的附近玩耍,但却很少能融入其他孩子玩的游戏中去。

普通儿童发展到 3 岁时一般都会有些要好的同伴,他们常常会找这些同伴玩。但是孤独症儿童基本上没有自己的同伴,即使你问他,他回答你的极有可能是父母或者老师的名字。并且这种状况往往会持续到他们成年以后。

4. 缺乏主动交往的技巧

孤独症的另一个核心症状——语言发展质的障碍,致使他们用语言与人进行沟通困难的问题显得尤为突出。更重要的问题是孤独症儿童不理解或不知道如何与人沟通。普通发展儿童在年幼时掌握的词汇量不多,但不会阻碍他们使用有限的词语与人进行交往,比如,用叠音、单词甚至单音等都可以表达自己想要或不想要的物品。但是有些孤独症的儿童虽然已经具备了一定的语言能力,但他们无法将所学到的这些语言技能在交往的过程中合理地运用。他们不知道该如何去发起一个话题或维持一个话题。孤独症儿童不仅缺乏参与共同关注的能力,而且他们似乎也只能发展出非常有限的方式来使用语言。就是说,他们几乎不会使用语言来发起社交互动(Koegel & Koegel,2012:87)。与此同时,他们的倾听能力和理解能力也明显低于普通发展的儿童。所以,通常的表现是在语言交往中自说自话,或者问而不答,抑或是答非所问,不懂得在与人对话时要轮流发言，也不知道要使用礼貌用语等。

有一些研究认为主动性发起社交的缺乏可能是孤独症儿童一个关键的问题，导致非常严重的非典型发展。例如，Wetherby 和 Prutting (1984)说明孤独症儿童使用沟通几乎都是用于拒绝(如说"不""走开"或"再见")，这是限制或终止社会互动的有效方法。然而，这些形式的语言互动非常有限，如果有的话，就是社交学习的机会。大部分教导互动的时间里，孤独症儿童都是对成人的主动性发起做出反应。他们自发的语言则是很少，若有的话，孩子的社会性主动发起也并不是以提问题来满足自己的好奇心和从他人那里获得信息为目的的(Koegel & Koegel，2012：87)。

 案例 5-1-7

冉冉，在平时的学习生活中，特别喜欢《植物大战僵尸》的游戏。他喜欢收集里面各种植物和僵尸的卡片。在课间休息的时候，他看到书柜上有一本教师用的参考书籍，就拿到了手上。他拿到了这本书后，一翻开就开始喋喋不休地念叨着："今天你们去打僵尸，一定要小心哦。"在他自言自语的时候，还不忘对着老师不停地重复着这几句话。老师问他："你在《植物大战僵尸》的游戏中最喜欢的植物是什么呀？"他回答说："樱桃炸弹马上就要爆炸了。"直到老师用一颗巧克力将他拿的这本书换走，他才停止这个话题。

 案例 5-1-8

鑫鑫，是个 4 岁的小男孩。他没有任何的口语，在家里，他想吃好吃的零食时，就会翻箱倒柜地到处找。找到了，他就坐在沙发上，美滋滋地吃着;没有找到的时候,他会拼命咬自己的手,一边咬还要一边叫。由于妈妈不清楚他目前想要的东西是什么,就会把他平常喜欢吃的东西一样一样地拿出来试,如果不是他想要的,他的这个行为就会继续下去,直到妈妈将他想要吃的东西拿出来,他的尖叫和咬手的行为才会停止。几年下来,他的双手的大鱼际肌处都被咬出了两块厚厚的茧。因为鑫鑫不知道通过什么方式来告诉妈妈他的想法和喜好,他只好通过这种自伤行为来作为沟通的手段和途径。

🌀 第2节 如何发展孤独症儿童的主动交往能力

动力是孤独症儿童干预中一个特别重要的部分。它是引起、推动、维持与调节个体行为,使之趋向一定目标的心理过程或内在动力。在传统的回合式教学中,行为的前因通常使用的是区别性刺激。也就是要创造特定的条件来引发特定行为的发生。而在 PRT 里面,强调操作性动因(Motivation Operate,MO)。操作性动因是指行为出现之前的一些客观条件或主观因素(比如饥饿或口渴等),其意义在于暂时性地改变与行为相联系的结果的价值和意义,从而改变在此条件下该行为可能发生的概率,以此来提升孤独症儿童的主体性和行为的自然性(黄伟合,2003:93)。

操作性动因(MO)包括激发性动因机制和消除性动因机制两类。具体来说,如果因为天气非常炎热,你从外面走了很长一段路回来,马上要做的事情就是喝口冰凉的水,打开电扇或空调,驱散一下热气。那么天气热,你又走了很长一段路,就是你喝水、打开电扇或空调这个行为的激发性动因。

有些人可能会头痛,他需要吃一些缓解头痛的药片来减轻这种不适的感觉。那么头痛的这种不舒服的感觉就是消除性动因。这个动因机制导致了后面吃缓解头痛药片这么一个行为。

研究表明,主动性发起可能是至关重要的,并且是非常积极的、长期的结果。这也是为什么大量的研究都聚焦于社会性发起这一关键性领域(Koegel & Koegel,2012:86)。有些孤独症儿童一旦使用了大量的主动性交往,甚至会减轻他们所有的症状(Koegel:3)。从主动性交往的功能性来看,大致可以达到以下几种目的:表达自己的需求(要求或拒绝)、评论、分享、获得信息等。家长或专业人员想要建立孤独症儿童的主动性交往能力,所设定的目标要符合上述几个功能。这几个主动性交往的功能也是存在一些难易之分的。比如,要求就是最简单的一个。要求也称为需求,人生活在社会上,要维持和发展自己的生命,需要一定的客观条件来保证,没有了这些条件人就不能生存,也不能延续和发展。众所周知,美国著名的心理学家马斯洛在 1968 年提出了需要层次理论。他将人的需要分为五个层次:生理需要、安全的需要、爱与归属的需要、尊重的需要和自我实现的需要。需要的这五个层次,是一个由低到高逐级形成并逐级得以满足的。

很多诊断为 ASD 的儿童即使有社交意向,也只是有非常少的主动性。当他们在很小的婴儿期时,常常很少有眼神接触,也常少有微笑,对他人的互动通常也很少有反应。他们常常没有发展出指认反应,以此向他人展示事物,得到家长对事物的命名。在他们开始用语言沟通时,通常说得很少。但有趣的事情是:在他们学会了说的时候,他们常常用于有限的沟通目的,如要求和拒绝,而不能很轻易地像普通发展儿童那样具有很广泛的功能。

在普通孩子的前语言阶段,他们会通过眼神或手势来表达自己的想法和需求。比如,孩子们会张开双手要求父母或者照料者抱;在他们想要拿到某些够不到的玩具时,他们会看看玩具,再看看妈妈,再看看玩具,来表示自己想要妈妈帮忙拿那个玩具。孩子的这种表象就是在本书第三章中所提到的共同注意力。这也是主动性交往的一种表现形式。

一、非语言性主动交往能力的教导

1. 以眼神、表情为表现形式的非语言性主动交往

对于孤独症儿童,他们首先是一个孩子。他们的发展轨迹离不开普通儿童的发展规律。在前面的描述中,提到过在婴幼儿的语言还未完全出现的时候,他们的主动性交往大多是通过眼神、表情来表达。但是孤独症儿童很少与父母或成人有眼神上的交流,并且很多家长在描述孩子在婴儿时期的表现时,谈到他们要么就是很安静,要么就是很吵,整天哇哇大哭。所以要发展孤独症儿童的主动性交往技能,特别是口语还没有出现的孩子,教导者可以先从以眼神、表情为主要表现形式的主动性交往开始。

首先,教导者需要很清楚孩子的兴趣是什么。许多孤独症孩子没有自然的说话要求,但是他们和普通发展的孩子一样,也有对玩具、活动、吃喝、食物和感官信息等的需要。家长和教师的任务,在于利用孩子的特别需要来教导他们的主动性沟通。具体地说,教导者要注意发现孩子的兴趣,让孩子有选择的机会,比如,可以在一个房间里准备很多的玩具。可以先去了解一下,普通的孩子最喜欢的玩具或食物是什么(如可以敲击的小木琴、按键可以发声的电话、彩虹糖、巧克力豆等),然后看看孩子在看到什么物品或玩什么玩具时,会表现出与以往不同的较为愉悦的表情;又或者,当拿走孩子的什么物品或终止了他正在进行的活动后,孩子会哇哇大哭。当然,给予这种机会不是让孤独症孩子为所欲为地做他们经常做的自我刺激行为。让孩子根据自己兴趣而选择的目的,是以

此创造学习的机会,要求孩子必须为自己的喜好做出努力,进行沟通。

其次,在通过观察了解了孩子的兴趣之后,教导者(父母或教师)就需要设计一个安全的环境,这个环境可以是客厅、游戏室、社区游乐场等各种自然环境。在这个环境中为他们创造一个进行主动性交往的动因和机会。为他们创造生动的活动,也就是给了他们动因和机会来进行主动性交往。

 案例 5-2-1

　　妈妈可以将孩子喜欢的巧克力放在一个密封的储物瓶里,让孩子看得到但是拿不到,这样孩子就会产生一个想吃巧克力的动机。只是在这一阶段,教导者要求的是通过眼神和表情来进行主动性沟通。如果孩子不会使用眼神和表情怎么办?接下来,就该进行第二个步骤了,即给予孩子适当的提示。妈妈可以把装有巧克力的透明密封瓶放在孩子的眼前,待孩子看到巧克力后,慢慢地将密封罐移动到自己的眼睛旁边,一旦孩子的视线和妈妈的视线发生了接触,妈妈就可以马上打开密封罐,给孩子享用那颗盼望已久的巧克力。

在孩子慢慢能够表现出我们所期望的运用眼神沟通的行为之后,教导者就要使用时间延迟的方法来逐渐增强孩子的主动性交往的技能。时间延迟法的教育目标是要求孩子的主动性能够越来越强。但是许多家长或老师已经习惯了孩子一有需要就会立即给予帮助。所以时间延迟法就是要求成人待孩子表现出了沟通的动机之后才给予帮助。具体的操作方法是,妈妈仍然是将巧克力放在密封罐里,待孩子看到巧克力之后,妈妈不再移动密封罐,而是等待孩子的眼神与自己的眼神产生接触。一旦所期望的行为出现,妈妈马上就给予孩子巧克力以强化孩子眼神接触的行为。

还有一些对活动感兴趣的孩子,因为活动是一个动态的过程,没有办法像物品一样可以展示在他们的面前。教导者可以利用的一个教导方式就是在与孩子进行活动的过程中,中断这个活动,来给孩子创造一个主动性交往的机会。例如,在本书笔者进行 PRT 训练的时候,有一定数量的孤独症儿童是非常喜欢那些可以得到前庭刺激的游戏活动的,如:荡秋千、追逐等。

 案例 5-2-2

以追逐游戏为例进行简单的说明。在这个活动中,建议有两个教导者,他们分别称为教导者 A 和教导者 B。教导者 A 带着孩子一起在前面跑,教导者 B 在后面追。开始时,教导者 B 故意抓到孩子,几次后开始使用中断。这时,教导者 A 引导孩子继续往前跑,教导者 B 站在原地不动,跑几步后教导者 A 辅助孩子停下来转身看教导者 B,这时教导者 B 可以适当蹲下来一点,便于孩子的视线能较容易地与自己的眼神产生接触,只要孩子的眼神一扫到教导者 B,教导者 B 马上跑起来去抓孩子,以此对孩子的对视给予自然强化。

2. 以肢体动作为表现形式的非语言性主动交往

肢体动作也是非语言性交往的一种重要的表现形式。

 案例 5-2-3

有一个美国人到中国来旅游,在酒店里,不小心把自己的手指甲弄劈了,但是他既没有带指甲钳,又不知道指甲钳的中文该怎么说。但是他还是很勇敢地来到酒店的前台,向前台的服务员指了指自己劈开的指甲,又做出了一个剪指甲的动作,就很轻易地让别人明白了他想要借一个指甲钳。

案例 5-2-4

大家都曾经在学校参加过运动会,最激动人心的比赛莫过于4×100米接力赛跑了。最终获得胜利的那一队队员在获得第一名后,会相互双手击掌来庆祝胜利。

在普通儿童的发展过程中,利用肢体语言来与父母或照料者进行沟通的行为在他们大概3~4个月的时候就已经出现了。比如,4个月大的宝宝,在妈妈下班后来到他的小床前时,他会用张开自己的小手的方式来告诉妈妈"你抱抱我吧"。到12个月或稍早一些的时候,他们能够指着物品在物和人之间有规律地来回看等。

所以,在教导孤独症儿童用眼神进行主动性交往时或之后,还要教导他们用肢体语言来进行主动性交往。步骤还是和教导用眼神来进行主动性交往一样。首先,还是找到孩子喜欢的物品或活动。创造一个主动性交往的机会,利用合理的示范和辅助教导孩子正确的行为,再通过给予自然强化来强化所期望的行为。待孩子逐渐出现主动性交往的肢体动作之后,使用时间延迟法来增强他们的主动性交往行为,直到他们能够独立地通过肢体动作来发起主动性交往。下面举例说明。

案例 5-2-5

　　小锐与他的妈妈一起参与了 PRT 的训练。通过与妈妈的交谈和对他的观察,教导者发现他对于触觉类的游戏非常感兴趣。于是,教导者要求妈妈将小锐放在一个"懒骨头"上面,然后教妈妈用"小蚂蚁,爬爬爬"的方式去搔他的痒痒,小锐哈哈地笑个不停。反复几次之后,妈妈突然停下来,看着他,他也看着妈妈,与此同时,教导者在一旁用全身体辅助小锐(把着小锐的小手)去拉妈妈的手,然后将妈妈的手放在自己的肚子上,妈妈马上开始继续和他搔痒痒。在他笑得很开心的时候,妈妈又突然停下来,创造了一个让小锐主动性发起要求游戏的动机。经过十几次的练习,小锐在与妈妈玩这个游戏时,可以很主动地去拉着妈妈的手来要求妈妈继续这项活动了。

　　3. 图片交换沟通系统(PECS)

　　孤独症儿童不仅在共同注意力方面有明显的缺陷,而且在运用语言主动性沟通方面也有许多的障碍。有些孤独症的孩子表现为言语的缺失。虽然,通过训练,他们可以运用眼神、肢体动作来达到主动性交往的目的,但是这两种形式只能满足他们在生活中少部分的需求。那么,针对这一部分言语缺失的孤独症儿童,如何在他们现有的能力上发展他们更多的主动性交往能力呢?

　　大家可能会留意到,许多孤独症儿童都有较强的视觉与形象学习方面的能力。例如,他们在想一个动作的时候,脑子里往往会有许多图画相继出现。用个形象的比喻,这就像老式的电影放映机将许多照片连成一个有意义的故事一样。当然,不是每一个孤独症儿童都有这种用图画来思考的特点。而如果一个孤独症儿童确实表现出明显的形象思维能力或视觉学习优势的话,以视觉辅助为手段的主动性交往能力的培养就有了良好的基础。

在20世纪90年代,美国德莱瓦州孤独症治疗中心的安德鲁·邦第博士等孤独症的专家发展出了图片交换沟通(Picture Exchange Communication System,PECS)系统,这一系统为一群无法用语言表达但在视觉学习上有优势的孤独症儿童提供了一种表达、交流的工具,并且在此过程中帮助这些孩子学习一定的社会交往技能。在此之前,孤独症的专家们也尝试过用其他的一些方法来教导孤独症儿童进行交流,如,手语或手势,语言矫正及训练等。尽管这些方法都有一定的作用,但同时也存在较大的局限性。比如,手语中,有一些意思需要一连串的手势来表达,并且每一个手势对于普通人来说都难以学得很精准,更何况一些原本就有运动发展不协调的孤独症孩子,加上他们也缺乏主动性模仿意识和能力,那就难上加难了。图片交换沟通系统吸取了这些方法的长处,同时又能弥补这些方法中的一些局限性。

图片交换沟通系统包含由易到难的六个阶段,但最常用的是前三个阶段。这三个阶段分别是:第一阶段,给出图片以表达要求;第二阶段,从图片交流本上获取图片以用于沟通;第三阶段,辨别不同的图片,用于不同的沟通目的。这三个阶段,也符合普通儿童在交往能力方面的发展规律,由使用简单的电报语表达需求,逐渐发展至使用短语、短句、完整句来进行更为复杂多样的主动性交往。

在传统的分段回合教法(DTT)中,教导者们也会使用图片交换沟通系统来教导孤独症儿童进行主动性沟通。不管是在DTT还是PRT中,相同的是,在进行图片交换沟通系统第一阶段的教导时,都必须有两个教导者,一个教导者是扮演听者的角色,而另一个教导者则是在让孩子成为讲者的这一过程中的辅助者。不同的是,在分段回合教法中,孩子必须是在一个较为结构化的环境中学习图片交换沟通系统。然而，在PRT 的训练方法中，则是提倡在自然环境中，教导孩子使用图片交换沟通系统来建立主动性沟通行为。

在对图片交换沟通系统进行了简单的介绍之后，我们就具体地来谈谈如何利用这一沟通工具来帮助孤独症儿童建立主动性沟通的方法和步骤。

首先，教导者必须要知道孩子感兴趣的是什么。可以是具体的一个小物品或一个活动，这样才能以此激发孩子进行主动性沟通的动力。不管是用什么形式来教导孤独症孩子的主动性沟通，如果教导者能够清楚地知道孩子的兴趣，那么训练成功的可能性就会高得多。这与孩子的学习动力有非常大的关系。研究证明，孤独症儿童在训练的初期对于社会性的奖励并没有太大的兴趣，这也是为什么在 PRT 中一直强调，在孩子出现所期望的目标行为之后要立即给予孩子自然的强化物——孩子所想要得到的实物或者活动，这是激发孩子学习的重要因素。

其次，教导者要仔细地准备好能够代表孤独症儿童所喜欢的实物或活动的图片。在实际的工作中，有的教师和家长习惯将从杂志画报上剪下的图片或者从电脑中打印出的简笔画图片用来对孤独症儿童进行教导。但是，从帮助孩子理解图片与实物之间关联的角度来说，图片最好是用实物的照片来制作。

在上述两个步骤准备完毕之后，就要开始正式教导孤独症儿童使用图片交换沟通系统建立主动性沟通了。值得注意的是，教导者必须时刻留意孩子的兴趣，并及时准备好相应的图片以便孩子在兴趣发生转移时能马上替换。

由于在实际工作中经常遇到孩子的兴趣转移快，并且在教导过程中，这种转移会发生很多次，所以在训练的初期，教导者可以尝试先用空白图片来教导第一阶段——给出图片以表达要求。教导者 A 和教导者 B 必须同时出现在一个环境中。教导者 A 在跟随孩子的过程中,发现孩子想要的实物或活动之后,可以将实物拿在自己手上,或者中断孩子正在进行的活动;与此同时,教导者 B 应马上手把手地辅助孩子拿起图片放到教导者 A 的手中,以此来换得教导者 A 手上的实物或要求教导者 A 继续刚才中断的活动来作为对孩子的自然强化。注意,在这个过程中,当孩子没有作出反应时,我们不需要像在 DTT 中那样,教导者 A 去问孩子"你要什么?"可以做的是,假设教导者 A 手里拿的是一块饼干,他可以说:"这块饼干真好吃呀!"或者教导者 A 手里拿的是一辆小汽车,他可以把汽车放在地上,来回地滚动,并发出"嘀嘀叭叭"的声响来获得孩子新一轮的动力。

接下来,就是要逐渐撤退教导者 B 的辅助了。教导者可以用反向链接法来达到这个目的。

 **小贴士**

链接及反向链接的概念,请参阅李芳、李丹主编,北京大学出版社出版的《特殊儿童应用行为分析》第六章。

教导者 B 在辅助孩子完成拿起图片→走到教导者 A 处这两个步骤后,让孩子能独立地将图片交给教导者 A 来完成整个主动性沟通的过程,下一次则是留下两个步骤让孩子独立完成。以此渐进直到孩子能独立完成该技能的所有步骤。这时,教导者 A 可以运用时间延迟法来进一步增强孩子的主动性交往的动力和频率。

在这一过程中,教导者 A 要掌握的另外一个重要的原则是,将视觉材料和听觉信息结合起来。当孩子将图片交到教导者的手上时,教导者要用口头的语言表述图片所代表的内容,这无疑是起到了语言示范的效果,以帮助孤独症儿童在图片沟通的基础上有可能发展起更加高级的语言能力。

第二阶段的目的是教导孤独症儿童从沟通本上取下代表特定实物的图片,然后走向教导者 A 并把这一张图片放在他的手中。第三阶段的目的则是教导孤独症儿童在许多图片中找到恰当的图片来表达自己的要求。这两个阶段在 PRT 中的运用与第一阶段相似,教导的方法可参考相关图片交换沟通系统的书籍,这里不再赘述。

上面对三种非语言性主动沟通的形式做了简单的介绍,大家可以看到,所教导的目的都是教会孤独症儿童表达自己的需求,我们也可以用同样的方法来教会他们拒绝。如,当孩子在看到彩虹糖和小积木时,成人故意将小积木递给他,用摇头或者用"谢谢,我不要"的图片来表示自己不想要小积木。

二、语言性主动交往能力的教导

在上述内容中,我们提到孤独症儿童常常使用语言用于有限的沟通目的,如要求和拒绝,而不能很轻易地像普通发展儿童那样具有很广泛的功能。主动性交往的功能并不是只有要求和拒绝,它还可以帮助我们获得更为丰富的信息,与他人分享感受等。因此,就必须在他们学会要求和拒绝的基础之上,帮助他们发展出更多的具有功能性的主动性交往的技能。

有证据表明,一个孤独症孩子如果有一定程度的语言主动性,则其将来的语言沟通会得到较好的发展。下面以两个具体的社交形式和沟通技能为例,说明如何用 PRT 的技术提高孤独症儿童的语言主动性:与人打招呼和提问题的能力。毫无疑问,接受这些方面训练的孤独症儿童,必须有一定的口头语言基础,包括对他人语言的模仿这种具有孤独症特征的语言现象。

1. 主动打招呼

一般来说,孤独症儿童是不主动与人打招呼的。首先,先对这个行为来进行一下具体的分析。第一,打招呼是要求在特定的时间和特定的环境进行。对于上幼儿园、学校的孩子,训练这个技能最好的时间和地点是每天早上,妈妈送孩子上学的时候。反之,如果在教室里上运动课时来训练这个技能好像不是一个很自然的教导环境。第二,常规适当的语言和行为。大家常用到的用于打招呼的语言有"你好""嗨"或者"××,早上好"等。孩子们在入园之后,也会向老师和同学互相打招呼。第三,明确孩子现有的水平。是否能眼睛看着他人,还是眼神游离或一直看着某处?言语水平在哪个阶层?等等。第四,确定训练的具体目标。如,我们希望孩子用"你好"来与他人打招呼。第五,谁来担任教导者。如果是希望孩子向老师打招呼,那么妈妈就是理所当然的教导者了。

对上述条件分析完毕后,我们就要开始具体的教导了。在教导孤独症孩子主动打招呼的这个技能上,我们可以使用渐进性的时间延迟法来帮助他们。它是在时间延迟法的基础之上更加具体化了。

妈妈每天早上送孩子去学校的时候,老师会在校门口迎接。首先老师蹲下来给孩子一个主动说话的机会。如果孩子一开始不会打招呼,妈妈可以用示范的方式辅助孩子。妈妈说"早上好"。孩子模仿妈妈说"早上好"。老师立即回应孩子说"早上好",同时给予夸奖或鼓励,如抱抱这个孩子。

当然,这还不是主动的打招呼。为了达到这个目的,教导者可以用渐进性时间延迟法。主要是指教导者逐渐延长在孩子有需要时不立即帮助而是加以等待的时间。有一天早上,妈妈送孩子去学校,老师看着孩子并且与孩子有了目光的接触后,她等待了三秒钟,静静地等待着。有可能孩子会在这三秒之内主动地说出"早上好",也有可能他什么也不说。因为有些孤独症的孩子有遵守常规的习惯,在几天前的示范与模仿之后,他们有可能出于习惯而先说出"早上好"。第二种可能是,孩子在没有辅助的情况下不主动打招呼,如果是这样的话,妈妈在等待三秒钟之后再示范性地说"早上好",以便让孩子模仿着说"早上好!"

根据渐进性时间延迟法的原则,在妈妈等待三秒钟后说"早上好",孩子也会一致而正确地说"早上好"之后,妈妈便在以后的几天中把等待的时间从三秒钟延长到五秒钟,再逐渐地从五秒钟延长到十秒钟。长此以往,直到有一天,孩子在进入校门看到老师后能主动地看着老师说"早上好",或者孩子在等待的过程中说"早上好"。这时,可以说孩子有了一定程度的主动性语言。不言而喻,这时大人对孩子要加倍赞赏。

当然,在孩子学会了与老师主动打招呼之后,我们还希望他能将这个打招呼的技能运用到不同的人、不同的场合、不同的时间。孤独症儿童在训练后能够主动与人打招呼这一事实,使他们变得更接近普通儿童并有更多机会与他人开始社会交往。

2. 主动提问题

提问题是主动性语言的一个重要表现形式,孩子通过提问题得到关注,也通过提问题获得许多重要的信息和知识。通过提问题,孩子们学到有用的用于社交领域的语言,这些语言形式成为他们的模式;另外,他们在提问过程中学到了来回的语言互动,是沟通能力提升的一部分。提问题是学习语言、社交、认知重要的一个技能,对增加孤独症儿童康复的长期效果起决定性的作用。可是,孤独症孩子往往不会提问题,那么,相应的,他们得到关注,在自然环境中学习语言和获取信息的机会和数量就大打折扣了。如何教导孤独症孩子提问题？以下是基本的教导步骤和教导的重点。

第一，明确问题的形式多种多样。常见的问题是"WH"的问题，即"什么""哪里""谁""干什么"等问题。例如，"这个书包是谁的？""我们什么时候去必胜客吃比萨？""你要哪一个玩具？"那么，我们在教导孤独症儿童提问题这个技能时该从何下手，找到合适的切入点呢？

加州大学山塔芭芭拉校区的琳·凯戈尔博士建议：要培养孤独症孩子提问题的能力，可以从"那是什么？"的问题开始。从发展的观点来看，依照语言获得的顺序，"那是什么？"在大多数情况下是普通儿童中最先使用的问题。大多数普通儿童大约在1岁到1岁半之间，会指着物品说："那是什么？"或其他较为简化或者不清晰的发音，它提示成人或家长命名该物品，即说出物品的名称。伴随着这个问题，孩子的第一组词语同时出现。这些在发展早期就出现的基本的提问题，就是社交，它们是由孩子主动发起的。事实上，孩子主动发起这些问题使他们的语言得到了极大程度的发展，因为，如果孩子的父母或照料者能回应并命名这些物品或活动的话，随着积累，不久，孩子就开始学习如何将词语进行组合。

在正式教导之前，作为教导者，仍然是要弄清楚孩子感兴趣的物品或活动是什么。通常，进入这个阶段的孤独症儿童，已经具备了一定基础的语言能力。因此，教导者在选择孩子喜欢的物品或活动时，可以考虑的范围应该更广泛一些。比如，有的学生会对汉字感兴趣，有的学生可能会对汽车的标志感兴趣，等等，所以，一定要将观察的范围尽量地扩展。

在以往参阅的大量文献里，第一步，就是收集一些孩子喜欢的物品，将这些物品放进一个不透明的袋子里。将袋子给孩子看的同时，教导者辅助孩子问"那是什么?"孩子重复了教导者的问题之后,教导者马上从袋子里拿出一个孩子喜欢的物品并命名这个物品。在这个步骤中,一定要使用孩子最喜欢的物品,这是增加孩子提问题的动力的重点。并且在这个过程中,不要过多地问其他不相关的问题,因为我们的重点是让孩子学会提问题。

第二步,就要开始系统地撤退对孩子的辅助,逐渐让孩子独立地问"那是什么?"的问题。在这个步骤中,我们可以使用一些可以发出声响的材质所做的不透明的袋子,因为,我们需要用袋子发出的声响来逐渐替代我们的语言辅助。在这个步骤中,还有一个需要用到的方法,就是时间延迟法,给几秒钟的时间让孩子有个思考的过程。很多教导者在做到这个步骤的时候,根本不给孩子思考的时间和机会,看孩子没有反应马上就给予语言辅助,但在一段时间之后,会发现,这些孩子很难独立地来提问题。

第三步,是增加一些孩子不喜欢但也不讨厌的物品(中性物品)。在用孩子喜欢的物品练习三至四次后穿插一个中性物品。在此过程中,教导者不要担心孩子会对中性物品的兴趣较少。孩子学会了命名中性物品的同时,也学会了基本的、通过主动发起提问获得他关心的物品的信息,这是非常重要的。

第四步,就是撤退了。设计这个步骤的目的,是为了让孩子对他不知道的图片或物品问"那是什么?"在这个步骤中,教导者需要逐步地、系统地撤退两个元素,一个是孩子喜欢的物品和中性物品;另一个,就是那个不透明的袋子。如果孩子能在环境中对他不认识的物品问"那是什么?"说明教导者已经成功地教导了孩子如何提第一个重要的问题,随后,他将能在任何环境和人面前使用。更重要的是,这些问题会让孩子获得一大堆新的词语。

在孩子学会使用"那是什么?"的问题后,我们要教导的第二个问题是"哪里?"在普通发展的儿童中,他们约在 2 岁半至 3 岁时就会通过问"哪里"的问题来获得他们找不到的方向、人物或物品。当他们在问"哪里"的问题时,他们同样也学到了大量的方位词、介词等词语。

第一步,收集孩子喜欢的物品。这个步骤和所有教导主动性沟通的技能是一样的,这么做的目的是为了激发孩子主动性沟通的动力。

第二步,与孩子一起玩这些玩具或分享物品,等他们不注意的时候,将孩子喜欢的玩具藏在环境里的某一个地方。

第三步,辅助孩子问"××在哪里?"这个时候,孩子学习这个问题可能会容易得多,因为他已经学会了"那是什么?"通常,学习问第一类问题是最难的,之后,再学习其他类问题的提问时一般通过一至两次的练习就能学会。

第四步,教导者使用目标方位词、介词来回答孩子的问题。如"汽车在盒子里面""彩虹糖在盖子下面"等等。

第五步,让孩子得到物品。现在就是给孩子自然强化的时间了。让孩子在听到教导者的回答后,到特定的地方找到他所喜欢的玩具。记住,教导者不要用手去指或用眼睛去看所藏玩具的具体地方!要让孩子真正地去听词语,而不是遵循教导者无意中所提供的非语言的暗示。当然,在教导新词语时,教导者也可以给孩子一些身体的辅助,让孩子理解所说词语的意思。

运用上述这样的一些方法和步骤可以教导孤独症孩子学会提更多新的问题。在教导孩子学习提这类问题的过程中,孩子不仅仅是学习了一连串新的词语,同时也学会了提一个全新的重要的问题。所以,在扩展孩子功能性语言的同时,也扩展和积累了他们的词汇。

主动性交往中一件至关重要的事情,就是可以创造更多、均衡的对话,而不仅仅是依靠成人来发起主动性交往。孩子现在拥有了一个工具,它将会让他们学到更多的信息。更重要的是,当孤独症的孩子学会了主动性交往之后,他们的预后会大大地改善。所以当教导者和孩子用那些问题开始对话时会感受到很多的乐趣。

提问题的第二种形式是根据情境提问题。例如在普通儿童中,第一讲者表达后,第二讲者经常会据此提出问题。而在孤独症孩子中,要么就是不提任何问题,要么就是完全根据自己狭隘的兴趣提出一些无实际意义的问题,或者重复地提同一个问题。根据情景提问题的具体教导步骤是:

第一步,教导者说出一个引导性的句子,以此来引出孩子的有关问题。例如,有的孩子喜欢蜘蛛侠,教导者可以对孩子陈述说:"昨天晚上,我看了一部好看的电影。"有些孩子可能会喜欢小动物,教导者可以说:"今天上午,我去了动物园。"

第二步,孩子要根据教导者的陈述提出有关的问题。在教导者说出了一个引导性的句子之后,教导孤独症孩子围绕这个引导性的句子提出相关的问题。如,"昨天晚上,你看了什么电影啊?"或"你在动物园看到了什么动物啊?"等等。

第三步,如果孩子无法针对教导者的陈述独立地提出问题,教导者应该马上为孩子提供必要的辅助。通常,大多数孤独症儿童在听到教导者说出了引导性的句子之后,会不知所措地看着教导者。这时,教导者应该马上示范,说:"昨天晚上,你看了什么电影啊?"或"你在动物园看到了什么动物啊?"进而辅助孩子练习提出相关的问题。

第四步,教导者要根据孩子提问的特点给予相应的反馈。如果孩子提出的问题符合教导者说的引导性的句子,教导者可以说"很好,你提了一个很好的问题",并对孩子提出的问题作出回答,说:"昨天晚上,我看了蜘蛛侠的电影。"有一些孤独症的孩子用这样的方式提出第一个问题后,会重复地问同一个问题,只是在问题里加上一个"还"字。比如,孩子问教导者:"昨天晚上,你看了什么电影啊?"教导者回答了之后,孩子可能会接着问:"昨天晚上,你还看了什么电影呢?"碰到这种情况,教导者应该告诉孩子,说:"这个问题你已经问过了,你可以问一个不同的问题。"同时,教导者给孩子示范什么是不同的问题,比如:"昨天晚上,你和谁一起去看电影了啊?"孩子重复了教导者的示范后,教导者可以说"非常棒,你又提了一个很好的问题。"并对孩子提出的问题作出回答,说:"昨天晚上,我和我的好朋友去看了电影。"

第五步,在孩子理解了如何根据情境提问题之后,教导者要使用时间延迟的方法,撤退辅助,直至孩子可以独立地针对一个引导性的句子提出相关的问题。

在 PRT 的教学体系中,教导孤独症孩子提问题除了上述介绍的方法和步骤之外,还可以用自我管理的程序和方法教导,这一点,请读者阅读本书第五章,其中将有详细的介绍,这里就不多表述了。

本章的第三节,笔者将采用大量的情景和案例,向读者讲述关于如何教导孤独症儿童主动性交往这一关键性技能的方法和技巧。让读者阅读之后,能够在实际生活中运用这些方法和技巧,提升孩子的主动性沟通能力。

☯ 第 3 节　个案分析

主动性交往的重要性以及基本的一些教导方法已经在前两节中为大家做了介绍。这一节我们将提供一些个案及大量的情景以供读者参考。

以眼神为主的主动性沟通实例。

 案例 5-3-1

　　牛牛,3岁,男孩。没有口语,和父母之间也没有像普通发展儿童一样的眼神接触,即便有时与父母有短暂的视线接触,也会很快消失,转移到他处。因为妈妈知道平日牛牛最喜欢玩社区里的秋千,所以,妈妈带牛牛到社区的游乐场。牛牛一看到秋千马上就坐了上去。以往,妈妈看到牛牛坐到秋千上时,就会马上开始不停地推他,直到牛牛不想玩了为止。其实这样做妈妈也觉得很累,但是一旦她停下来不推,牛牛就会马上开始尖叫。教导者指导妈妈:在推动秋千晃荡大约5个来回之后,抓住秋千的铁链,停下,并马上蹲下来,看着牛牛的眼睛,哪怕牛牛的眼神从妈妈的脸上扫过约一秒,妈妈也要立即恢复推秋千,同时说:"牛牛看妈妈了,可以荡秋千了。"再荡5个来回之后,重复上述的程序,反复练习,直至牛牛主动通过眼神发起主动性交往——通过主动看妈妈的眼神要求妈妈荡秋千。

 案例 5-3-2

　　妈妈陪佳佳一起在游乐场的海洋球池里玩,妈妈连续不断地将海洋球泼到佳佳的身上,佳佳非常开心。这时,妈妈突然停止自己的动作,看着佳佳,等待着佳佳的反应,几秒钟后,佳佳开始寻找妈妈的视线。当佳佳的视线与妈妈的视线发生接触时,妈妈开始继续往佳佳身上泼海洋球,同时说:"佳佳看妈妈了,继续玩海洋球。"

案例 5-3-3

在家里，丽丽坐在客厅里的小摇马上，丽丽一边摇着小摇马，妈妈在一旁给她念着"摇啊摇，摇啊摇，一摇摇到了外婆桥"的儿歌。妈妈有意在念儿歌的过程中停下来，丽丽听到自己喜欢的儿歌突然中断了，便马上看向妈妈的眼睛，妈妈则继续给丽丽念着这首她喜欢的儿歌。

上面的三个案例，教导者（孩子的妈妈）都是通过在孩子喜欢的活动中引发孩子通过眼神来进行主动性交往的训练。在活动中，比较常用的技巧就是通过建立—中断—修复程序，给孩子提供尽可能多的沟通机会。同样，还可以利用孩子喜欢的食物或玩具，或者其他的一些物品（如，有的孩子可能喜欢一些小的瓶瓶罐罐等）教导孩子的视觉沟通。利用物品建立孩子主动性交往的实例，可以参考本书第三章中的相关案例。

以肢体动作为主的主动性沟通实例。

案例 5-3-4

小瑞，2 岁 9 个月的小男孩。有一些别人无法听清的自言自语，且不具备任何功能性，缺乏与他人的目光交流。一次，教导者与他玩一个小游戏，游戏是：教导者和小瑞脚对脚躺在"懒骨头"上，两人抬起双脚，互相支撑并模仿踩自行车的动作。当教导者尝试与小瑞玩这个游戏时，他脸上会露出浅浅的微笑。这样，每玩 5 秒钟左右，教导者就将脚放下，待小瑞的脚落地后，教导者又马上抬起脚，同时由另一个教导者用手辅助小瑞也把脚抬起并与教导者相互支撑,这样小瑞就能得到自然的强化——继续这个游戏。反复几次之后,在一旁辅助的教导者逐渐撤退,而与小瑞玩游戏的教导者在抬脚后等待几秒,只要小瑞的脚一抬起来,马上就和他一起继续这个活动。最后,每当教导者放下脚再抬起的时候,小瑞会主动迅速地跟上,甚至,有时小瑞会主动先重新抬起脚,等待教导者的脚重新抬起。

 案例 5-3-5

林林,也是一个2岁9个月的小男孩。妈妈和爸爸把他放在一个小毯子上,每人抓住毯子的两个角,摇晃毯子。起初,当林林看到这个小毯子铺在房间的地上时,他会自己走到小毯子上,躺下,不做任何的事,也不发出任何的声音。学习 PRT 后,再遇到这种情况时,爸爸手把手地辅助林林走到妈妈身边,拉着妈妈的手走到毯子前,然后自己躺到毯子上面,示意妈妈和爸爸开始摇晃毯子。进展步骤和辅助撤退等同上。随着教导的进行,林林逐步明白并主动独立找妈妈、爸爸和自己玩游戏。

 案例 5-3-6

妈妈带着小青在麦当劳吃东西。小青拿着一块麦辣鸡翅啃得津津有味,突然,他放下了鸡翅,看着妈妈,并伸出舌头不停地吸冷气。妈妈知道小青肯定是被鸡翅辣到了,就把手中的咖啡递给他(妈妈知道小青不喜欢喝咖啡)。小青喝了一口,马上将咖啡推到一边。于是,妈妈将咖啡和可乐的杯盖都打开,呈现在小青面前。小青在两个杯子间来回看了看,再看着妈妈。妈妈马上辅助他指指可乐,小青就模仿妈妈指指可乐。妈妈马上把可乐奖励给了小青。

案例 5-3-7

夏天的一个下午,妈妈带着涛涛到小卖部买冰棍。涛涛到了小卖部的冰柜前,就迫不及待地要打开冰柜的门,想自己拿冰棍。这时,妈妈马上把冰柜的门按住,并给涛涛做了一个示范——伸出食指,指冰柜里的冰棍。涛涛模仿了妈妈的动作。接下来,由于涛涛无法很明确地指出到底想要什么样的冰棍,于是,妈妈拿了一个牛奶口味的冰棍和一个冰淇淋蛋筒展示给涛涛,并辅助涛涛用手势表明想要哪一个。涛涛模仿了妈妈的动作,用手指指了指冰淇淋蛋筒,妈妈买了冰淇淋蛋筒给涛涛。

上面 4 个案例中,所有的活动和物品都是孩子喜欢的,并且是在非常自然的情况下发生的。家长也能及时、准确地发现孩子的兴趣并遵循孩子的兴趣随即教导。

小贴士

教导者务必记住随机不代表随意。

但是这种遵循并不代表让孩子无止境地自由单一地活动,而是由家长和孩子一起分享活动的控制权,这样就会为孩子创造更多的主动性沟通的机会。在教导的过程中,所有的教导者或家长都使用了示范的方法,在描述中,没有将撤退对孩子的辅助、孩子独立等一系列后续的步骤展示出来,是因为在本章第二节中已对详细的步骤和程序做了介绍,读者可以参考其中的具体内容,这里不再重复。在第三个和第四个案例中,教导者给予了孩子一些选择,这个技巧在日常教导中也是经常运用到的,而且不管这种主动性沟通的形式是语言性的,还是非语言性的,都是适用的。在 PRT 体系中也是特别强调的。

以语言表达为主的主动性交往的案例。

案例 5-3-8

　　一个主动提要求的案例。小雨很享受被妈妈抛起来"扔到"厚厚的棉被上的过程。晚上睡觉之前,小雨和妈妈在卧室里。妈妈站在床边抱起小雨,把他扔到了厚厚的被子上面。小雨在爬起来的过程中,妈妈站到了离床边约 1.5 米远的地方。小雨说:"妈妈,过来,抱我。"妈妈遵循小雨的指令往前移动约 0.1 米。小雨又说:"妈妈,过来,抱我。"妈妈又往前移动约 0.1 米。这样,小雨每要求一次,妈妈就往前移动一点,直到妈妈移到了床边,小雨扑到了妈妈的怀里,妈妈抱起小雨,又一次把他扔到了厚厚的被子上面。

这个过程中,妈妈创造了多个机会让小雨提要求,之后,再给予自然强化。

案例 5-3-9

在可可的小桌子旁,爸爸和可可一起在玩数字小拼图。爸爸和可可通过"石头剪刀布"的方式(虽然可可还不能完全遵循"石头剪刀布"的游戏规则,但是他却非常喜欢这个游戏)决定由谁拼。这一次,爸爸赢了,由爸爸先开始拼图,爸爸把数字"1"拼好之后,马上辅助可可说:"该我拼了。"可可模仿爸爸说:"该我拼了。"爸爸就将拼图板挪到可可面前,由可可自己选择了一个数字"3"放进了拼图板。

案例 5-3-10

一个周末的下午,5岁的小博和妈妈、外婆在社区游乐场里玩。在游乐场的周围有很多高高的石头山。小博跑过去,爬到了一块约半人高的石头上,他试图往下跳,但当脚步挪到了石头边缘的时候,他开始害怕,不敢跳下来。他看着妈妈,把手伸了出来,没有说任何的话。这时,妈妈辅助小博说:"妈妈,牵着我。"小博说:"牵着我。"妈妈走近,牵着小博的手,小博跳了下来。这时,尽管小博只说了"牵着我",在语言里并没有指向谁,但孩子努力了,所以妈妈给了小博一个自然强化的结果。逐渐的,在需要的时候,小博可以自己独立地说"牵着我"了。妈妈开始尝试让他爬到更高的石头上。小博胆子小,爬到一半就不敢往上爬了,但是他又不敢下来,于是站在石头山的中部,对着妈妈说:"牵着我。"这时,妈妈假装没听见,让外婆站在旁边看着小博。妈妈轻声对外婆说:"让他说'外婆,牵着我'。"外婆马上辅助小博说"外婆,牵着我"。小博看见妈妈没有反应,便模仿外婆说:"外婆,牵着我。"

外婆马上走近,牵着他,辅助他爬到了更高的地方,然后跳了下来。在接下来的时间里,妈妈和外婆有意地交换着去注视小博,并一次一次地给他示范"××,牵着我"。直到小博能够很明确地说:"妈妈,牵着我"或"外婆,牵着我"。

这个过程中,不仅教导了小博主动性的语言沟通,还逐步丰富和完善了小博的语言表达。

 案例 5-3-11

在游乐场玩了大约一个小时之后,妈妈和外婆带着小博回到了家里。因为玩了这么久,大家都感觉口渴了。于是,妈妈拿起自己的水杯到厨房倒了一杯凉开水,坐在沙发上喝。小博看见妈妈在喝水,马上走到妈妈身边,看着妈妈说"要喝水"。妈妈没有回应他,继续自己喝水。小博见妈妈没有理他,便伸手要去拿妈妈的杯子,妈妈马上辅助他说:"妈妈,我要喝水。"小博学着妈妈说:"妈妈,我要喝水。"妈妈迅速将手中的杯子递给小博(剩下的水已经不多了),小博接过杯子咕噜咕噜地把水喝完了,但好像还没解渴。妈妈赶忙拿来凉水壶,辅助小博说:"妈妈,我还要喝。"待小博模仿了妈妈的示范后,妈妈给他往杯子里倒了少许的水。

这样做的目的是为了给小博创造多次主动性提要求的机会。

读者可以从上面几个案例中发现,每个教导者都很好地运用了分享控制权的技巧,为孩子创造了一次又一次的主动性交往的机会,并且都能对孩子给予即时性的示范或辅助。在孩子进行了模仿之后,教导者都对孩子进行了自然强化,这些自然性的强化结果都与正在进行的活动密切关联,对所期待的目标行为起到了维持和增强的作用,同时,孩子学到的技能也具有功能性。在第三个案例中,小博的妈妈在孩子可以主动说"牵着我"之后,逐渐增加了所期望的目标行为的难度,就是希望小博除了能主动提出自己需要的帮助外,还能更明确地表达需要"谁"的帮助。这无形就扩展了小博主动性交往的对象,也让他表达的需求变得更为精准。这也是一个很好的运用新旧技能交替的例子。在这个个案中,小博虽然可以很主动地对妈妈要求喝水,但是妈妈对孩子的期望不再局限于他能够表达自己的需求,而是希望他能用更为丰富的和多变的句型来表达自己的要求。所以,妈妈在小博说了"要喝水"之后,并没有立即满足他的要求,而是辅助他换了一种句型来要求。这么做的目的是在小博现有的语言基础上扩展可以表达同样意思的句型。

主动提问题的案例,也值得介绍与讨论。

 案例 5-3-12

熊仔,6岁。一天,他和妈妈坐在地垫上看着说明书用乐高积木拼一辆小小的汽车。在第一个步骤时,需要将4个轮子拼在一块乐高积木上。妈妈趁熊仔不注意的时候,偷偷地将一个车轮藏在了地垫上的一个靠垫下面。熊仔在将其他三个车轮拼好后,开始在地垫上寻找第四个车轮,妈妈看到熊仔在找车轮,马上辅助他说:"妈妈,车轮在哪里?"在此之前,熊仔已经学会了提"那是什么?"的问题,所以他很轻易地就模仿妈妈刚才的示范,说:"妈妈,车轮在哪里?"妈妈说:"哦,车轮在靠垫下面。"并带着熊仔一起在靠垫下面找到了那个车轮。在拼到第三步时,妈妈将这个步骤中要用到的方向盘藏在了自己衣服的口袋里。当熊仔要拼方向盘时,他在地垫上寻找这个方向盘,没有找到,于是他下意识地就去靠垫下面找,但是仍然没有找到。这时,妈妈再一次给他一个示范,说:"妈妈,方向盘在哪里?"熊仔模仿说道:"妈妈,方向盘在哪里?"妈妈说:"哦,在我的口袋里呢。"熊仔爬过来,将手伸到妈妈口袋里,拿出了那个方向盘。

案例 5-3-13

8岁的小宇,周末和他的双胞胎妹妹在客厅的茶几上画画。小宇虽然很喜欢画画,但他只会画几个简单的物品,如:一个三角形加一个半圆形画一盏灯,一个三角形加一个正方形画一座房子等。而他的妹妹却画得非常棒。小宇把他会画的画完之后,就看着妹妹,妹妹正在画一朵小花。这时,妹妹问小宇:"哥哥,你会画花吗?"小宇在妈妈的辅助下说:"我不会。"妈妈接着辅助小宇对妹妹说:"小花怎么画?"妹妹马上手把手地辅助小宇在纸上画了一朵红色的小花,画好后,妹妹和妈妈大声地说:"哇,好漂亮的小花呀。"小花画完后,妹妹又问小宇:"哥哥,你会画蛋糕吗?"妈妈继续辅助小宇说:"我不会。蛋糕怎么画?"妹妹又把着小宇的手画了一个蛋糕。这样反复几次之后,小宇基本上可以独立地问妹妹:"××怎么画?"这时,妈妈轻声对妹妹说:"你问哥哥会不会画房子?"妹妹转向哥哥说:"哥哥,你会画房子吗?"小宇说:"我会画。"并马上拿起彩笔,在纸上画了一个房子。就这样,妈妈提示妹妹将小宇会画和不会画的物品交替询问,直到小宇能很清楚、很准确地对自己不会画的东西,主动询问妹妹该怎么画。

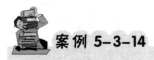

案例 5-3-14

西西,6 岁。在经过干预之后已经回归到普通幼儿园随班就读。但是他每周都还要接受 4 个小时的 PRT 训练。教导者来到西西家里,和他打过招呼之后,便和西西一起坐在地板上玩孩子最喜欢的乐高积木。教导者在拼出了一辆小汽车后,对西西说:"我拼好了。"西西听到教导者的话后,就看着教导者。这时,妈妈在一旁辅助西西说:"你拼的什么?"教导者说:"我拼了一辆小汽车。"妈妈又辅助西西说:"你拼的小汽车是什么颜色的?"教导者说:"我拼的小汽车是红色的。"在接下来的几次训练中,教导者有意地在与西西一起玩乐高积木时,拼出各种不同的造型,妈妈也在一旁辅助西西对教导者拼出的各种造型提出相关的问题,以此来扩展西西与人对话的能力。现在,西西基本可以独立地就关于乐高积木所引出的问题与他人进行相关的对话。显然,这样的教导和练习还要继续持续下去,以扩展西西在更多话题上与人进行对话的能力。

在这三个案例中,可以看到,通过教导孩子主动性地提问题,一方面是提升孩子的社会交往能力,另一方面孩子也能通过成人或教导者的回答学到很多新的信息和语言。在下面最后一个呈现的小翌的案例中,小翌在学会了自己提"那是什么?"的问题之后,扩展了很多新的名称词;在这一部分的案例 4-3-12 中,熊仔通过学会提"××在哪里?"的问题,学到了一些原来没有接触过的方位词和介词,如"在××下面""在××里面"等;而在案例 4-3-4 中,小宇通过学会提"怎么×"的问题,不仅学会了怎么画新的一些东西,更学会了如何区分哪些是自己会的、哪些是自己不会的。

根据情境提问题的案例,应该是属于主动性交往的较高层面。

案例 5-3-15

小浩,一个6岁的男孩。教导者尝试教导小浩根据情境提出不同的问题。开始时,由教导者给小浩的父母示范教导的程序。

教导者和小浩坐在地板上,教导者对小浩说:"现在,我想给你说件事情。我说完后,你就要根据我说的事情提出两个不同的问题。你提完问题后,我们就可以一起玩 iPad 上的游戏。"在确定小浩明白了要求之后,教导者说:"我昨天晚上出去吃饭了。"因为是初次教导,教导者马上给小浩辅助说:"你昨天晚上吃了什么?"小浩将教导者的问题重复了一遍,教导者马上夸张地说:"哇哦,你问了一个很好的问题,我昨天晚上吃了鱼。现在请你问第二个问题吧。"教导者马上又为小浩示范了第二个问题:"你和谁一起吃的饭?"小浩马上重复了教导者的第二个问题,教导者及时回答说:"小浩真厉害,你问了第二个很好的问题。我昨天晚上和我的好朋友一起吃的饭。现在,你问了两个很好的问题,我们一起玩 iPad 吧。"随后,教导者允许小浩玩了一会 iPad。

如此几次训练之后,小浩基本上可以针对教导者陈述的引导性句子提出两至三个不同的问题。这时,在一旁观摩的爸爸也参与到了训练中。他模仿之前教导者的程序来对小浩进行教导。

爸爸:"我马上要去出差了。"

小浩:"爸爸,你去哪里出差?"

爸爸:"这是一个很好的问题,我要去北京出差。"

小浩:"你还要去哪里出差?"

这时,爸爸愣住了。教导者马上说道:"这个问题和刚才的那个问题是一样的,你要提一个不同的问题,比如:'爸爸,你怎么去北京啊?'"

小浩将教导者的问题重复了一次,爸爸马上回应道:"我坐飞机去北京。"爸爸看到了教导者的示范,明白过来之后,继续与小浩练习。

现在,小浩已经可以独立和自己的父母进行上面类似的对话了,当然,他还需要将此技能泛化到与其他人的互动中,如其他家庭成员和学校里的同伴、老师等。

最后,本节将呈现一个完整的个案,供读者参考。

小翌,2 岁 8 个月,诊断为 ASD。通过心理评估,他的发育商为 58%~61%。其干预前的主要表现为:① 对常规指令的理解不足;② 缺乏主动性互动意识(言语、眼神及其他肢体动作等);③ 有少量的口语,但多数时间是自言自语;④ 能够使用的词汇量少且不准确。针对他的情况,给予的 PRT 计划主要包括:① 提升共同注意力;② 增强主动性交往能力,如:能主动向他人表达自己的要求;能通过提"那是什么?"的问题来获得新的信息。关于共同注意力的教导,大家在阅读第三章时已经有了一些了解,在这里就不做详细介绍和讲解了,下面着重介绍本章重点——主动性交往能力的教导,通过小翌在训练中的各种情景来进行介绍和分析。

训练初期,教导者遵循普通儿童的发展规律,首先从发展小翌的主动性要求开始切入。通过爸爸的介绍,教导者了解到小翌在家喜欢和爸爸一起玩追逐的游戏、球类的游戏等。于是,先从他喜欢的追逐游戏开始。教导者在房间里准备了很多"懒骨头",堆在房间的一角。带着小翌开始在房间里跑起来,小翌一边跑一边哈哈笑,跑了约两圈后,教导者突然停下来,蹲下身子平视小翌的眼睛,对小翌说:"跑!"小翌看了看教导者,没有说话,但是他试着拉了拉教导者的手。教导者继续开始带着小翌跑起来。这里,小翌虽然没有说话,但他有一个肢体动作——拉了拉教导者的手,示意教导者继续这个活动。又跑了两圈之后,教导者突然停下来,重复刚才给孩子的示范,这时小翌模仿教导者说了一个"跑",教导者在听到小翌模仿了发音之后,又带着小翌跑起来,作为对小翌说"跑"的自然强化。重复了几次这个过程,教导者在停下之后,仅仅给了小翌一个"p"的口型辅助,他就能主动地对教导者说"跑"了。教导者便开始让爸爸参与到活动中,让爸爸来担任教导者的角色,来引导小翌表达自己的想法。直到小翌同样可以在爸爸停下跑的活动之后,仅仅依靠爸爸的口型辅助就能说"跑"。接下来,教导者教导爸爸在他停下跑的这个活动之后,不要马上给予小翌口型的辅助,而是让爸爸等待三秒,但是还不到三秒钟,小翌大声地对爸爸说"跑"。教导者让爸爸等待三秒是在指导爸爸运用时间延迟法(在本章第二节中曾做过简单的介绍)。

之后,教导者指导爸爸带着小翌跑的时候,不再是做突然的停顿,而是让爸爸带着小翌冲向堆在房间角落里的"懒骨头"。小翌在摔到"懒骨头"上时,也非常开心,但是他为了让爸爸继续这个游戏还是重复了刚才的话"跑"。他的这个主动性要求对于希望爸爸继续活动的表述不是非常地准确,因此,教导者指导爸爸在孩子摔到"懒骨头"上时,马上示范,教导孩子说"爸爸,起来"。爸爸尝试着用教导者指导的方法。在尝试教导孩子新的语言过程中,教导者还指导爸爸将之前所教导的孩子要求说"跑"的技能穿插在所要教导的新的技能中,以此来维持孩子的动力。练习了约 10 次之后,小翌可以很主动地在爸爸带他冲到"懒骨头"上后,对爸爸说"爸爸,起来",在爸爸突然停止跑的活动时,对爸爸说"跑"。

小翌的爸爸除了每天在教导者的指导下带着小翌进行主动性交往的练习之外,每天还在家里和家人一起利用各种自然环境来教导小翌。比如,小翌在桌子上玩单个的嵌塞拼图,爸爸一次只给小翌一个拼图块,当他准确地将拼图块放在正确的位置之后,向爸爸主动要求:"给我拼图。"晚上,妈妈帮小翌洗澡时,妈妈用水瓢舀水淋到小翌的身上,一旦妈妈停止往他身上淋水,他会对妈妈说:"妈妈,淋水。"吃饭时,奶奶给小翌一碗米饭,但将小翌最喜欢吃的四季豆放在离小翌最远的地方,小翌想吃会对奶奶说:"奶奶,我要四季豆。"

由此可见,PRT的教导技巧不只是在专业人员的身上可以体现出来,更重要的是专业人员把技巧传授给家长,让家长可以在家庭的自然环境中加以运用。小翌的爸爸学到了相关的技巧,同时他把学到的技巧也教导给了妈妈和奶奶。这样小翌在家庭中的任何一个活动中,家长都可以抓住时机加以引导,让孩子在完全自然的环境中学到相关的社交沟通技能。这样,孩子比单纯在教室里接受教导者一对一的训练得到更多训练的机会,学得更多的语言和沟通技能,也更适应环境的需求。因此,小翌以表达自己要求为主的主动性沟通技能可以泛化到不同的人、不同的活动,而且,他主动性要求的能力得到了较快的提升。

约一个半月之后,小翌主动性要求的能力有了很大的改善,教导者开始教导他如何通过提问题来获得更多的信息。前面提到过小翌经常和爸爸一起玩单个的嵌塞拼图,他对这种拼图非常地喜欢。于是教导者找来一些孩子熟悉的拼图,并将这些单个的拼图块放在一个小的有盖的铁盒中。开始时,小翌主动对教导者说:"给我一个拼图。"教导者就给他一块自行车的拼图,他高兴地将这块拼图放到了正确的位置。这时,教导者将小铁盒摇了摇,以此提示他说:"这里面有什么?"因为之前小翌已经通过了这种模仿的方式学会了主动性的要求,因此,在教导者给他做了这个示范之后,他马上模仿教导者说:"这里面有什么?"教导者马上打开铁盒,拿出了一个消防车的拼图块给他。小翌得到拼图块之后非常高兴,马上将拼图块放到了正确的位置。随后,教导者又将铁盒摇了摇,继续给他一个示范,小翌立即模仿说:"这里面有什么?"教导者打开铁盒,递给了他一块警车的拼图块。等到第三次,教导者轻轻地摇了摇手中的铁盒时,小翌大声地对教导者说："这里面有什么?"教导者非常高兴,拿出一块摩托车的拼图块给他。这时,教导者将铁盒交给爸爸,小翌将摩托车拼块拼好后,抬头看看爸爸,爸爸也模仿教导者辅助他说:"这里面……?"小翌似乎恍然大悟,重复地问了"这里面有什么?"爸爸拿出一块推土机的拼图块给他,作为对他的自然强化。在后面的几个轮回中,小翌可以很自然地对着爸爸问"这里面有什么?"的问题了。

接下来,就是要逐步撤退了,让小翌能对不知道的物品问"这是什么?"教导者选择了一组海洋生物的单个拼图,这上面有小翌认识的鲨鱼、螃蟹,但还有一些他不认识的,比如,海葵、珊瑚、小丑鱼、彩虹鱼等。教导者指导爸爸可以在小翌对爸爸要拼图之后,给他一块他认识的拼图块,并问他"这是什么呀?"待小翌命名这个拼图块之后,再给他一块他不知道的拼图块,辅助他问"这是什么?"小翌提问后,爸爸马上命名这个孩子不知道的拼图块。如此几个回合下来,对不认识的拼图块小翌可以主动地询问爸爸:"这是什么?"并且真正地认识了他在开始时并不认识的那些海洋生物。不仅如此,通过教导者和家人的教导,小翌通过主动提问题认识了大约 30 个汽车的标志,以及至少 200 个左右的汉字。

在 3 个月的干预训练之后,教导者重新给小翌进行了一次心理评估,可喜的是小翌的发育商提升到了 71%～85%。同时,在小翌训练之后,小翌的爸爸在《家长压力测评量表》中超标的几个因子也有了很大的改善。

从统计数据可以看出,在经过了 3 个月的指导培训之后,小翌的爸爸对孩子的接纳程度较之前要好很多,由干预前的 27 分降至干预后的 17 分;对于孩子的要求和情绪的理解较之前有所改善,由干预前的 23 分和 15 分分别降至干预后的 22 分和 12 分,也就是说爸爸可以通过与小翌的沟通来了解他目前的要求和情绪。同时爸爸对小翌的环境适应能力和注意力方面的担忧也较之前有所减轻。在家长领域,爸爸对于自己家教技能的担忧也减轻了一些,由干预前的 35 分降至干预后的 32 分;总的压力也得到了较大的缓解,由干预前的 304 分降至干预后的 273 分。

现在,小翌可以较好地在普通幼儿园里进行融合,不像干预之前,在幼儿园里只是独自坐在角落,不搭理任何人。现在可以和同伴们进行简单的互动(包括语言性的互动),参与每天的教学活动。但每天还会来中心接受一个小时的指导,同时,爸爸及其他家人也在家继续使用 PRT 的技巧在生活环境中对小翌进行持续的教导。

总之,不能适当性地进行社会性会话是孤独症的临床症状之一。通过以上 PRT 的方法,孤独症儿童可以学会主动地运用眼神、肢体或语言来表达自己的需求,主动地进行提问,并且还可以根据情景来提出相关的问题,从外界获得各种各样的信息,同时,这些技能为他们在自然环境中独立学习、更好地融入社会,打下了良好的基础。

参 考 文 献

1. 李红.幼儿心理学[M].北京:人民教育出版社,2007.

2. 黄伟合.用当代科学征服孤独症[M].上海:华东师范大学出版社,2008.

3. 罗伯特·费尔德曼.发展心理学——人的毕生发展(第四版)[M].苏彦捷,等译.北京:世界图书出版公司,2007.

4. 石淑华,等.妇幼心理学[M].北京:人民卫生出版社,2008.

5. 大卫·R.谢弗,凯瑟琳·基普.发展心理学:儿童与青少年(第八版)[M].邹泓,等译.北京:中国轻工业出版社,2009.

6. 洛娜·温.孤独症谱系障碍:家长及专业人员指南[M].孙敦科,译.北京:北京大学医学出版社,2008.

7. Robert L Koegel, & Lynn Kern Koegel. The PRT Pocket Guide[M]. Baltimore:Brookes,2012.

8. Robert L Koegel, Lynn Kern Koegel. Teaching the Pivotal Behavior of Initiations to Children with Autism[M]. Santa Barbara:University of California,2012.

第6章　社会智力

社会智力,可以包括人们认识与调节各种情绪的能力,对不同想法和观点的理解能力,以及对社会问题的解决能力,等等(黄伟合,2008:160)。这也是PRT中需要对孤独症儿童教导的关键性技能之一。普通儿童的社会认知能力是与生俱来的,随着年龄的增长,开始明白别人的想法,理解他人的情感,并能理解与情感相关联的处境。而孤独症儿童在社会认知能力方面存在着明显的缺陷。他们无法理解别人的情感与想法,导致他们在社会交往的过程中出现林林总总的状况。

孤独症患者的一个重要缺陷,是他们不能根据已有的信息和材料去解读他人头脑中的想法。如某个孤独症孩子往往总是自顾自地讲自己所感兴趣的火车车厢、型号、车次与何时发车,等等。他始终不会通过打量旁人的表情,判断别人是否对自己所讲的话题感兴趣,更不会因自己的判断而调整谈话的内容。与此相应,他们也不能够根据对他人想法的理解去预测、判断他人的行动。因为,孤独症患者往往只注意自己的认识和想法,并根据自己的认识和想法而行动。例如,在一个最经典的关于心智能力的测试中(Baron-Cohen,Leslie,Frith:1985),研究者准备了两个洋娃娃。一个名叫莎丽,另外一个名叫安妮。莎丽有一颗宝石。她走进一个屋子里把宝石藏在一个封闭的黄篮子里。当莎丽离开屋子以后,安妮进来了。安妮把宝石从黄篮子里移到一个封闭的蓝盒子里,然后也离开了屋子。过了一会,莎丽回到了屋子。如果研究者问被试:

"莎丽会到哪里去找她的宝石呢?"正常发展的孩子和有些残障孩子如患有唐氏综合征的孩子,一般都能够理解莎丽头脑中的想法,并根据对莎丽想法的理解去预测判断她的行动。

他们会给予类似以下的答案:"莎丽会到黄篮子里去找她的宝石。这是因为,莎丽不知道安妮把宝石从黄篮子里移到蓝盒子里。"而孤独症孩子则会根据自己的想法说:"莎丽会到蓝盒子里去找她的宝石。"因为他们看到安妮把宝石从黄篮子里移到了蓝盒子里,所以他们仅仅是根据自己的观察而判断莎丽的想法与行动。

在临床上,孤独症个体在心智能力方面的这个重要缺陷会导致一系列的问题。例如,在孤独症孩子比较小的时候,他们不知道自己父母头脑中有关于自己(是一个患有孤独症的孩子)的想法,并因此而会帮助自己。所以,孤独症孩子在有需要的时候,不会像正常发展的孩子那样,用语言或者其他沟通方法要求父母来帮助。他们往往企图用发脾气或者其他不良行为来达到自己的目的。随着年龄的增长,青少年孤独症个体也不明白周围的人们会对自己有特定的印象或想法,并且根据这种特定印象来决定他们对自己(孤独症青少年)的行动。所以,孤独症青少年所说的语言和所做的行为,往往会引起周围人们的反感甚至触犯人们的情感。

从哲学认识论的意义上说,人们头脑中的想法是对外界事物或客观物体的主观反映。人们脑子里所想的,代表着他们所见所闻、所感觉的材料。因而,教导孤独症个体对他人想法的理解,首先要让他们懂得这种客观现象与主观想法之间的反应和代表的关系。当然,孤独症个体由于其认知能力的缺乏,很难理解这种抽象的反应和代表的关系。然而,孤独症个体的一个优势,是其视觉能力的相对完善。所以,教导者(家长、教师或其他照顾者等)要帮助孤独症个体理解他人的想法,可以借助形象的方法来进行教导(黄伟合,2008:173-174)。

学术界对社会智力的内蕴有不同的界定,但一般都认同想法解读是社会智力的重要及主要组成部分,本章将主要介绍想法解读的基本理论、用PRT技术培养孤独症儿童此种能力的几种有效方法、干预程序及显效个案。希望读者可以通过运用这里所讲述的实际方法,提高孤独症儿童青少年对别人想法的解读能力,加强其对社交行为及社会规则的理解。同时,通过对别人想法和情感的解读,帮助孤独症个体做出更加适当的社交行为,从而使得他们更加容易被社会大众所接纳。

◎ 第1节　为什么要发展社会智力

正常发展的儿童,到了三四岁时就能"察言观色",通过对别人,特别是家长想法的理解而调整自己的行为。孤独症儿童往往缺乏这种能力,所以,帮助他们发展与提高这种能力,是教导者的重要任务。

一、社会智力对人际理解与情感交流的重要性

社会智力(Theory of mind)的重要方面,就是能够理解别人的想法和情感,然后据此调整行为。从理论上说,这就是想法解读的问题。以下讨论的,是想法解读的界定、发展及其意义。

1. 什么是想法解读

所谓想法解读,是指推测别人想法的能力,并同时运用这种能力来理解别人的言语或行为背后的用意,和预计他们下一步的行动(何福全等,2003:7)。比如,司机在开车的时候,看到前面的行车亮起了左转灯,他就会明白,前面的车子是要左转或是向左变道,此时,他通过对前面行车司机想法的判断,调整自己的行为,那就是首先应该减速让行。想法

包括了所有脑袋里想的东西,如感受、信念、需要、意愿等。

要理解一个人的行为,最容易、最直接的方法就是知道他人的想法。想法可以说是理解一般人行为的主要途径(何福全等,2003:7)。例如,很小的婴儿看到妈妈冲牛奶就会高兴得手舞足蹈。又如,在幼儿园里,老师说:"看看,老师好可怜,都没有板凳坐哦。"这时,小朋友们会争先恐后地给老师搬板凳。一般儿童,随着认知的发展,开始通过观察别人的行为、透过别人的语言,慢慢地明白别人心里的想法。

2. 一般儿童理解想法的各个发展阶段

第一,对情绪的理解。婴儿很早开始就能分辨开心、不开心、愤怒和害怕的表情(何福全等,2003:7)。当妈妈用开心的表情逗小宝宝的时候,小宝宝就会用开心的表情、咿咿呀呀的发声来进行回应。到了3岁,儿童就能够预测遭遇会如何影响个人的感受(何福全等,2003:7)。比如,在看故事书时,书上说:小朋友高高兴兴地和爸爸妈妈一起去公园玩,这时,突然下起了大雨。3岁的孩子就会说:书里的小朋友很伤心,因为下雨了,他就不能和爸爸妈妈一起去公园玩了。4岁时则可以根据别人的想法和需要去预计别人因而会有的感受(何福全等,2003:7)。例如,4岁的孩子会知道:小朋友美美想要一个芭比娃娃,如果美美认为包装盒里的礼物是另外一件东西,而不是她想要的芭比娃娃时,她会很不开心。

第二,对想法的理解。18至30个月大的幼儿在与人对话中已包括了很多想法的词语(何福全等,2003:7)。如,一个2岁多的小女孩会对妈妈说:"妈妈,我觉得你今天好漂亮。""我想放学的时候,爸爸第一个来接我。""我以为妈妈不见了。""我想妈妈给我买美美的裙子。""我梦见了海绵宝宝。""妈妈假扮巫婆。"等等。

2岁的幼儿能够推断别人看到什么。例如,让他们拿一件东西放在某一个人的视线之内或是之外,他们都可以做得到。此外,他们也很清楚地了解愿望的含义(何福全等,2003:7)。如,他们会明确地表达,如果自己表现好的话,希望妈妈可以奖励自己想要的东西。

到了3岁,儿童已经明白"所看构成所知"这个概念,例如,有两个人在一起,其中一个人弯身去看桶里有什么东西,而另一个人一只手去触摸桶的外面,3岁的儿童已能知道:只有弯身去看桶内的那个人才会知道桶里放的是什么东西。

到了4岁,儿童已知道其他人可以有错误的想法。什么是错误的想法呢?举例来说,如果让某个小孩知道钱是藏在花瓶里,但小偷却以为它被放在桌子的抽屉里,再问小孩,小偷会去哪里寻找,小孩会回答说抽屉,也就是错误的位置。这就显示了小孩知道他人可以有不同的想法。

第三,假想的理解。婴儿早在10至18个月大时开始有假想游戏的行为。而刚懂得对答的幼儿也知道真实与假扮之分(何福全等,2003:7)。比如说,他们拿一根竹竿当马骑,拿一个圆柱积木假装倒水喝等,但他们心里却很清楚地知道两者的真正用途并不一样。

3. 想法解读的用途

第一,有助于理解一般人的社交行为。心理学家 Dennett 最早指出,想法解读是理解人类世界的一个重要途径。理解人类世界,也就是为他人的行为找出原因和预计他人下一步会怎么做,其中最容易的方法莫过于去想他要什么,想他会如何去想,或想他要如何去做(何福全等,2003:7)。

日常生活中,每天在我们身边发生无数的事,都会涉及理解他人的想法。比如,两个人在一起交谈,通常会有一个安全距离。在谈话过程中,当其中一个人有往后退的动作时,另一个人就会明白,可能是他们之间的安全距离太近,让对方感到不舒服而调整谈话之间的距离。由此可见,想法解读能力的运用在日常生活中随处可见。

第二,有助于语言及非语言的沟通。我们在听他人说话时,最重要的是要清楚地知道他人说话的用意。在语言艺术方面,当说话者说出含有反讽、讽刺、幽默意味或隐喻的话语时,并不希望听者只留意字面上的意思,而希望他能明白话语中的另一层含义,即说话者真正想要传递的信息或要表达的意义。所以,事实上,在聆听的时候,往往超越了听到的话语,需要从多方面思考说话者背后的用意。

此外,非语言的沟通也是一样。例如,明明伸长手臂、张开手心指向门口,婷婷即意会明明是在请她从门口进去,明明也事先清楚地知道婷婷会明白自己动作的含义。由此可见,想法解读在沟通时有助于我们了解对方的意图,它的重要性可见一斑。

沟通的另外一个重要的环节,是讲者要知道听者对自己所讲的内容是否有兴趣,所知多少,还需要什么信息,以及理解的程度等,从而达到沟通的目的。所以,人与人的沟通不仅仅是各自说几句话,一次好的沟通离不开想法解读能力的作用。

第三,运用于日常生活的其他层面。例如,理解欺骗。行骗者需要预计他人的想法,从而利用这一想法做一些事令他人犯错。又比如,带入别人的感受。意思是能够体会他人对一件事情的感受,同时预计他人对这件事情可能发生的反应。建立自我的意识、反思别人的想法(何福全等,2003:7)。比如,一个小朋友会跟妈妈说:小琴今天没有来上学,我以为她逃学,原来她是生病看病去了。一个 4 岁的儿童有了这种能力后,想法会从当下的单一反应延伸到他人或事后的结果,在解决问题的时候,会思考各种方案的可行性。如:小朋友会对他的伙伴说:"如果我的作业没做完就跑出去玩,妈妈回来后就会批评我的。"

二、孤独症人士社会智力方面的特点及其所引起的结果

部分孤独症人士也许会有较好的语言和认知能力,他们的智商往往

也会在 70 以上。但是,他们在社会智力的各个方面,仍然具有严重的缺陷。他们往往不能认识和调节生活中的各种情绪,更无法理解他人的想法。孤独症儿童从小缺乏想法解读的能力,在成长过程中,直至成人阶段,都会碰到各种人际关系和沟通方面的问题,经常遇到被人拒绝、疏远和欺负的情况。以下结合具体的事例说明孤独症个体社会智力方面的特点及引发的结果。

第一,对别人的感受反应迟钝。

 案例 6-1-1

　　课间休息,王、李两位老师在谈话,上课铃响起的时候,一个孤独症小男孩走过来(两位谈话的老师都是他的代课老师),王老师说:"××,我们上课去了。"小男孩却说:"我要李老师上课。"王老师说:"这节课由我来给你上,你为什么不要我给你上呢?"小男孩说:"你不美,太胖了。"王老师脸都红了,显得很尴尬。周围的人都笑了,但小男孩却仍然自顾自地说:"李老师美些,我要李老师。"

　　显然这个孤独症孩子无法理解王老师的感受。

第二,说话时,从不考虑听者是否有兴趣、了解多少,也不懂得注意听者的反应,或根据听者的反应调整自己的谈话。

 案例 6-1-2

　　一个患有孤独症的小男孩,看到熟悉的人就会向他提问,问他自己很喜欢的一个故事里的问题,但他从来不会考虑别人是否读过这个故事,或对这个故事感兴趣。

又如，

案例 6-1-3

一个患有孤独症的 4 岁小男孩，碰到别人时只会谈他喜欢的三件事：各种型号、品牌的冰箱，长江大桥的结构，天空中各种各样的云。然而，老师和同学对这些话题都毫无兴趣，被他滔滔不绝的讲话弄得很烦，可是他却完全没有察觉到。

第三，不能理解别人的用意和反应。

案例 6-1-4

晴晴，7 岁，小学一年级。某一天的课堂上，晴晴不自主地拿出随身带的水壶，打开水壶盖喝水。这时，老师停下讲课，对着大家说："我再说一遍，上课时不要喝水。"晴晴举手并得意地问："老师，你是说我吗？"边问还边继续喝水，一点都不觉得尴尬或不好意思。

这时，晴晴并没有意识到老师是让她马上停止喝水，和以后也不要在上课时间喝水。

第四，对谈话者的语言理解停留在字面意思。

案例 6-1-5

一个患有孤独症的小朋友，每次推了同学后，同学都气愤地说："你要再推一次的话……"他就真的又推同学一次。

其实,他的行为反应与说话者的用意刚好相反。

第五,不知道其他人会根据自己的行为来衡量自己。

 案例 6-1-6

　　某孤独症男孩,青春期。在他一个人无聊时(公共场所或家里),或睡觉前(家里或集体午休室),经常做的一件事是用手摩擦自己的下体。无论老师和家长怎么说,他都意识不到这样做会让周围的人对自己有不好的反应和看法,而停止这个行为。

　　也有孤独症青少年,对女性的丝袜很感兴趣,见到穿长丝袜的女老师或阿姨就毫不顾忌地低下头去摸人家的大腿。尽管有不理解这些孩子的人对他大声说"流氓",他还对着人家笑,一点不觉难堪。家长也对他说:"你摸阿姨的腿,人家会认为你要流氓,以后不许这样做。"等等,都无法让他认识到自己的这个行为会让其他人判断自己是个"坏孩子"。

第六,不明白欺骗是什么。

 案例 6-1-7

　　一个在普通小学上学的孤独症儿童,课间休息的时候,一个同学骗他说,刚才另一个同学打他了。这个孤独症儿童听完后就跑过去打了那个同学,结果被老师批评了。

由此可见,这个孩子完全不明白欺骗是什么。

第七,不能理解别人行为背后的理由。

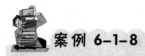

案例 6-1-8

东东,6岁,ASD男孩。在普通幼儿园,他很喜欢班上的一个女生,课间看到这个女生就喜欢上去捏她的脸,这个女生就会边喊叫,边跑开,东东就在后面追。东东并没有感到这个女生害怕他、躲避他,从而改变自己的做法。

另外,东东很想和同学玩,开始不知道和同学玩什么,老师教导后,每次都只会反复做同样的事,不知道注意同学的反应。比如,老师教会他一个互动游戏:猜指头。就是用自己的一只手握着自己的另一只手,漏出五个指头尖尖,让一个同学在漏出来的所有指头尖中选择一个指头尖并说出该指头的名称。刚开始,这个同学还蛮有兴趣,但每次同学选择后东东没有任何反应,既不肯定,也不否定,也不轮流变换角色。几次后,和他玩这个游戏的同学脸上露出了不耐烦的表情,动作也开始慢下来,但东东根本不理会同学的变化,还是反复伸出双手,直到同学走开。

东东没有意识到同学兴趣降低和走开是因为感觉单调没趣了。

从上述各个方面的案例可以看出,社会智力的不足和缺乏,直接影响了孤独症儿童的社交、沟通,妨碍了他们人际关系的正常发展。教导孤独症个体更好地理解和表达自己和他人的想法、情感,可以帮助他们更好地与人沟通、交流,改善其人际关系,被更多的社会大众所接纳,进而提高其生活质量。

以上了解了社会智力的概念以及社会智力对孤独症个体的重要性,那该如何发展社会智力呢?在接下来的章节中,笔者将会介绍几种具体实用的方法来发展孤独症儿童的社会智力。需要强调的是,在实施下面的方法和程序的过程中，仍然要牢记和规范化地操作 PRT 中教导者的七大关键性技能，前面几个章节分别都有详细介绍，此处不再重复。

🌙 第2节　如何发展社会智力

在 PRT 的发展历程中，对社会智力特别是情感解读能力的培养是一个相对较晚的课题。大量的研究文献表明，患有孤独症或其他发展性障碍的孩子们有着与正常人一样的高兴、悲哀、生气和恐惧等基本情绪。但同时也表明，这些孩子往往不会在自然环境中适当地表达自己的这些情绪，也不理解他人的情绪情感表现。他们对与社会交往有关联的情绪，如羞耻、内疚、自闭和骄傲等复杂情绪的理解，有着更大的困难。在临床上可以看到这样一种较为普遍的现象，即孤独症孩子在社会交往的场合中因为不能恰当地表达和调节自己的情绪，从而经常处于自我孤立或被他人冷落的处境，有时甚至表现出攻击性或者自伤性的行为。因此，教导孤独症孩子理解、表达和适当调节自己的情绪情感，是孤独症干预教育中的一个重要组成部分。

这一节根据 PRT 的基本理论和方法，同时也采纳应用行为分析等心理学的研究成果，结合笔者的实践经验，介绍并讨论关于提高孤独症儿童青少年社会智力的几种教导方法。具体方法和步骤如下。

一、帮助孤独症儿童认识与表达人类各种情绪

在日常生活中，人们经常会用面部表情来表达自己的情绪。例如，用微笑来表达高兴的情绪。孤独症孩子在对他人用以表达情绪的表情认读方面有着明显的缺陷。他们一般不理解人们常常用来描述情绪的词语，如"高兴""伤心""恐惧"和"生气"等。与此相应，他们也往往很难

用语言和表情来表达自己的内心体验。

第一阶段的训练目标，是要增加孤独症孩子对他人面部表情认读的能力。教导者如果能够提高孤独症孩子对"高兴""伤心""恐惧"和"生气"等人类情绪的理解能力，以后就有可能使他们能够用语言或者有关的图片文字来表达自己内心的体验。

这种与情绪相关的训练，可以从教导孤独症孩子辨认不同的人类情绪开始。首先，教导者可以用比较直观的方法来帮助孤独症孩子辨认他人的情绪。

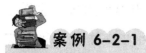

案例 6-2-1

　　教导者 A 给教导者 B 一个玩具，教导者 B 拿到玩具后露出灿烂的笑容。这时，教导者 A 可以指着教导者 B 问孩子："她怎么了?"如果孩子说："她很高兴。"教导者 A 就给予孩子认同和奖励。如果孩子不能回答或回答错误，教导者 A 立即给予恰当的辅助，示范说："她很高兴。"等孩子说"她很高兴"后，教导者 A 立即给予孩子奖励。随着教导的进展，根据孩子的情况逐步撤退辅助，直至孩子独立辨识"高兴"。

这种引导孩子注意、观察、辨别、表述的过程最好在日常生活的自然情景中随机教导，更有利于孩子的辨别和加深印象。

等孩子学会了辨认高兴的情绪后，教导再向另一个情绪辨识延伸。比如，用同样的示范，教导者 A 假装要打教导者 B，教导者 B 表演出恐惧、躲避的神情。此时，教导者 A 问孩子："她怎么了?"如果孩子说："她好害怕。"教导者就给予认同和奖励。如果孩子不能回答或回答错误，教导者 A 给予恰当的辅助，然后再慢慢地撤退辅助而让孩子能独立辨认害怕的表情。之后，按如上程序和步骤教导孩子对其他表情的辨识。

接下来进入第二阶段,教导孤独症孩子理解日常生活中导致情绪变化的一些基本原因。比如,得到了喜欢的东西使人高兴,而失去了喜欢的东西会使人难过等。也可用上述同样的方法教导情绪变化的原因。即通过两个教导者扮演不同的角色,来教导孤独症孩子观察情绪产生的原因。

案例 6-2-2

教导者 A 从教导者 B 手中抢走正在玩的好玩的玩具后,教导者 B 假装哭泣、擦眼泪。这时教导者 A 问孩子:"她怎么了?"如果孩子说:"她很伤心。"教导者 A 便接着问孩子:"她为什么伤心呢?"对此,正确的回答当然是"她的玩具被人拿走了"或与之相近的话。如果孩子做出了正确的回答,应该给予认同和奖励。否则,教导者可以用上述第一阶段类似的辅助方法描述教导者 B 伤心的原因,进而使孩子逐步理解、建立情绪变化与原因之间的因果关系。

等到孩子能够较为一致地辨认由他人表演的、比较明显甚至夸张的各种情绪以后,教导者可以进而用比较抽象的方法,如人脸图画来进行相同的训练。教导者和孩子可以坐在桌子旁由指导者分别展示代表高兴、悲哀、生气和恐惧等不同情绪的人脸图画,提出"他怎么了"或"他觉得怎样"的问题让孩子回答。必要时给予辅助和奖励,直到孩子能区分并命名这些情绪为止。具体地说,教导者在开始训练之前要准备好代表"高兴""伤心"和"生气"等情绪的图片。这些图中人物的面部特征可以有意地加以夸张,以引起孩子的注意。例如,代表"高兴"的面孔上嘴角可以往上高高地翘起,而代表"伤心"的面孔上嘴角可以低低地垂下,等等。图片上面同时还可以写上相应的文字如"高兴""伤心"和"生气",等等。

在训练时，教导者先把一张人脸图画，如"高兴"放在桌子上，然后用手指着代表高兴的图片，同时用口头语言描述图中人物的面部表情，比如说："这孩子很高兴。"教导者同时解释可能导致高兴的原因，比如说："因为妈妈给了他一根冰棍。"之后教导者要求孩子指出情感特征，如，对孩子说"指指他高兴的嘴巴"。如果孩子能够按指令执行，则给予赞同和奖励。否则，教导者可应用各种辅助来提供帮助。一种辅助的方法可以是教导者自己做一个夸张的笑脸。然后指着自己上翘的嘴角说："看！我很高兴。"另外一种方法，是由教导者制作基本感情图册，如关于高兴的感情图册、关于伤心的感情图册和关于生气的感情图册，等等。其中列举各种可能导致这一情绪的有关例子，并用图片表达出来。例如，在关于高兴的感情图册中，可以有孩子得到了新的玩具，所以他高兴了；或妈妈亲了孩子，所以他高兴地笑了的情景；等等。

在孩子学会了代表"高兴"的图片以后，教导者再引入代表其他情绪的图片，如代表"伤心"的图片和代表"生气"的图片等，并用与上述相同的方法训练孩子使用这些图片。有些孤独症孩子没有口头语言的能力，这种借助图片帮助他们认识与表达各种人类情绪的训练方法，有着更大的应用意义。

第三阶段，在孤独症儿童对各种基本情绪有所认识之后，教导者还要训练孩子表达自己的情绪。这种训练宜在自然情景中进行。当孩子体验着明显强烈的情绪的时候，教导者可以问："你觉得怎样？"如果孩子非常高兴，他很可能说："我很高兴。"如果孩子不能表达这种情绪，教导者可以提供恰当的辅助。比如，教导者可以一边挠孩子的痒痒一边说"高兴"。要特别指出的是，对情绪的表达，要注意在各种自然情景中经常地重复练习。例如，教导者每次给孩子一个玩具时都可以说："你有玩具了，你很高兴。"然后，教导者要求孩子用口头语言表达高兴的情绪或者用手去指指代表"高兴"的图片。像这样经常训练,孩子慢慢地会在高兴的时候说"高兴",或者使用代表"高兴"的图片来向大人表达自己的情绪。

对其他喜怒哀乐的情绪的训练,也是一样的道理。例如,以上所述的方法,也可以用来教导孤独症孩子表达和理解诸如难过、生气、不舒服、累了、发脾气等情绪。教导者也可以用这些方法训练孤独症孩子与大人亲近、与同伴相处而不受欺负以及克服各种恐惧等生活中有用的技能。

自上世纪末以来,一些孤独症研究者努力用实验的方法来考察与教育孤独症孩子理解情绪有关的干预方法的临床效果。例如,在英国心理学家 Hadwin 等人(1996)的试验中,30 位平均年龄为 9 岁的孤独症孩子被随机分配在三个实试组。其中第一组 10 位孤独症孩子接受关于认识情绪的训练,第二组 10 位孤独症孩子接受关于理解他人观点的训练,而第三组 10 位孤独症孩子接受关于想象性游戏的训练。这里扼要介绍一下该试验中有关认识情绪的干预方法和实际效果。

研究者根据发展心理学的文献,把孤独症青少年关于情绪的认知分为五个层次。在第一个层次上,被试能够理解代表高兴、悲哀、生气和恐惧等情绪的真实照片。在第二个层次上,被试能够认识代表高兴、悲哀、生气和恐惧等情绪的卡通图片。在第三个层次上,被试能够理解造成人们高兴、悲哀、生气和恐惧等情绪的环境原因。在第四个层次上,被试能够认识导致人们高兴、悲哀、生气和恐惧等情绪的主观因素。在第五个层次上,被试能够理解导致人们高兴、悲哀、生气和恐惧等情绪的想法和信念。研究者通过对情绪组中 10 位孤独症孩子的测试发现,在对情绪认识的方面他们大都停留在第二个层次的发展水平。这也同时说明了,他们在这一方面的发展程度与普通 3 岁孩子的发展程度比较接近。

　　此后,研究者对这十位孩子进行了为期两周的有关情绪认识和理解方面的训练。训练根据孤独症孩子的个人发展程度而从特定的层次开始。训练所用的材料主要是人像照片和卡通图画。例如,在第一个阶段,研究者准备了几套代表高兴、悲哀、生气和恐惧等情绪的真实照片。在第二个阶段,研究者准备了几套代表高兴、悲哀、生气和恐惧等情绪的卡通图片。训练开始时,一位研究者先在桌子上列出一套代表高兴、悲哀、生气和恐惧等情绪的人脸照片,然后对一个孤独症的孩子说:"看,这里有四个人的脸。这是高兴,这是悲哀,这是生气,这是恐惧。"接着,这位研究者又在桌子上列出一套新的代表高兴、悲哀、生气和恐惧等情绪的人脸照片,对孩子说:"我这里还有四张人脸的照片,你能按照人物表情而把这些照片分别放在刚才看到的那些表情相同的照片的边上吗?"如果孩子能够把一张代表高兴的人脸照片放在高兴的照片边上,研究者就说:"很好,这是高兴。"如果孩子不能对相同表情的人脸照片进行配对,研究者就说:"这是高兴。你该把照片放哪里呢?"研究者通过给予必要的辅助,来帮助孩子形成关于高兴的概念。

　　在第三个阶段,研究者在桌子上列出四张可能导致人们高兴、悲哀、生气和恐惧等情绪的不同情况的卡通图片。例如,第一张卡通图片是一个孩子在马戏团看到小丑,第二张卡通图片上是一个孩子看到爸爸离家上班了,第三张卡通图片上是一个孩子在画图时画笔被其他的孩子抢走了,第四张卡通图片上是一只凶狗在追咬一个孩子。以第一种情景为例,训练开始时,一位研究者问一位孤独症孩子说:"看,这个孩子在马戏团看到小丑啦。你说他这时的感觉是什么?"如果孩子不能回答,研究者就给予必要的提示。研究者一边指着卡通图片上孩子的笑脸一边说:"你看,他很高兴。"接下来,研究者再问孤独症孩子:"你说这个孩子为什么会感到高兴?"如果孩子不能回答,研究者再给予必要的辅助说:"他看到小丑表演,所以很高兴。"最后,研究者强调一个具有普遍性的道理:"当一个人做有趣的事情时,他会感到高兴。"研究者用同样的方法,再教这位孤独症孩子理解造成人们悲哀、生气和恐惧等情绪的各种一般原因。

第四阶段的教育目标是要让孤独症孩子认识人们的主观要求与其高兴、悲哀、生气和恐惧等情绪的联系。例如,研究者在桌子上列出两张卡通图片。第一张图片上画的是一个女孩在做一个动作(如钓鱼)和她脑子里想要的东西(如一条大鱼)。第二张图片上画的是这个孩子得到了她想要的东西(即钓到一条大鱼)。研究者先问孤独症孩子:"这个女孩子想要什么?"接下来研究者再问孤独症孩子:"你说这个女孩子钓到一条大鱼后会有什么感觉?"如果孩子不能回答,研究者给予必要的辅助。研究者一边指着第一张卡通图片上孩子想要的东西一边说:"你看,她很想钓到一条大鱼。"然后,研究者一边指着第二张卡通图片上女孩子钓到一条大鱼的情景,一边说:"你看,这个女孩子钓到了一条大鱼,她很高兴。"最后,研究者强调一个普遍性的道理:"当一个人得到自己想要的东西时,这个人会感到很高兴。当一个人得不到想要的东西时,这个人会感到很难过。"

在训练的第五阶段,教育目标是要使得孤独症孩子能够理解人们的信念观点与他们高兴、悲哀、生气和恐惧等情绪的联系。例如,研究者在桌子上摆出三张卡通图片。第一张图片上画的是,哥哥为弟弟准备了一个礼物即玩具飞机。第二张图片上画的是,弟弟想要的东西是一个玩具火车,他相信哥哥会给他带来一个玩具火车。这时,研究者问孤独症孩子三个问题:"弟弟想要什么?""弟弟相信哥哥会带来什么?""弟弟相信哥哥会带来玩具火车,他会有什么感觉?"需要时,研究者给予必要的辅助,如一边指着第二张卡通图片一边说:"弟弟相信哥哥会带来玩具火车,所以他感到很高兴。"而第三张图片的内容是哥哥正在把玩具飞机给弟弟。这时,研究者又问孤独症孩子:"弟弟看到哥哥带来的是玩具飞机而不是玩具火车,他会有什么感觉?"正确的答案应该是,弟弟要的是玩具火车而哥哥带来的是玩具飞机,所以弟弟感到很伤心。最后,研究者强调一个普遍性的道理:"当一个人相信他会得到自己想要的东西却没有得到时,他会感到伤心。"

　　研究者通过分析实验结果表明,在认识高兴、悲哀、生气和恐惧等情绪并理解它们形成原因的五个层次方面,情绪组中 10 位孤独症被试在训练前的平均得分为 2.5 分。也就是说,孤独症孩子在对情绪认识的方面大都停留在第二个层次或稍高的发展水平。训练结束后,研究者通过对 10 位孤独症孩子的测试发现,他们在认识情绪并理解它们的形成原因的五个层次方面的平均得分为 4.6 分。研究者在两个月后对情绪组中 10 位被试的重新测试发现,这些孩子在认识情绪并理解它们的形成原因方面的得分比训练刚刚结束后有所下降,但仍然显著地高于训练前的水平。这说明上述训练提高了孤独症孩子关于情绪的认识与理解能力。研究者同时发现,这十位孤独症孩子在理解他人观点和想象性游戏方面的程度没有变化。也就是说,关于认识情绪并理解其形成原因的训练的效果,没有能扩展到其他领域中去。后来的评论者指出,短期的训练能够使得孤独症孩子在认识情绪方面有所提高,这是非常令人鼓舞的。为了取得更好的实际效果,对孤独症患者在认识情绪并理解其形成原因方面的这种训练,时间应该有所延长,同时要有更多方面的人,如学校老师、家庭成员等参与干预,并且要把这种干预与其他方面的干预结合起来。应该说,这种建议是非常正确的(Hadwin,et al.:1996)。

二、用社会性故事的方法提高孤独症儿童的社会智力

　　视觉社会性故事是由美国密歇根社会学习和理解中心的盖瑞女士

在 20 世纪 90 年代初期所倡导并不断发展的一种干预方法,是一种虽然发展较新但却有较大的合理性和实用性的方法。在发展孤独症儿童社会智力方面也能起到意想不到的效果。以下针对具体如何制作和运用社会性故事来发展孤独症儿童青少年社会智力做简单的介绍。

1. 应用视觉社会性故事干预方法的一般原则

第一,确定一个目标行为或困难情景。教导者首先要根据孤独症孩子的个别具体情况而选择干预的方向。例如,有的孩子在社会公共场合特别有可能出现的某一行为问题,还有许多孤独症儿童看到别人难过时往往无动于衷,显得特别地漠然,等等。其中每一个都可以作为一个目标进行训练。视觉社会性故事,就是为了解决这些具体的问题而引入的。

第二,对目标行为加以明确定义。为了对这个目标行为进行观察并记录有关数据,有一个明确的定义是非常重要的。同时,教导者也必须帮助孤独症孩子懂得什么是期望的行为或学习的目标。比如,看到别人难过时应过去询问、安慰和提供帮助等。

第三,收集基线数据。所谓基线数据是指在没有干预的情况下行为的状况。教导者应该收集关于孤独症孩子的三到五天的基线数据。这能帮助教导者掌握孤独症孩子行为的特点和规律,更准确地制定教导的初始目标。同时也可以为教导者比较孩子在行为干预后所发生的变化而提供依据。

第四,撰写社会性故事。在得到基线数据之后,教导者就可以开始在此基础上编写社会性故事了。一般来说,社会性故事应该针对孩子在特定情况下的特定行为而写,故事里所用的词语也应该与该孩子的特定发展程度相吻合。

第五,编辑社会性故事。一般来说,社会性故事的形式和内容应该是简单易懂,目的在于为孤独症孩子提供必要的社会概念和社会知识。根据孩子的个别情况,社会故事的每一页可以有三到五个句子不等。

第六,为社会性故事配置视觉材料。尽管许多孤独症孩子伴有不同程度的智力障碍,但另一方面他们却往往有较强的视觉学习能力。所以,为教导孤独症孩子所准备的社会性故事,一般都应该同时配有图画来显示其内容。当然,在具体操作上,教导者既可以自己亲自作画,也可以用照片或画报上剪下的图片来作为视觉材料。

第七,定期给孤独症孩子讲社会故事并示范所期望的行为。教导者应该经常性地用视觉社会性故事的干预方法为孩子提供必要的社会知识,而且特别要在故事所针对的行为发生之前采用这种方法。例如,教导者可以在带孩子坐公共汽车之前,为孩子讲有关乘坐公共汽车的社会性故事。

第八,在教导的同时继续收集和记录孩子的行为数据。没有一成不变的干预方法,同样,也没有一成不变的视觉社会性故事。有的时候,要对视觉社会性故事加以改变或调整以增加教导效果。也有的时候,要把视觉社会性故事逐渐消退以培养孩子的独立性。而这些调整,都应该在收集到的关于孤独症孩子行为数据的基础上进行。

第九,评估视觉社会性故事的教导效果。教导者要常常关注行为数据所提供的教导效果,并设计出关于下一步教导的方案。从开始视觉社会性故事的教导后,教导者一般要等到两个星期以后,才能决定是否要对视觉社会性故事教导的其他方面做调整,如讲解故事的时间、示范动作的方法等。这样,教导者能比较清楚地看出具体是哪一个环节在影响着教导的效果。

第十,巩固和扩大教导效果。孤独症孩子的学习特点之一,是很难将学到的新技能维持下去,并举一反三。这就要求教导者采取特殊的方法去帮助他们巩固学到的技能,并且将这种技能应用到其他的场合和情景中去。遵循 PRT 教学原理可以比较容易地解决这个问题。

2．制作视觉社会性故事的具体方法

在制作视觉社会性故事的时候,首先,要选择一个比较恰当的题目。教导者包括教师、家长、医生或治疗师,应该根据孤独症孩子日常生活中的问题来选择、决定视觉社会性故事的题目,从而达到为孩子提供相关社会知识和帮助孩子改善行为的目的。应该注意的是,视觉社会性故事的题目,不仅要有解决问题性质的,同时也要有表扬成就性质的。在开始引入视觉社会性故事教导方法时,表扬成就性质的社会性故事也许更为重要,孩子也因此更有可能接受社会性故事的方法。

教导者在撰写每一个社会性故事时,一般都需要用描述性句子、揭示性句子、指示性句子和评论性句子等四种类型的句子,来达到传递社会知识和教导期望行为的目的。通过这些句子,每一个社会性故事都会涉及和回答故事里有谁、发生了什么、在哪里发生的、为什么原因、和如何应对等元素。描述性句子主要是用来表述与社会性故事题目有关的、重要的事实和特征。

如果说描述性句子主要是描述社会生活中的客观情况的话,那揭示性句子则侧重于表达他人内心的知识、想法、情绪、信念以及身体健康状况等不易直接观察得到的层面。诸如此类的揭示性句子,可以帮助孤独症孩子具体地理解那些仅靠他们自身能力不能理解的社会生活中的细腻但又重要的常识。

指示性句子为孤独症孩子提供应对故事中的情况可采取的行为和对策。应该指出的是,孤独症孩子对教导者的指示往往会采用"教条主义"或字字照办的方式来执行。所以,教导者在写指示性句子时,注意要留有一定的弹性。

评论性句子往往是直接在以上三种句子之后，主要是用来教导孩子根据一般的社会价值观和社会规则对故事中的特殊情况表达意见。盖瑞强调，教导者在准备社会性故事时，要多用描述性句子、揭示性句子和评论性句子，少用甚至有时可以不用指示性句子。而一个常见的弊病是，有些教导者会倾向于在社会性故事中用太少的描述性句子，而用太多的指示性句子。这样，社会性故事的说教性味道就会比较浓厚，而不易为孩子所理解和接受。按照盖瑞的观点，描述性、揭示性和评论性句子与指示性句子的比例，以五比一为宜。这一建议是很有道理的。

为了用形象易懂的方法向孤独症孩子传授社会知识，社会性故事不仅要使用简单通俗的语言，而且要借助于视觉形象。在运用视觉形象来配合社会性故事时，教导者要对孩子的发展程度有所考虑。例如，如何帮助他们理解问题和增加其学习动力。与此相应，社会性故事往往可以用第一人称的写作手法来表达。而对发展程度较高和年龄稍大的孤独症孩子，视觉社会性故事可以用相对抽象的线条图画来表达，而用以表达故事的语言，既可以是第一人称的，也可以是第三人称的。

3. 如何应用视觉社会性故事来解决具体的问题

为了应用视觉社会性故事对孤独症儿童进行关于社会知识方面的教导，教导者应该明确知道如何引入、讲解和消退视觉社会性故事。以下针对有关注意事项做些简要的介绍。

教导者在引入视觉社会性故事时，善意和耐心的态度是至关重要的。首先要明确的是，这种社会性故事应该是以积极正面的语言写成的。如果有时候要讨论不良行为，教导者应该用第三人称的语言来讲解。例如说："有时候孩子会不小心伤害别人。这时他会不好受，他要对别人说'对不起'。这样就没关系了。"在这种情况下，教导者用第三人称的语言来讲解，比直接对孩子说"你不小心伤害了别人"等，会有更好的效果。教导者在准备对孩子讲解视觉社会性故事时,可以用直截了当的方法切入正题。比如说:"我为你准备了一个关于做游戏的故事,现在我们可以一起读这个故事了。"对于年纪比较小的孩子,教导者要慎用询问式的语句,如:"你要不要和我一起读故事啊?"因为有的孩子会把这类句子当做一般的问题,而不是当做一个要求或邀请,从而很可能说"不"。此时,教导者宜用直接的祈使句,比如说:"再过一会,我们就该一起读故事了。"

从时间上说,孩子在比较放松、高兴的时候,最有可能从社会性故事中学到有益的教育内容。所以,讲解视觉社会性故事,应该在比较自然轻松的环境中进行。教导者可以与孩子并排坐在沙发上;如果孩子较小,教导者也可以把他放在自己的腿上。教导者可以先把视觉社会性故事讲解一遍,并在必要时做些示范,然后要求孩子重复一遍以加深其印象。此外,教导者也可以在自己读完视觉社会性故事之后,再要求其他教导者为孩子朗读同一个社会性故事。这样,孤独症孩子可以从不同的渠道得到同样的故事和同样的道理,从而有助于他们将视觉社会性故事中所期望的行为持续下去并加以普遍化。

由于视觉社会性故事也是一种教导方法,所以在一定的条件下就有一个逐渐消退干预的问题,以便使孤独症儿童能有更大的独立性。从方法上说,一种是将视觉社会性故事改写。例如,在孤独症孩子基本掌握了所期望的行为之后,教导者可以将视觉社会性故事中的指示性句子省略掉。或者,教导者也可以将视觉社会性故事中的句子改为半完成的句子,鼓励孩子完成整个句子。另一种消退方法是改变讲解故事的时间。例如,在刚刚开始教导的时候,教导者可以每天为孩子讲解、示范视觉社会性故事。而在孩子取得明显进步之后,教导者可以逐步延长两次故事讲解、示范之间的间隔时间。如从每天一次讲解社会性故事改为每周一次讲解社会性故事,然后再改为不定期地讲解社会性故事,等等。

在实践中,孤独症研究的专业人员和孤独症孩子的家长对视觉社会性故事的实用性和有效性,都有较好的反映。有关其干预效果的科研报告,也日益增多(黄伟合,家长和专业人员指导手册,2003:139-145)。

三、用电视录像方法发展孤独症儿童的社会智力

有实验表明,孤独症孩子可以通过训练学到理解他人想法的能力。例如在 Lablanc 等人(2003)的实验中,参加的被试是 3 个年龄在 7 岁到 13 岁之间的孤独症孩子。这一实验的目的是通过电视录像的教导方法提高孤独症孩子理解他人想法的能力。试验中,研究者使用了一些专门用于测试个人理解他人想法的能力的常用量表。其中,一个量表名为"藏藏找找"。这个量表要求有两个测试者和一个被试参加。测试开始的时候,有个小木偶在人们的操纵下在桌子上走动,所到之处留下了脚印。但这些脚印随即被擦干净。桌子上又放两个小木箱,一个小木箱上标有"1"的数字,另一个小木箱上标有"2"的数字。然后,其中一个测试者即测试者二离开了房间。在测试者二离开后,小木偶走到标有"1"的小木箱前,把一个小宝藏放在里面。这样,他的脚印就自然地指向标有"1"的小木箱。但小木偶接着又走向标有"2"的小木箱前,把小宝藏从小木箱"1"移到小木箱"2"。随即,他又擦干了由小木箱"1"到小木箱"2"之间的脚印。然后,测试者二回到了房间。测试者一让孩子猜:测试者二会认为是小木箱"1"有小宝藏还是小木箱"2"有小宝藏?

尽管在这个例子中正确的答案应该是小木箱"1"有小宝藏,因为测试者二看到小木偶的脚印指向的是小木箱"1"。但是作为被试的三个孤独症孩子一开始都回答说,测试者二会认为是小木箱"2"有小宝藏。这说明,孤独症孩子只是按照自己的想法考虑问题,而对他人的不同想法不能理解。

于是,研究者就用电视录像的方法,来训练孤独症孩子理解他人的想法。在一个事先准备的电视录像中,由一个大人来示范性地回答问题。为了引起孤独症孩子的恰当注意,这一录像用特写的方法来强调有关的视觉信息,也就是小木偶的脚印。同时,电视录像中的大人又口头解释回答问题的诀窍:"他想第一个小木箱里有宝藏,因为他看到小木偶的脚印指向的是第一个小木箱。"于是,这一教导的实际意义就在于,孤独症孩子在学习从他人的角度看问题,而不是仅仅从自己的角度来看问题。研究者在让孩子看了电视录像的示范之后,马上问他们类似的有关他人想法的问题。如果孩子答对了,会得到一定的奖励;如果孩子答错了,研究者会让孩子再看一遍电视录像的示范。

研究结果显示,在参加了几次电视录像的教导后,所有的孤独症孩子都能够正确地回答有关他人想法的问题。值得指出的是,第一,教导后孤独症孩子要回答的问题与电视录像中示范的问题是不一样的。训练后的测试和问题的来源,包括专门用于测试个人理解他人想法的能力的经典的"莎丽—安妮"量表。这表明,孤独症孩子通过教导而学到的理解他人想法的能力,得到了扩展泛化。第二,在教导结束后一个月的随访中发现,参加教导的三个孤独症孩子中有两个仍然保持着教导后的能力,而另外一个的能力水平有所下降。

以上实验表明,可以通过以电视录像为中介的教导方法提高孤独症孩子理解他人想法的能力。而"头脑中有图画"的方法,是另外一种形象的教导方法。英国孤独症研究者 Evelyn Mcgregpr 等(1998)在一个实验中用"头脑中有图画"的方法,成功地提高了孤独症人士对他人想法的理解能力。八位高功能的孤独症青少年和成人接受了这种教导。在教导开始前,研究者首先准备了两个洋娃娃。一个名叫莎丽,另外一个名叫安妮。在莎丽的头顶上,有一条孔道,可以用来插进图画。研究者又准备了一个黄篮子和一个蓝盒子，以及两张相关的照片。最后，研究者还准备了一颗玩具宝石。

第一阶段的教导目标是让孤独症人士理解客观事物与主观想法之间的反应和代表的关系。首先，研究者对孤独症人士讲莎丽和安妮的故事："这里是两个洋娃娃。一个名叫莎丽，另外一个名叫安妮。莎丽有一颗宝石。她把它藏在一个封闭的黄篮子里。"然后，研究者对孤独症人士说："当我们看到一个东西的时候，我们的脑子里会有一个关于这样东西的想法。这就好比我们的脑子里会有一张图画一样。"说到这里，研究者把一张关于黄篮子的照片插到洋娃娃莎丽的头上，表示在莎丽的想法中，宝石是藏在黄篮子里的。然后研究者问孤独症人士："莎丽想宝石是在黄篮子里还是在蓝盒子里呢？""以后莎丽会到哪里去找宝石呢？"经过少许的帮助甚至不需要帮助，孤独症人士都能够指出：莎丽想宝石是在黄篮子里；莎丽会到黄篮子里去找宝石。

第二阶段的训练目标是要让孤独症人士明白，人们的主观想法有可能与客观事物不相一致。也就是说，人们的认识有可能是错误的。这时，研究者继续对孤独症人士讲莎丽和安妮的故事："当莎丽离开屋子的时候，安妮进来了。安妮把宝石从黄篮子里移到了蓝盒子里，然后离开了屋子。过了一会，莎丽回到了屋子里。"接着，研究者问作为被试的孤独症人士："这时候，莎丽脑子里的图画是什么？""莎丽想她的宝石会在哪里呢？""莎丽会到哪里去找她的宝石呢？"如果孤独症人士答对了这些问题，研究者就给予表扬。当然，孤独症人士有可能回答错误，说莎丽会到蓝盒子里去找宝石。如此，研究者就解释说："莎丽脑子所有的，是一张黄篮子的图画，所以，她会到黄篮子里去找宝石。"但是，随着故事的发展，莎丽看到黄篮子里没有宝石。这时，她就没有了主意。因此，研究者把那张关于黄篮子的照片从洋娃娃莎丽的头顶上拿了下来。接着，研究者又让莎丽到蓝盒子里去找宝石。果然,莎丽在蓝盒子里发现了宝石。于是,研究者又问孤独症人士:"现在应该把哪一张图画放在莎丽的头上呢?"在这个时候,大部分高功能孤独症人士都能够指出,现在应该把蓝盒子的图画放在莎丽头顶上。必要的话,研究者给孤独症人士提供辅助,让他们明白现在莎丽脑子里想的是:宝石是在蓝盒子里面。

在这以后,研究者又与孤独症人士用不同的材料做相似的游戏。这种教导的有用之处,在于帮助孤独症人士理解,人们脑子里的想法,像照相一样反映着外界的事物。而有时候人们的想法也会背离外界的事物,这便成为错误的认识。但错误的认识也是有原因的。不管人们的想法是对是错,他们都会根据这种想法而行动。上述这个实验结果证明,八位孤独症人士在训练前都通不过关于心智能力的测试,而在训练后大多能够通过关于心智能力的各种测试。

教导孤独症人士理解他人的想法,不仅仅是为了提高其智力,还可以进一步地去帮助他影响周围人对自己(孤独症人士)的看法,而最终的目的,是希望周围的人通过因此而改善了的想法指导其行动,对孤独症人士有更多的好感和更友善的行为(黄伟合,2008:174-177)。从这个角度看,帮助孤独症人士理解他人的想法,是提高他们生活质量的重要一步。

四、通过用 PRT 技术教导孤独症儿童游戏技能,在游戏过程中促进其社会智力发展的方法及原则

游戏几乎是所有儿童都很喜欢的一种互动形式。孩子们在玩游戏的时候总是感到乐此不疲。很多能力也都在玩中逐步建立。随着年龄的发展,游戏的层次也慢慢地提升。由"无所事事"地玩到旁观行为、单独游戏,从平行游戏到联合游戏,最后发展成合作游戏。游戏的发展水平见证了知识水平的发展,同时也体现了孩子社会智力水平的发展。

以儿童喜欢的游戏为基础的教学,往往可以收到事半功倍的效果。这与关键性技能训练法(PRT)中遵循孩子的兴趣这一基本原则相吻合。游戏可以调动孩子的兴趣,引发孩子的动力,在游戏过程中给孩子提供更多主动表达的机会。同时,教导者借助游戏还能发展孩子的社会参照,情感解读等方面的能力。

在教导孤独症孩子辨识表情时,教导者就可以设计很多的游戏。在轻松愉悦的游戏中让他们辨别常见的表情。

案例 6-2-3

游戏活动开始可以做表情的配对,可以通过找朋友的形式来进行。几个小朋友或家人(总人数为双数)参与游戏。他们手中都拿有一种人物表情的照片或图片,在音乐《找朋友》的背景下开始自由走动,寻找另一个拿着和自己手中一样人物表情照片的伙伴。当音乐停止时,找到和自己拿一样表情照片的朋友。这时,教导者引导孩子们一一介绍自己,认识与自己"表情相同"的朋友。当游戏再次开始时,大家可以交换人物表情的照片。直到小朋友能将所有的"表情朋友"找到。

在这个游戏中,孩子们在有意注意、配对能力的基础上,轻松愉悦地认识了常见的表情,也注意和认识了伙伴。

"表情转盘"也是一个很不错的认识表情的游戏。很多孤独症的孩子都喜欢旋转的东西,这个游戏就抓住了这个特点。

案例 6-2-4

在一个圆形的硬壳纸上挖一个人脸大小的洞。教导者手持圆形硬壳纸的两边将纸置于人脸的正前方，顺时针转动，当所挖的人脸洞转至与人脸方向一致时，就表演一种表情。同时告诉孤独症孩子这种表情的名称。在游戏的过程中，教导者尽量使用夸张的表情和语气语调。第二步可以让孤独症孩子说出一个表情名称，教导者就转出并表演出该表情。对于没有言语的孩子，可以用出示表情照片的方法来代替语言。第三步，可以在一面大镜子前进行。此时，教导者来说表情，孩子转出并表演该表情。比较小的孤独症患者很喜欢这类游戏。在玩的过程中他们很轻松地就学会了辨别基础的表情。

不管是哪一种游戏的方式，首先要考虑到的就是孩子的兴趣所在。利用孩子的兴趣拓展游戏的玩法，才能真正使得孩子快乐学习，愉悦收获。一旦孩子能辨认表情后，在生活中就要抓住每一个可以教导的机会。比如，带孩子在公园玩的时候，看到有人开心地笑了，就可以让孩子辨认。马路边有个小朋友摔跤了，哭了。等等。这些都是很好的教导机会，也是最自然的家长教导和孩子运用的机会。

在此，值得一提的是，根据 PRT 原理发展出来的手偶游戏的教导方法。表情是与处境和愿望相关联的。对于表情的真正理解其实就是对处境、愿望的真正理解。在理解与处境相关的表情时，教导者也可以设计一些游戏帮助孤独症孩子发展这方面的能力。手偶是很常见的一种玩具。手偶的形象一般是孩子们非常熟悉的动画形象或动物形象等。它们的造型都很可爱，颜色非常鲜艳，在大人的操弄下也显得非常地活泼。这些特征也赢得了一些孤独症儿童的喜爱。教导者可利用手偶游戏跟孤独症儿童来个亲密接触,使他们在手偶游戏中理解与处境相关的表情。

这里,是一个根据 PRT 原理发展的手偶游戏的例子,意在让孩子理解一个伤心的表情处境。

 案例 6-2-5

教导者需要准备一个很可爱、很好玩,最重要的是孩子喜欢的手偶,还需要准备高兴、伤心、生气、害怕四种表情的小卡片。在游戏开始之前,教导者简单地讲解游戏的玩法:"今天,老师要和大家玩手偶的游戏,游戏的名字叫做'猜表情'。小手偶待会会给大家表演,大家根据小手偶的表演猜猜它当时的表情。大家将符合手偶当时表情的卡片举起来并说明原因。"说完,教导者带上手偶开始表演以下情景:小手偶开开心心地去找妈妈,它左看看,右看看,然后大声地叫妈妈。结果它没有找到妈妈。于是就坐在地上哇哇地大哭起来。这时教导者提问了:"手偶现在应该是哪种表情啊?为什么呢?"如果小朋友答对了,教导者就给予奖励。如果小朋友答错了,教导者就告诉其正确的答案,并总结与表情相关的情景。

同时也可以列举多种情景来说明同一种表情。这样的话,印象就会更深刻,理解得更透彻。

在理解他人想法的时候,教导者也可以采用角色扮演的游戏方式进行。如《警察与小偷》的游戏,可以通过角色的扮演与互换,以及切身的体验,使孤独症儿童了解不同角色的不同想法。

最后要强调的是,教导者可以用关键性技术的基本教育方法来发展孤独症儿童的社会智力。例如,假想的理解是解读他人想法的重要能力之一,也是对于孤独症儿童来讲比较困难的一个部分。普通发展的婴儿早在 10 至 18 个月大时就开始有假想游戏的行为。刚懂得对答的幼儿知道真实与假扮之分。而孤独症儿童只会根据自己的感官机能性来玩玩具，如只会拍打、挥舞、吸吮玩具，或把它们摆成一排，或按大小、材质、颜色的属性进行刻板的、重复性的分类等。有的孤独症孩子可能会按照玩具本身的一般方法玩，但并没有假想的成分，在一些活动过程中更是无法分辨真实和假装。对假想理解得不足，也会阻碍孤独症孩子理解他人想法的能力。以下是几个实际运用 PRT 技术和游戏形式来发展孤独症孩子假想能力的例子。

首先，教导者在和孤独症孩子一起玩游戏的时候，给孩子提出指令、问题或机会之前，最重要的一点是要获得孩子的注意力。因为，当孩子注意力不集中时，他很难学到东西或学习到的东西很有限。孤独症儿童通常很难专注于复杂任务。复杂的游戏技巧需要许多协调的注意力，而孤独症的儿童是很难做到的。如，上课过程中，孩子必须听指令，不能只专注于自己的行为。一旦孩子注意父母或玩具，教导者可以给出一条适合于这个活动的指令。这条指令必须是简单、清楚、明白，适合于孩子理解能力的。

 案例 6-2-6

　　玲玲和她的孤独症弟弟小刚，正在公园里和他们的父母一起玩。小刚在玩地上的沙，他反复地用手捧沙，再把沙泼掉，始终没有用玩沙的玩具。玲玲阻止弟弟的玩耍，当小刚抬头看到她时，她对小刚说："用锹。"并演示如何用锹去挖沙。小刚学着姐姐的样子用锹挖沙，再把挖起的沙从手指间漏掉。

在以上例子中，玲玲给出了一条清晰的指令，需要提到的很重要的一点是,在发指令之前,玲玲通过打断小刚的活动,确信小刚注意到了她。而且,她示范了动作,这更明确了她的指令。这样,小刚便很自然地完成了玲玲所发的指令,并学习如何正确使用工具来玩沙。

其次,在游戏的过程中,另一个关键性技能是新旧技能的穿插。在玩熟悉的游戏时,可以增加游戏的成功性,增强及维持孤独症儿童的信心及动力。以下是运用这一技能的例子。

 案例 6-2-7

　　明明正在学习功能性游戏,所用的道具是野餐篮子和食物玩具。他摆了一张桌子,假装自己吃并分享食物。明明的妈妈认为这是教导假想性游戏的好机会。因为她知道明明喜欢在公园里野餐,于是她拾起篮子,握着明明的手说:"我们来野餐。"他们带着篮子走向草地并坐下。妈妈打开篮子问明明:"你能摆出碟子吗?"明明做了,接着拿出了食物。这时,妈妈拿出了一个杯子请明明喝水,并鼓励明明用旁边的粗棍棒当做水罐把"果汁"倒进杯子里。明明做完后假装喝果汁。明明玩得很开心。他们继续使用不同的替代物及其他的未玩的玩具,甚至把野餐游戏扩展到洗碗等。

在这个例子中,明明妈妈通过象征性游戏来巩固维持功能性游戏。而且,妈妈教会了明明更复杂的游戏。通过这种方式,妈妈教会明明一些重要的假想游戏技巧,并能增加成功的机会,同时也维持了其学习的动力。在以上教导象征性游戏的案例中,同样也运用到了关键性技术——遵循孩子的选择、提供明确的机会、自然强化等。

引导孤独症儿童注意事物的多重属性也是 PRT 中强调的重要技能之一。如何在游戏中教导这一技能?

案例 6-2-8

晟晟,急急忙忙地来找妈妈和他一起玩汽车的游戏。因为,前一天他的黄色汽车坏了,妈妈给他买了一辆新的红色的汽车。这时,妈妈对晟晟说:"晟晟,把你的新的红色的汽车拿来,我们一起玩。"在这个例子中,妈妈的指令里出现了"新的"和"红色的"这两种属性。晟晟在执行时只有注意到了汽车的这两重属性才可以拿到正确的,才可以开始和妈妈一起玩汽车游戏。

正确合理的强化对教导孤独症儿童假想游戏来讲,也是非常重要的。

案例 6-2-9

珊珊和爸爸一起玩看病的假想性游戏。他们准备了一套医生、护士常用的道具玩具。珊珊假装护士给爸爸打了一针,并用一张纸巾当做创可贴给爸爸贴上。爸爸高兴地表扬了珊珊,同时强化了她,给她一个玩具娃娃继续玩这个游戏。

这里,珊珊的爸爸在强化珊珊自发性假想游戏行为方面做得很好。

任何能够达到目的的指令、问题及机会都需要得到强化。意思是说,教导者要在一定程度上鼓励孤独症儿童去尝试,但不能冒险只强化他们正确的反应。近年来研究表明,如果一个孤独症儿童在朝目标努力的过程中得到了鼓励及强化,那么,孩子反应的动力可以得到显著提高。

在关键性技术中主张,也是用得最多的强化形式就是自然强化。下面就是一个很好的运用自然强化的例子。教导者希望扩展强强的假想游戏。强强选择了一个玩具飞机玩。他喜欢将一个小人儿放进飞机,然后让他们到处飞。当飞机"着陆"后,教导者说:"下次飞行,让我们带他们(小人)去吃午饭吧。"当飞机再次"降落"后,强强把小人儿拿出来,并说:"吃比萨。"教导者说:"很棒!让我们把这个积木当做比萨吧。"强强听到后便拿起积木"喂"小人儿"吃比萨"。教导者表扬强强说:"真棒!现在,小人儿吃饱了,可以起飞了。"强强高兴地飞起了飞机(Koegel et al. ; 1995)。

在设计游戏的时候,教导者要注意以下几个方面。一是,根据 PRT 的原理遵循孩子的兴趣。兴趣是最好的老师,只有兴趣,才能激发他们主动学习的动力,游戏才可能有往下发展的机会。二是,目标明确。只有明确了目标行为,才能有计划地设置机会,在游戏中创建更多的教导机会,使游戏玩得更有意义。三是,有序地晋级,使孩子轻松、顺利地达到终极目标。四是,所有的目标行为尽量与生活接轨,在生活中进行,这也就是 PRT 强调的教导在自然环境中进行的原则。否则为游戏而游戏,也只能是在小范围内解决部分问题,无法解决实际生活中真真切切存在的问题。

第 3 节　个案分析

普通儿童的想法解读能力都是与生俱来的,孤独症儿童却天生缺乏这种能力,如果集中教导,也许能另辟蹊径,重新培育他们这种了解他人想法的能力,从而可望改善他们的社交和沟通技巧。在前两节中,介绍了什么是社会智力、孤独症人士社会智力的发展特征及缺乏社会智力的行为表现,同时也阐述了教导孤独症个体发展社会智力的几种方法。接下来,笔者将用自己实际工作中所完成的具体个案来实践第二节中的方法论,将理论与实践紧密结合,希望能对孤独症儿童家长及专业人员有所帮助。

 案例 6-3-1

　　晴晴,6岁的孤独症小女孩,就读于一所普通幼儿园。她具有基础的认知能力,能进行简单的语言表达,对简单的游戏有一定的兴趣;有一定的沟通动机,但沟通技巧不足;对人及活动有一定的兴趣,但在活动过程中对物的关注往往大于对人的关注。活动过程中对人的情绪变化理解很弱,更无法通过对他人情绪的理解而调控自己的行为。比如,在一次美术课上,同桌的小朋友不小心打翻了水彩颜料,将颜料泼到了自己的身上。看到自己的衣服弄得这么脏,同时又害怕老师批评,就大哭起来。旁边的小朋友有的告诉老师所发生的事情,有的则安慰这个小朋友说:"没关系的,回家让妈妈帮忙把衣服洗干净就好了。"这时,晴晴却大笑了起来。问到晴晴笑的原因时,她开心地说:"衣服怎么成这样了?"类似这种情景发生过不止一次。渐渐地大家都不愿意跟晴晴玩了。晴晴对此浑然不知,家长对此感到极度的困惑,孩子好不容易进行融合教育了,不想让孩子因此受到大家的孤立,更不能因此让孩子中断与普通孩子一起学习的机会。

　　显然,晴晴的上述问题出在了其社会智力这一关键性技能的缺乏上。如上介绍,晴晴有一定的认知能力,能满足课堂学习的要求,但在情感解读上面却很糟糕,她无法理解基本的人类情绪,更无法理解与处境相关联的情绪,所以导致上述所发生的种种问题。

　　在家长的要求下,教导者开始对晴晴进行干预。通过对晴晴的现场

255

观察(普通幼儿园),和对家长的访谈,教导者给晴晴制订了第一期计划。第一期计划主要针对情感解读,包括对情绪的理解、认知与想法的理解。

目标行为一:辨认面部表情。表情是情绪的外在线索,所以在以评估为前提的情况下,首先教导的就是对表情的辨别。教导者准备了四种基本表情的卡片——高兴、悲哀、生气和恐惧。卡片分为真实照片和卡通图片两种形式。一开始从真实的照片入手,教导晴晴进行表情的配对。晴晴喜欢看书,喜欢玩迷宫游戏,为此,教导者就制作了一本表情手册。将两组高兴、悲哀、生气和恐惧的晴晴的照片贴在手册中,做成迷宫的形式。教导者给晴晴展示了这本表情手册,可能是因为晴晴看到了自己的照片,而且还可以玩自己喜欢的拼图,特别地高兴。这里,教导者将晴晴的兴趣和教导的主题进行了结合。这时,教导者开始教导晴晴了:"你看,这里有一本表情书,我们一起来看。"教导者直接用肯定的方式开头,避免用问句,以免孩子进行否定的回答。教导者说:"我们把书翻开第一页看看。""有迷宫!有迷宫!"晴晴自顾自地开心地说道。"那你想不想玩迷宫游戏啊?"这时,当教导者确定晴晴能进行肯定的回答时,才开始使用选择句。晴晴肯定地说:"想。"教导者说道:"那晴晴先看老师怎么玩。"教导者进行了简单的示范:用粗的彩色笔由高兴的照片开始沿线画,画到另一张高兴的照片。边示范边说:"这里有一张高兴的表情的照片,现在我要沿着下面的线画,找到和它一模一样的高兴的照片。"之后,教导者指着一张生气的照片问晴晴:"晴晴,这是什么表情呀?"如果晴晴回答正确,教导者给予及时的肯定;如果晴晴不会回答或回答错误,教导者及时给予辅助。晴晴正确回答后,教导者就请晴晴以玩迷宫的形式找到和它一模一样的表情。其他几种表情的教导方法一样。在教导晴晴辨识完照片版本的基本表情后,用同样的方法教导其辨识卡通人物的基本表情。

目标行为二:教导晴晴与处境有关的感受。经过辨识情绪的外在表现后,现在的重点是教导晴晴理解人的感受可以因外在环境而引发,例如,在某种处境中因意外的到来而感到恐惧。在这个教导过程中,主要是让晴晴明白处境中所蕴涵的情绪,推断情境中人物的感受。

对这个目标行为的教导,教导者运用的是电视视频的方法。教导者通过和家长的访谈得知,看动画片也是晴晴比较喜欢的,并确定了晴晴喜欢的几个动画片的名称。从动画片中,教导者截取了一些关于处境与情绪、感受相关的视频。比如,关于高兴的视频:知道巧虎喜欢吃甜甜圈,放学后给巧虎买了一个甜甜圈,巧虎高兴地吃了起来。关于伤心的视频:大头儿子拿着新买的玩具汽车,不小心摔了一跤,把心爱的玩具汽车给摔坏了。关于害怕的视频:小美和妈妈一起去超市买东西,超市里的人非常地多,小美和妈妈走散了,小美害怕地大哭了起来。关于生气的视频:小美在客厅里玩积木,她用积木搭了一座很高的房子。这时,弟弟跑过来将她搭的房子弄倒了,小美很生气。一共有四种处境的视频,从一种感受开始教导。如,教导令人开心的处境,找一个相对较安静的教室或在家庭中进行都是可以的。教导者在获得晴晴的注意力后对晴晴说:"现在,我们一起来看动画片。"晴晴说:"好。"第一次看视频的时候,最好不要进行讲解和定格在某一个画面,这样可以避免孩子产生情绪问题,同时也可以对该视频产生完整的印象。在看第二遍的时候,教导者就可以开始进行引导了:"看,爸爸知道巧虎喜欢吃甜甜圈,放学后爸爸给巧虎买了一个甜甜圈。""巧虎吃到了自己最喜欢的甜甜圈,会感到怎样呢?"同时,教导者用手指指向巧虎的面孔。晴晴不知道该怎么回答。教导者又开始引导了:"巧虎是感到高兴、伤心、生气还是害怕呢?"晴晴说:"高兴。"这时教导者边重复晴晴的回答,边指着视频里小虎的脸说:"对!巧虎笑了,他很高兴。""那他为什么高兴呢?"教导者又接着问道。晴晴答不上来,教导者引导她说:"看,巧虎高兴是因为他得到了自己最爱吃的甜甜圈。"教导者接下来给她一个一般性的总结："一个人在得到自己想要的东西时,都会感到很高兴。"教导者又立即举一个晴晴自己的例子："晴晴喜欢吃棒棒糖,妈妈给你买了一个棒棒糖送给你,你会有什么感受呢?"晴晴说:"高兴。"教导者说:"对了! 很棒! 那晴晴为什么会感到很高兴呢?"晴晴回答道:"晴晴高兴,是因为妈妈给晴晴买了最喜欢吃的棒棒糖。""对! 很棒!"教导者给予晴晴肯定。

在以上的教导过程中,晴晴都是很高兴的。因为教导者在设计的过程中遵循了孩子的兴趣——晴晴喜欢的动画片,而且动画片也能非常直观形象地将处境展示出来,并且也能够随时再现情景,这样很方便教学。通过以上教导让晴晴理解基本的情绪和与情绪相关的处境后,在日常生活中,家长也运用了 PRT 的技巧教导晴晴运用这一技能。目前,晴晴能理解常见的情绪,也能明白与情绪相关的处境了,并能对此进行一些简单的处理。比如,有一次,在公园里,有一个小朋友的泡泡水泼了,小朋友伤心地哭了。家长看到这一情景后立即引导晴晴注意。晴晴看到后,走过去轻轻地告诉小朋友说:"小朋友,别哭了,泼了没关系,让妈妈再买一瓶。"家长见晴晴有如此举动,非常开心。

这个案例应用的是电视示范的教导方法。在示范中,示范者本身的特性也会影响到观察者的行为。换句话说,如果示范者所喜爱和爱戴的人,或者示范者,在年龄和兴趣等方面与观察者有相似之处,则对观察者的行为会有更大的影响。而这往往也是孩子们模仿他们的父母或者好朋友行为的道理。此外,使用电视示范的形式和方法教导孤独症儿童的情感解读,还有其自身的优点。例如,电视示范的方法与其他教导方法相比,对孤独症孩子自主性的制约程度比较小,因为电视示范方法基本上是一种主动干预的方法。也就是说,它主要是利用儿童行为发生前的条件,而不是运用对行为结果加以调控的方法。用电视示范的方法比较容易调动孤独症儿童学习的主动性。

案例 6-3-2

　　个案的名字叫天天，一位孤独症小朋友。在生活中，家长发现天天和小朋友交往时，不明白同伴的愿望和感受。一次，同班小朋友到天天家里玩，那个小朋友告诉天天说想玩火车，天天却给他看自己最喜欢的动画片。小朋友觉得很无聊，要回家了。天天却一直跟他说："动画片很好看啊，我们一起来看吧。"可见，天天不明白愿望与感受之间的关系。天天很喜欢看电视。教导者就利用天天的这一兴趣，运用电视示范的方法教导天天辨认与愿望有关的感受。与愿望有关的感受主要是由内在因素而引发的感受，会因为个人内在的愿望是否得到满足而引发，所以先教导天天开心与不开心的感受。在干预之前，教导者选了两个故事作为基线评估，故事是以图片的形式展现的。故事一：图一所展示的是，丁丁想要吃一个冰淇淋，图二中所展示的是，丁丁手上拿着一个冰淇淋。教导者开始测试了："天天，这幅图（图一）告诉了我们丁丁的愿望，他希望得到一个冰淇淋。在图二中丁丁真的得到了一个冰淇淋。"教导者开始问天天："丁丁希望得到什么？""丁丁得到冰淇淋后是什么感受？"故事二：图一中所展示的是，星星希望能去海边游泳，图二中所展示的是，星星正在公园玩滑滑梯。教导者开始测试了："天天，这幅图（图一）告诉了我们星星的愿望，她的愿望是能到海边游泳。在图二中星星却是在公园滑滑梯。"指导者开始提问了："星星的愿望是什么？""星星在公园里玩滑滑梯时是什么感受？"从测评中得知天天不理解与愿望相关的感受，所以他无法回答教导者所提出的问题。

　　为了解决这个问题，教导者运用了电视录像示范的方法，教导天天理解与愿望有关的感受。教导者选择了两个情景进行拍摄。情景一：老师希望得到一个苹果，老师得到了一个苹果，老师很开心。情景二：老师希望得到一本汽车的书，另一位老师给了他一本动物的书，老师虽得到了书，但由于不是老师想要的书，他仍然不开心。

　　教导者开始针对情景一对天天进行教导："天天，来看电视吧。"第一次看视频时，教导者不进行任何提问。第二次看视频开始时，指导者对天天进行引导："天天，电视里的老师希望得到什么呢？""苹果。"天天回答说。"老师得到苹果了吗？"天天回答道："得到了。""老师得到苹果后是什么感受呢？"老师边提问边引导天天观察视频中老师的表情。"你看，老师笑了。""老师高兴。"天天回答说。"对，天天很棒。当一个人想要的东西得到后就会感到高兴。"教导者肯定了天天的回答，并强调了一个普遍性的结论。

　　当天天理解了与愿望有关的开心的情绪后，教导者再教导他理解与愿望相关的不开心的感受。教导者用视频二进行教导。在教导的开始，还是让天天完整地看完这段视频。第二遍才开始对天天进行引导。"天天，你看，电视中老师的愿望是什么呢？""他想要一本汽车的书。"天天答道。"对了。"教导者肯定他，接着问："那他得到了什么呢？"天天说："老师得到了一本动物书。""老师得到动物书的时候是什么感受呢？"教导者问。天天说："高兴。"教导者对天天说："不对，让我们一起来看一看老师得到动物书时的表情。"教导者边指着视频中老师的表情边引导天天说："天天，老师的愿望是要得到一本汽车书，老师得到的是一本动物书。他虽然得到了书，但是他的愿望并没有实现。所以，他不高兴。""当一个人想得到的东西没有得到时，他就会感到不高兴。"教导者跟天天强调了一个普遍性的结论。

通过电视录像的方式和教导者的引导,天天明白了与愿望有关的感受。教导者也会经常跟天天强调两个普遍性的结论。在制作电视视频时有些共性的问题要注意:第一,所拍摄的地点和教导的地点应该是安静的;第二,所拍摄的主角应该是孩子熟悉的。第三,所拍摄的内容应该是教导孩子的具体的目标行为;第四,对具体的目标行为表现做特写处理。这样,才能真正达到示范教育的作用。

社会智力能力体现在生活的各个方面,如家庭、社区、学校。接下来以孩子生活中的几种情景进行教导。

案例 6-3-3

哲哲,孤独症儿童。下面是教导者运用 PRT 的方法在不同的情景中教导哲哲理解简单的情绪。

情景一:在公园里。周末,爸爸妈妈带哲哲去公园玩,玩滑滑梯的时候,有个小朋友摔跤了,大声地哭了起来。这时,妈妈立即对哲哲说:"哲哲,你看,小朋友摔跤了,她现在是什么感受呢?""她很伤心。""对了,她很伤心。""我们应该怎么做呢?"妈妈知道哲哲不会处理,立即告诉他说:"我们应该扶起她,告诉她说没关系,要勇敢。"于是,妈妈辅助哲哲,扶起了摔跤的小朋友。并及时地给予哲哲表扬,说:"哲哲好棒,知道小朋友摔跤,伤心了,能扶起小朋友了。"

在以上的情景中,妈妈做得很好。在教导之前,首先引起了哲哲的注意,在教导的过程中及时使用了恰当的辅助。之后,给予了及时的强化,同时也明确说明了强化的行为。

情景二:在教室里。下课的时候,有几个小朋友在一起,手拉起手玩游戏。哲哲独自一人坐在旁边。这时,教导者走过去,对哲哲说:"哲哲,你看,小朋友们在一起干什么呀?"哲哲说:"他们在玩游戏。"老师问道:"他们在一起玩游戏的时候是什么感受呢?""高兴。"哲哲说。教导者肯定他说:"对的。小朋友们做自己喜欢的事情时,都会感到很高兴。"教导者肯定了他的答案,并强调了这一普遍性结论。教导者又开始引导他:"你看,小朋友们在玩游戏的时候,都很开心。哲哲和他们一起玩也会很开心的。"于是,教导者鼓励他和小朋友们一起玩。哲哲在教导者的辅助下加入了小朋友们的游戏。

在上述的这个情景中,教导者适时地对哲哲进行了教导。哲哲不仅在情景中明白了基本的高兴的情绪,还明白了高兴背后的原因。更重要的是,激发了哲哲参与活动的动力。

情景三:在家里。哲哲想要一个新书包。爸爸下班回来时,给哲哲带了一个新书包。哲哲很高兴。送书包的时候,爸爸问哲哲说:"你现在是什么感受啊?"哲哲说:"很开心。"爸爸说:"对了。如果一个人得到了自己想要的东西就会感到很开心。"爸爸强调了这一普遍性的结论。

在实际生活中,有很多这样的例子。所以,抓住生活中的每一个机会进行教导是非常有必要的。并且,从生活中开始教导可以直接地运用到生活中去。

在经过了半年的教导后,哲哲可以理解生活中的基本情绪,并且也能理解产生情绪背后的普遍性原因,解决了很多日常生活中的问题。

案例 6-3-4

明明,5岁多,孤独症小男孩。他有基础的认知能力和简单的语言表达能力,但在生活中他总是无法明白别人的想法,更不能明白别人会有和自己不一样的想法。在对明明进行关于心智能力的经典的测验——安妮和莎丽时,明明无法通过。针对明明的问题,要教导的是情感解读中的另外一个部分——认知与想法。在这个部分中,主要教导明明几个方面的能力。第一,不同的人看到的可能是不同的;第二,所看构成所知;第三,对的想法与行为的关系。

目标行为一:不同的人看到的可能是不同的。在这个训练的过程中,教导者准备了一些卡片。卡片的正反面分别都印有不同的物品的图案。在开始教导之前,教导者还是要对明明先做基线的评估。教导者选了一张卡片,卡片上面是苹果/电话。教导者将卡片置于教导者和明明的中间。教导者指着面向明明的那一面问明明:"你看到了什么?"明明回答了自己那个方向的物品名称。然后教导者又问明明:"老师看到了什么?"明明又回答了朝向自己那一面的物品名称。显然,明明并不明白"不同的人看到的东西可能是不一样的"这个道理。教导者开始对明明进行教导。这时,教导者选了另外一张卡片——西瓜/火车,西瓜的那一面朝向明明,火车的这一朝面向教导者。教导者开始问明明:"你看到了什么?"明明回答说:"西瓜。"教导者又问明明说:"老师看到了什么?"明明回答说:"西瓜。"显然,明明回答错了。这时教导者开始引导明明说:"你看,你那边看到的是西瓜对吗?"明明说:"对。""但你看看老师这边,老师看到的是什么呢?"教导者一边把卡片翻过来一边说。"是火车!"明明回答道。"对! 很棒!"教导者肯定地说。这时,教导者又将卡片翻过去对明明说："我看不到西瓜了,只有你才能看到西瓜。""很多时候,我们和其他人看到的并不是同一件东西,我们所处的位置决定所能看见的东西。"教导者对明明强调了这一普遍性的结论。如此,反复教导。

目标行为二:当明明理解"不同的人看到的东西可能会是不同的"这个道理后,接下来要教导的是第二个方面的内容:所看构成所知。同样,在教导之前,教导者还是会给明明做一个简单的测试。教导者对明明说:"我们来玩一个游戏。这里有两颗糖,一颗是大的,另一颗是小的。我会把其中的一颗糖藏在盒子里,你却看不到我藏起来的是哪一颗。现在请你闭上眼睛。"教导者迅速将大的那颗糖装在盒子里,再请明明睁开眼睛。这时,教导者拿起盒子问明明说:"你知道是哪一颗糖被藏在盒子里了吗?"明明不假思索地说:"大的。"这说明,明明并不明白所看构成所知的这个概念。教导者就开始从这个基线进行教导。教导者告诉明明说:"不对。因为,明明没有看见老师把哪颗糖藏起来,所以,明明并不知道是哪颗糖被藏在了盒子里。"这时,教导者让明明将一颗小的糖藏进盒子里,并问明明:"你现在知道盒子里藏的是哪颗糖吗?"明明回答说:"是小的糖。""对了!"教导者肯定明明说,"因为明明看到了,所以明明知道。"教导者又给明明强调了一个普遍性的结论:"当一个人看到了,他才知道。如果他没有看到,他就不知道。"经过多次的练习后,明明明白了这个道理。

目标行为三:对的想法与行为的关系。在前一节中介绍了一个关于心智能力的经典测验——安妮和莎丽的故事。这个测验的目标行为就是对的想法与行为的关系。指导者用这一经典的测验给明明做了测试。明明无法通过。下一步教导者教导明明的就是这方面的能力。

教导者准备了一个小的玩具屋。这间玩具屋里共有两个房间。一个房间是客厅,客厅里摆放着桌子和椅子。另一个房间是卧室,卧室里摆放着床。教导者还准备了几个小的物件。每个物件都是两个。另外还准备了两个玩偶:一个是大头儿子,一个是小头爸爸。

游戏开始了,教导者对明明说:"我们来玩一个游戏。这是一座玩具屋,这是大头儿子。看,床上有一颗扣子,桌上也有一颗扣子。"教导者边说边指向两个不同的地点。教导者接着又说:"大头儿子只看见了床上的一颗扣子,却没有看见桌子上的扣子,现在大头儿子要出去玩了。"这时,大头儿子就离开了。教导者就开始问明明了:"大头儿子知道扣子放在哪里了吗?"明明不知道回答。教导者辅助他说:"在床上。因为他看见了,所以他知道。"重复进行游戏,直到明明明白为止。

然后开始训练第二个阶段,第二个阶段的训练在第一个阶段的基础上加了"意想不到的位置的转移"。教导者引导明明说:"我们来玩一个游戏。这是一座玩具屋,这是大头儿子,这是小头爸爸。看,大头儿子有一颗扣子,他将扣子放在了床上。把扣子放好了以后,大头儿子就离开了。这时,小头爸爸走过来将扣子从床上移到了床头柜里。过了一会儿,大头儿子回来了。"教导者问明明:"当大头儿子回来时,他会到哪里去找他的扣子呢?"明明回答说:"在床头柜里。"教导者说:"不对,因为大头儿子离开了,他不知道小头爸爸将扣子放到了床头柜里。他会到床上去找他的扣子,因为扣子是他自己放到床上的。"教导者对明明强调了一个普遍性的结论:"如果你不知道有些事情改变了,你原来的想法是不会变的,你会认为事物和原来的一样。"教导者每天连续对明明进行这项能力的教导。在教导一个月后,明明通过了安妮—莎丽的测试。之后随访中得知,爸爸在家遇到类似的情景,再询问类似的问题时,明明基本回答正确。

案例 6-3-5

　　轩轩,7岁,孤独症小男孩,在一所普通小学就读。妈妈向教导者诉说了她最近的烦恼。妈妈说:"老师反映,轩轩最近在下课时间,总是一个人在那里尖叫。有一部分的同学喜欢下课做作业或看书。这样,同学们都很烦。有的同学去制止他,他不但不改,还说:'我喜欢叫。'如果同学再说,他就打人。同学们都不愿意跟他来往了。老师跟他说,他也不听。"

　　首先,教导者对轩轩的行为进行观察,通过对观察数据的分析,教导者发现是两个方面的原因导致轩轩发生这样的问题。一方面,轩轩缺乏玩的技能。下课后不知道怎么玩,也不会邀请别人一起玩。所以他就开始自己玩声音。要解决这个方面的问题,教导者要扩展轩轩玩的兴趣,教他玩一些同龄孩子玩的小玩具。还要教导轩轩沟通的技巧,如发起邀请、表达自己的要求等。具体方法和过程可以参考本书的有关章节,这里就不展开描述了。

　　另一方面,轩轩不知道自己的行为对同学造成了干扰,不理解所产生的行为对同学造成的影响,也不理解同学的感受。这一方面,教导者决定运用视觉社会性故事来教导轩轩这方面的能力。教导者以第三人称编了一个小故事:"下课了,有的小朋友在玩游戏。有的小朋友在写作业。有的小朋友在看书。天天一个人在那里大叫。有的小朋友看着天天,有的小朋友捂着耳朵,有的小朋友露出很烦的表情,同学们都感到很不开心。有个同学过来告诉天天大家的感受。天天看了看大家的表情,大家都很烦,很不开心。看到大家都很痛苦的样子,天天明白了,因为自己的尖叫,大家都不开心。天天马上不叫了,找了一本自己喜欢的书,安静地看了起来。老师表扬了天天，大家也和天天做好朋友了。天天可高兴了。"故事以第三人称叙写，并配以简单的绘图，使得轩轩更加容易理解。故事中要解决的目标行为也非常突出，并且以正面的语言书写，给轩轩以正面的引导。

一开始，教导者每天都会给轩轩讲一遍这个故事，讲故事的时候尽量在较宽松的环境中进行。后来，在家里，家长和孩子可以坐在沙发上讲故事。讲故事时间到，家长提醒轩轩坐下来："轩轩，快来坐好。我们要开始讲故事了。"天天坐下后，家长开始讲："这个小朋友叫天天，他喜欢在课间的时候尖叫。我们来看看，天天尖叫的时候，小朋友们都是什么反应？""看看小朋友们的表情。"家长边问边指着小朋友们的表情。"他们都不开心，很烦了。"轩轩答道。"我们再来看看，当同学告诉天天大家的感受后，天天是怎么做的？"家长又问轩轩。"他不叫了，拿了一本书看。"轩轩说。家长又问："天天没有尖叫后得到了什么呢？""老师表扬了天天，天天高兴地笑了。"家长表扬轩轩说："轩轩说得真棒！"家长开始给轩轩进行总结："一个人在公共场所做出某种行为之前，要先想想别人的感受。当一个人做了干扰到大家的事情的时候，大家就会很烦，就不会喜欢这个人。"家长强调说："轩轩在课间也要学习天天的转变，不要大声叫。"

每天上学的时候，家长就提醒轩轩说："轩轩要记得，下课休息的时候要找一本自己喜欢的书，安静地看哦。"到学校后，也可以同时使用上一章中所介绍的自我管理的方法来管理轩轩的课间行为。

慢慢地轩轩的行为转变了，他理解了自己尖叫的行为给同学造成了影响，让别人产生了不好的情绪，令大家都觉得不开心。后来，因为轩轩的转变，得到了表扬，又可以有小朋友一起玩了。轩轩开心极了。

以上仅用一个科学实证和几个案例简单说明了以游戏的方式、电视示范的方式和视觉社会性故事的方式发展孤独症孩子的社会智力。希望孤独症孩子能够通过学习解读人类情感，理解他人的情绪，简单理解他人的想法，进而使他们离社会生活要求越来越近。

参 考 文 献

1. 黄伟合．用当代科学征服孤独症——来自临床与实验的干预教育方法［M］．上海：华东师范大学出版社，2008．

2. 何福全，等．如何教导孤独症儿童解读别人的想法［M］．香港：香港教育学院特殊学习需要与融合教育中心与教育心理、辅导及学习支援系，2003．

3. 黄伟合．儿童孤独症及其他发展性障碍的行为干预——家长和专业人员指导手册［M］．上海：华东师范大学出版社，2003．

4. Baron-Cohen S，Leslie AM，Frith U．Does the Autistic Child Have a "Theory Of mind"？［J］．Cognition，1985(21)：37-46．

5. Hadwin J，Baron-Cohen S，Howlin P，Hill K．Can We Teach Children with Autism to Understand Emotions，Belief，or Pretence？［J］．Developmental and Psychopathology，1996(8)：345-365．

6. Robert L Koegel，Schreibman L，Good A，Gerniglia L，Murphy C，Koegel Lynn Kern．Teaching Symbolic Play to Children with Autism Using Pivotal Response Training：A Training Manual［M］．Santa Barbara：University of California，1995．

第7章　培养良好行为能力

要使得关键性技能教法成为完全系统的孤独症干预体系,还必须讨论对孤独症人士行为问题的处理方法。所有行为,从行为者的角度来说,都是有一定道理和原因的。家长和教师在与孤独症人士相处的过程中,对他们行为背后的道理和原因要有所认识。这样,干预才有可能是对症下药。而功能评估法,是理解孤独症人士问题行为的一种有效方法。在功能评估的基础上,教导者可以通过控制行为发生的前因或者利用行为结果的杠杆,来达到帮助孤独症人士改善行为的目的。

☯ 第1节　功能评估法及其在理解孤独症人士 问题行为中的应用

自20世纪50年代以来,行为心理学的一般前提为:人们的行为具有规律性;人们的行为受环境条件的影响。1982年美国心理学家 Edward Carr 和 Brian Iwata 等通过实验发现,在临床中仅仅讲行为的规律性和制约性有其局限性;严重的问题行为,如自伤性行为还具有目的性或功能性。与发展性障碍有关的临床数据表明,只有认识行为的功能性并以此指导治疗,才会取得理想的干预效果。行为的功能不同于行为的表现:行为的表现是冰山之巅,而行为的功能是深沉的动因。不同人在不同条件下可以有不同的行为动因,而相同的行为表现的背后可以有不同的行为功能。功能评估方法也就是发现并确认不同人在不同条件下的行为功能或动因的过程。

功能评估方法的基本原理完全适用于对孤独症人士问题行为的评估和理解。当然,在应用功能评估方法评估孤独症人士的问题行为时要考虑到这一人群所特有的一些问题,比如,其特殊的感官需要和固执拒变的倾向。从功能评估的角度看孤独症儿童的问题行为,可以认识到这些行为背后的动因及其一定的合理性。问题行为之所以出现,主要是因为孤独症儿童缺乏正常的行为技能。而如果问题行为在特定的外部条件下出现,那就要求人们不仅注意问题行为本身,而且也要下工夫改善外部条件。自 20 世纪 80 年代以来直至如今,越来越多的研究和治疗孤独症的学者和临床人员接受了功能评估的观念并以此指导对孤独症儿童行为的评估和干预。

这一节将对功能评估方法的概况予以介绍,进而对影响孤独症儿童问题行为的几种主要的功能进行分析。这样,可为以功能评估方法为指导而制订个体化的干预方案作铺垫。

一、功能评估方法的概述

要对功能评估方法作一个简要的介绍,可以从理论基础、操作方法以及分析结果这几个方面进行描述。功能评估,顾名思义,就是要理解行为的功能或目的。从而,其重要的理论前提,是肯定每一个行为都有其特定的功能。功能在这里又可理解为目的或动因。即使是貌似古怪的行为,对行为者来说也有其功能和价值。而心理学家的任务,在于通过分析来理解这种隐藏于问题行为背后的功能和目的。举例来说,一位孤独症孩子由于语言障碍而可能借助于自伤行为来表达自己的某种要求,引起别人的关注。如果通过功能评估方法能理解孩子自伤性行为的目的在于引起他人的注意而得到帮助,解决问题的方法或许就在于教给其更佳的表达要求的方法。作为行为心理学的一个应用分支,功能评估方法的另外一个理论前提,则是强调对于影响行为的环境因素的重视与分析。而心理学家的一个重要任务,在于通过分析理解并且控制与改善影响问题行为的环境因素,从而达到减少问题行为的目的。

功能评估的具体操作方法,有许多不尽相同的表述和实践。如果从求同存异的角度说,功能评估的操作方法主要包括访谈、观察和实验分析。

通过专业人员与其他教导者的访谈也能得到有用的行为数据。例如,一个功能评估访谈简表可以要求访问对象用"是"或者"否"回答以下问题:

① 孩子的特定行为问题一般是在别人在场的时候出现;

② 在孩子表现出问题行为后,大人一般会千方百计地安抚孩子;

③ 孩子的错误注意导致行为问题(如突然离开大人);

④ 孩子有时先表现茫然,然后爆发出问题行为;

⑤ 孩子的特定问题行为呈现出高频率和刻板性等特点;

⑥ 孩子不会做同年龄孩子一般都会做的事(如玩游戏等);

⑦ 大人让孩子做事情,孩子就会有特定行为问题;

⑧ 当孩子有特定行为问题时,大人一般让孩子"休息";

⑨ 孩子的特定行为问题好像有周期性;

⑩ 孩子有特定的病史但又不能自己表达何处不适。

如果访问对象对①和②的回答为"是",则孩子问题行为的目的可能是沟通要求,如,希望得到大人的关注。如果访问对象对③和④的回答为"是",则孩子行为的目的可能是对困惑的反应。如果访问对象对⑤和⑥的回答为"是",则孩子问题行为的目的可能是满足感官方面的需要,其中可以包括来自视觉、嗅觉或动感等方面的感觉反馈。如果访问对象对⑦和⑧的回答为"是",则孩子行为的目的可能是反抗来自大人的要求并逃避自己所不喜欢的任务。如果访问对象对⑨和⑩的回答为"是",则孩子行为的原因可能是抑制身体方面的不适。

就观察法而言,一般的要求是,把一个特定的行为放到前因结果中作系统的观察,对观察结果进行记录,并对记录的数据进行分析,从而掌握行为发生的规律性和引发行为的远期与近期的变数,以及该行为对于行为者的特定功能,或行为由以发生的目的或原因。例如,孤独症孩子中最常发生也最令人困惑的问题,可能是其自我刺激的行为。这种貌似古怪的行为其实有其可以理解的功能和目的,如求得内心平静或感官满足等。假如对一名孩子的自我刺激行为观察的结果数据表明,这种行为的发生往往是在比较嘈杂的环境、有陌生人的出现、在作息安排上承前启后的时刻以及当孩子做错事的时候,则可假定其自我刺激行为的功能是减少紧张和求得平静。相反,假如孩子自我刺激行为的发生经常与其独处一隅、无所事事、生活乏味相联系,同时,当孩子在参与其他活动时则其自我刺激行为就会减少甚至完全消失的话,那么孩子的自我刺激行为的功能很可能是追求某种感官的满足。

使用有关量表,是一种对来自观察的数据进行功能评估的方法。例如,"行为分布图表"就是对与问题行为有关的影响条件进行分析的一个工具,而"行为动因量表"则是临床上常常使用的一种对问题行为的功能进行分析的工具。此外,以下的"ABC 简表",也是一种有助于进行功能评估的工具。

表 7-1　ABC 简表

A.先行事件	B.问题行为	C.行为结果	可能的目的或功能
家里来了新保姆	孩子用手打自己的脑袋	妈妈留下来陪孩子	困惑紧张的反应
家长让孩子刷牙	孩子高声尖叫	家长让孩子休息	逃避不喜欢的事
全家在饭店里吃饭	孩子用脑袋撞餐桌	大家离开饭店回家	困惑紧张的反应与逃避不喜欢的事

在使用这一简表时,教导者首先要对每次发生的问题行为(Behaviors)及其先行事件(Antecedents)和行为结果(Consequences)进行记录。然后,教导者可以通过分析所得的数据,而对影响问题行为的前提条件和功能目的形成一定的看法。当然,这种看法仅仅是一个工作假设,还必须在评估和干预实践中得到检验。由上面的例子也可以看到,在许多时候一个行为是由一个原因或目的所驱动的。但也有时候,一个行为背后可以有多项原因或目的。

访谈和观察有其特有的优点和局限。这些方法能使专业人员花费较少的时间得到比较客观的数据。而对这些数据的分析往往能揭示问题行为的原因,从而有助于干预方案的制订。但是,使用观察方法所得到的相关性(Correlation)与因果性还不完全相等。而且,观察方法很难对有些与行为功能不相关的因素,如家长的主观条件等加以控制。

在进行功能评估的过程中,系统的观察访谈能够帮助形成假设,而实验分析方法的使用则可证实或推翻这种假设。实验分析方法有许多形式,其中之一是简化的功能分析方法。简化的功能分析方法是一种既控制前提又控制结果的功能性分析。这种方法既比较可靠准确,又相对容易掌握。最重要的是在教室等自然环境中,经过培训或学习的老师也可以应用这种方法来评估认识学生问题行为的原因。以下讨论的,是完成简化功能分析方法的主要步骤。

第一步,执行并完成简化的功能分析。

这一过程可以融合在学校的教学和活动的自然过程之中。比如,老师分别测试四种环境条件对自伤行为的影响,其中包括目标行为在缺乏大人关注、欲得玩具或用品、面临学习任务以及一人独处环境等条件中的特点。值得注意的是,在传统的功能分析方法中,有得到大人关注、逃避任务指令、获得感官刺激和游戏—控制等四种环境条件。而在简化的功能分析中,不存在一般的游戏—控制条件,而是把这一控制条件与每一个测试条件单独相配。这样,在任何一个环境中,控制条件与测试条件基本一样,唯一的区别是评估者所提供的不同的前因与结果。另外,在简化的功能分析中,社会性正强化分为:分别测试学生行为是受来自他人关注的影响,还是受来自他人的实物的影响这两种可能。

在简化的功能分析中,老师利用各种自然的环境条件来实施每一种测试。例如,老师结合游戏的时间来测试学生在缺乏大人关注时的行为特点。又如,老师结合上语文、算术课时来测试学生问题行为在面临任务指令时的特点。等等。每一种测试都有两分钟的控制时段与两分钟的测试时段,只有一人独处的测试条件除外,其中两个时段都是测试时段,没有相应的控制条件。

从时间上来说,每一个回合最多需要四分钟,其中两分钟用于控制条件,两分钟用于一种试验条件。在两分钟的回合中,只要问题行为发生一次,老师就可以记录这一行为并结束这一回合,而不必持续整个两分钟。这样的操作,既符合时段抽样记录的要求,又可避免在评估过程中问题行为过于频繁而带来的伦理性问题。而如果行为没有发生,老师得让控制条件和测试条件各自持续两分钟时间。

具体地说,在测试缺乏大人关注条件下学生的行为特点时,老师先花两分钟的时间给学生以大量的关注以作为控制条件。这时,老师给学生一般喜好的玩具或用品,同时经常与学生聊天或者摸摸学生的脑袋等。然后的第二个两分钟的时段是测试的时段。老师对学生说:"我得做自己的工作了。"之后,就不再给学生以关注。对可能追求关注的学生来说,这样的情况有可能会形成一种表现问题行为的动力因。如果学生确实表现出问题行为,老师会说:"为什么要打自己呢?"或"你不可以这样做"等。有时,老师还会关注地摸摸学生的脑袋等。在控制和测试的时段中,只要学生表现出问题行为,老师不用等到两分钟时间完全过去,可以就此结束该时段的评估。上述条件是要测试问题行为是否有可能是由来自大人的关注即社会性正强化所驱动和维系的。

在测试面临任务指令条件下学生的行为特点时,老师先花两分钟的时间以作为控制条件,期间不给学生任何指令或者任务。第二个两分钟的时段是测试的时段。老师对学生说:"该做作业了。"如果学生不听从指令,老师用各种辅助,包括形体辅助的方法,继续要求学生完成任务。但如果学生表现出目标行为(如自伤性行为等),老师便说:"那就算了,先不要做作业了。"这一条件是要测试问题行为是否有可能是由社会性负强化所驱动和维系的。

测试学生在想得到玩具或用品情况下的行为特点时,老师先花两分钟的时间以作为控制条件,期间给学生特别喜好的玩具或用品。第二个两分钟的时段是测试的时段。老师对学生说"该我玩了"或"该把玩具收起来了",然后从学生手中拿走玩具。如果这时学生表现出目标行为,老师便说:"那你再玩一会吧。"接着把玩具或用品还给学生。这一条件是要测试目标行为是否有可能是由社会性正强化所驱动和维系的,即学生行为的目的是不是想从别人那里得到玩具或用品等实物。

测试学生在一人独处情况下的行为特点的时候，老师把两个为时两分钟的时段都作为测试条件，让学生一人相处。这时没有也不必要创造控制条件。在任何一个时段中，学生表现出目标行为后，老师便结束这一过程，不必等到两分钟完全过去以后。这一条件是要测试学生的目标行为是否有可能是由直接性正强化所驱动和维系的，即学生通过问题行为来得到刺激，消磨无聊的时间。

为了帮助读者进一步理解上述各种测试条件和操作方法，以下我们用图表示这一评估过程（Bloom，Iwata，Fritz，Roscoe，& Carreau，2011）。

表 7-2　简化功能分析的操作示意图

操作 条件	控制条件 最多 2 分钟	测试条件 最多 2 分钟	备注：在测试条件下 老师对目标行为的反应
大人关注	老师持续地关注→	老师停止关注	自伤行为后老师又给其关注
活动物品	学生得到玩具等→	老师拿走物品	自伤行为后老师还其物品
学习任务	对学生没有要求→	老师布置任务	自伤行为后老师中止任务
独处环境	学生独自相处→	学生独自相处	自伤行为后老师中止回合

以上的每一条件，都需要重复 10 个回合。这样，执行并完成回合式功能分析的 40 个回合，共需要 2 个半到 3 个小时的时间。由于这些回合的执行是融合在学生的教学和活动的自然过程之中的，所以整个过程可能会分布于一到两个星期左右的时间里。

第二步，记录分析所得数据并计算问题行为在各个条件下的百分比。

在整个评估过程中，老师在事先准备好的数据表上，用"＋"表示目标行为在这一回合中发生，用"－"表示行为在这一回合中没有发生。以下，我们再用示意图来说明记录数据的方法。

表7-3 简化功能分析数据表示意图

学生姓名： 晓东　　　　　　　　　目标行为： 咬自己的手指

得到关注

日期	观察者	控制	测试
3/1	刘老师	－	＋
3/2	刘老师	－	＋
3/2	刘老师	－	＋
3/4	刘老师	－	－
3/5	刘老师	－	＋
3/8	刘老师	－	＋
3/9	刘老师	＋	＋
3/10	刘老师	－	＋
3/11	刘老师	－	＋
3/12	刘老师		

得到实物

日期	观察者	控制	测试
3/1	刘老师	－	－
3/2	刘老师	－	－
3/3	刘老师	－	＋
3/5	刘老师	－	＋
3/8	刘老师	－	－
3/9	刘老师	＋	－
3/10	刘老师	＋	－
3/11	刘老师	－	－
3/12	刘老师	＋	

逃避任务

日期	观察者	控制	测试
3/1	刘老师	－	－
3/2	刘老师	－	＋
3/3	刘老师	－	－
3/4	刘老师	＋	－
3/5	刘老师	－	＋
3/8	刘老师	－	－
3/9	刘老师	＋	＋
3/10	刘老师	－	－
3/11	刘老师	－	－
3/11	刘老师	－	－

一人独处

日期	观察者	测试	测试
3/1	刘老师	－	－
3/2	刘老师	－	－
3/3	刘老师	－	－
3/4	刘老师	＋	－
3/5	刘老师	－	－
3/8	刘老师	－	－
3/9	刘老师	＋	－
3/10	刘老师	－	－
3/11	刘老师	－	－
3/12	刘老师	－	－

　　评估者为了计算问题行为在各个条件下的百分比,把一种条件"＋"之和除以10。换句话说,根据以上示意表格在一种条件下有几个"＋"就是百分之几十。例如,在上面"得到关注"的情况下,在控制条件中有一个"＋",所以问题行为的发生率是10%。而在测试条件下有7个"＋",

所以问题行为的发生率是 70%。等等。

第三步,根据数据构建图表并对结果加以解释。

当这一过程全部结束后,评估者分析统计得到数据,从而得到有关的评估结论。老师可以用 Excel 软件的基本功能,构建简化功能分析结果的图表。

一般来说,在解释由图表所显示的评估结果时,评估者可以采用视觉分析的方法。如果在大人关注、活动物品、学习任务和独处环境等某一情况中的测试条件下的百分比远远高于其他情况中测试条件下的百分比,那这一情况就是行为的功能或目的。以下,我们概述对简化功能性分析的发现结果的解释方法。

第一种结果,如果学生的目标行为(如自伤行为)只有在大人关注的测试条件下才比较频繁,而在其他条件下则明显偏低,则这种行为应该是以社会性正强化驱动和维系的。如果在评估过程结束后的统计的结果呈现出如下特点,学生在"缺乏大人关注"这种情况下表现出的问题行为特别频繁,则表明行为有可能是由社会性正强化所驱动和维系的。

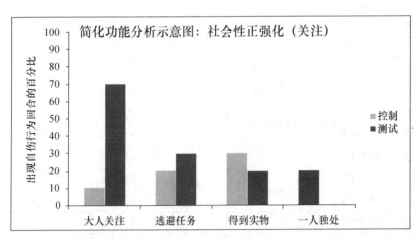

图 7-1

第二种结果,如果学生的目标行为(如自伤行为)只有在面临任务或指令的测试条件下才比较频繁,而在其他条件下则明显偏低,则这种行为应该是以社会性负强化驱动和维系的。如果在评估过程结束后统计的结果呈现出如下特点,则表明学生问题行为有可能是由社会性负强化所驱动和维系的。

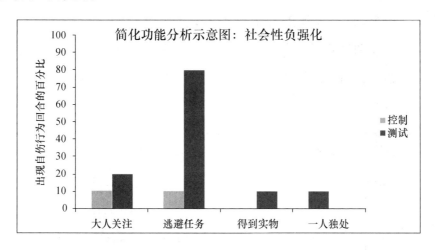

图 7-2

第三种结果,如果学生的目标行为只有在缺乏他所喜好的玩具或用品的测试条件下特别频繁,而在其他条件下则明显偏低,则这种行为应该是以社会性正强化驱动和维系的,其目的在于得到实物。如果在评估过程结束后的统计的结果呈现出如下特点,则表明学生的问题行为有可能是由社会性正强化所驱动和维系的,但这时学生试图从别人那里得到的是实物而不是关注。

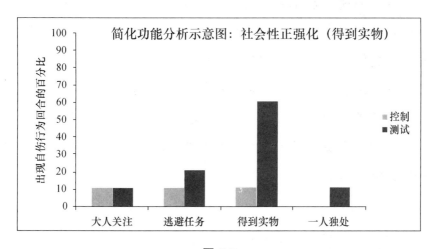

图 7-3

第四种结果，如果学生的目标行为只有在一人独处的两个测试条件下才比较频繁，而在其他条件下则明显偏低，则这种行为应该是以直接性正强化驱动和维系的。换句话说，如果在评估过程结束后的统计的结果呈现出如下特点，则表明目标行为有可能是由来自自身的感官刺激所驱动和维系的。

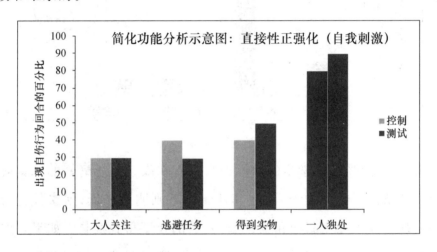

简化功能分析示意图：直接性正强化（自我刺激）

图 7-4

第五种结果，如果观察的结果表现出如图 7-5 所示的特征，即学生的目标行为在三种测试条件下都比较频繁，则这种行为的维系功能并不清楚。换句话说，如果在评估过程结束后的统计的结果呈现出如下特点，有一种可能的解释是，除了已经测试的三个条件以外，还有另外一种条件在驱动和维系着目标行为。而这一条件，很可能是学生在生理上或精神上的痛苦成了行为的动力因。因此，老师和家长要注意学生是否有健康方面的问题。必要的话，评估者有必要建议家长与医生联系，为学生作有关的医学检查。

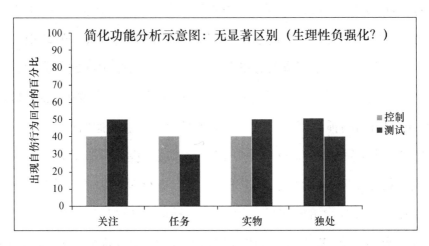

图 7-5

在本章最后一节提供的一个个案中,对简化功能性分析方法在孤独症干预实践中的应用有更为具体的展示。

功能评估方法的结果,在于获得关于影响和控制儿童行为的有关条件的信息。孤独症孩子的问题行为,可能以许多变数为基础。从主要方面来说,功能评估方法的使用及其结果,意义在于提供关于行为的如下信息。第一,影响行为的环境因素。有很多时候,环境的嘈杂程度、人群密度以及室内室外等,对儿童行为都会有直接的影响作用。例如,有些噪音较大的环境会引起孤独症孩子重复性行为或者逃避行为等,而如果让孤独症孩子带上有音乐的耳机就会帮助她们克服这种不快的刺激。

第二,诱发行为的先行条件。在这些先行条件中,有的是与一定的外界结果联系在一起而起作用的。例如,上课的铃声预示着一定的课程和任务等,而这些有特殊意义的先行条件可能诱发有些孤独症孩子的问题行为。另外一些先行条件,则是通过孩子的身体感受而影响他们的行为的。例如,孩子的牙病和皮肤病会导致他们的自伤性行为等。在功能评估的过程中必须对此特别注意。

第三,维系行为的内外结果。进行功能评估的人员不仅要注意孤独症孩子的行为,还要注意他人对这些行为的反应及其效用。例如,当孩子大发脾气或者有自伤行为之后,家长是否总是轻言细语地安慰,或者随即把孩子抱起来以让他们高兴。不管家长心里是如何考虑的,对孩子问题行为的这种反应,很可能是维系这种行为的外在条件之一。而维系行为的内在结果,往往是指由问题行为给孤独症孩子所带来的各种感觉信息和感官刺激。

第四,行为发生的时间规律。在许多孤独症孩子那里,问题行为只是发生在特定的时间阶段。这一信息对了解行为的功能和制订干预的方案往往是非常重要的。因为,如果把这种时间规律和在此时间阶段中的其他变数结合起来分析,往往可以看出问题行为背后的原因和功能。例如,有的孤独症孩子对于变化很不适应。所以,他们的问题行为往往发生在早上从家里到学校的过程中,或者下午从学校回家的阶段。教导者在掌握了行为的这一时间规律和可能的行为原因之后,显然就应该把干预的重点放在帮助孩子提高应付过渡阶段的能力之上。

第五,也是最为重要的,是对于问题行为的功能和目的有所认识。接下来要讨论的,就是问题行为的主要原因与功能。

二、孤独症儿童问题行为的主要原因与功能

在对功能评估方法的理论基础、操作方法以及评估结果作了介绍之后,下面将对孤独症儿童问题行为的几种主要功能作些分析。如果把功能评估方法和孤独症特点结合起来看问题,孤独症儿童问题行为的主要原因与功能,可以概括为沟通要求、困惑反应、反抗和逃避、抑制不适和满足感官这几个方面。在每一种主要原因或功能之下,可以有各种各样的不同行为表现。下面,就以自我刺激、自我伤害性行为为主,再辅以其他一些问题行为,如,刻板重复和暴力行为等例子,对问题行为的主要原因与功能的一些具体表现,作些分析。

1. 社会性正强化：沟通要求

有些孤独症孩子用问题行为来得到别人的关注或得到自己所想要的东西。孤独症孩子往往有着严重的沟通技能障碍。而有些孤独症孩子通过自己的经验而懂得，只要他们表现出问题行为，如自虐自伤等，他们就能得到周围人们的关注或能够得到自己想要的东西。在这样的基础上，孤独症孩子常常用一些问题行为如自虐性行为或者攻击性行为来达到沟通的目的。

大量的临床实践证明，沟通要求可以成为自虐性行为的基础。有些专业人员根据沟通要求的假说提出了这样的预测：如果与孤独症孩子工作的人们每次在看到这些孩子有自虐性行为的时候便撤销社会性结果，即暂时停止社会性关注和不给予他们所想要的东西，则孤独症孩子的自虐性行为就会减少乃至消除。而如果专业人员看到孤独症孩子有自虐性行为的时候便对其倍加关注，他们的问题行为反而会上升。这一假说在临床上得到了无数的证实与支持。

案例 7-1-1

鑫鑫，7岁的孤独症男孩。到笔者中心时，双手背侧拇指根部红肿糜烂，询问家长原因，家长说：是孩子自己咬的，只要有什么不如意，他就会哭叫，同时咬自己的手背，多半是在要吃东西的时候。家长平日的做法通常是，只要鑫鑫一哭，开始咬自己，家长就满足他的要求，鑫鑫停止咬手。到中心接受干预后，老师对鑫鑫做了系统的评估，结果表明，鑫鑫认知能力重度落后，无口语，兴趣狭窄，少有的兴趣就是食物和来回跑动。对鑫鑫咬手的行为也做了观察记录和功能分析，结果显示，其咬手的主要功能是想得到食物。老师针对鑫鑫咬手这一问题行为的干预计划和策略是，首先，教导鑫鑫通过图片沟通获取食物。其次，所有教导者统一策略：只有鑫鑫使用图片沟通时，才给他食物；如果鑫鑫咬手就不给予注意，也不给予食物。2～3个月后，鑫鑫的叫声减少了，手背上的伤也结疤了。但春节放假回来，老师发现鑫鑫的手上又出现了新伤，家长的解释是：春节家里人多、事多，零食也多。面对鑫鑫的目标行为，一是父母没有足够的时间坚持上述处理原则；二是祖父母心疼孩子，不能容忍孩子哭；三是客人不知情，不知道怎么应对，增长了鑫鑫的问题行为。开学后老师重新执行上述方案，不久，鑫鑫咬手的行为又开始下降。

除了自虐性行为以外，孤独症孩子还可能表现出其他种种问题行为，来取得他人的照顾，或来得到自己想要的东西。观察和研究表明，这些问题行为可以包括暴力行为、大发脾气、破坏家具，以及与大人作对等。这当然不是说孤独症孩子有预谋作恶的动机，而是说他们往往没有适当的手段和技能来表达自己的要求和控制周围的环境，而只有依赖于这些问题行为来实现这些功能。为了确定孤独症孩子问题行为背后的沟通要求的功能，首先要排除孩子有生理性疾病和特殊感官障碍的可能性。在这一方面，上面所介绍的各种观察访谈方法和实验分析方法，都是非常实用和有效的工具。

2. 社会性负强化：反抗和逃避

这主要是指孤独症孩子以解脱为目的而表现出来的问题行为。如果孤独症孩子因为不喜欢别人让他们做某些事情，或者不喜欢一定的环境，他们也可能会因此而表现出一些问题行为，包括自虐自伤等。而如果这些问题行为确实能够帮助孤独症孩子停止他人的要求或者脱离不喜欢的环境等，那他们以后在相同的情况下会有更多类似的问题行为。

 **案例 7-1-2**

过过,男孩,7岁,孤独症伴中—重度智力落后。主动性语言表达能力非常有限。早期基础目标课程教导中,在老师的引导下,过过还能比较好地配合学习。随着课程的进展,尤其是教导认知辨别和语言表达时,过过开始出现自言自语、摇晃座椅等问题行为,老师不得不中断课程教导,转换目标(过过比较喜欢的手工操作项目),重新获得过过的注意。这时,过过的自言自语和摇晃座椅的行为可减轻或停止。老师试图重新回到语言表达目标上,过过的问题行为又会立即出现。经过观察和简化功能分析方法分析,结果表明,过过这些问题行为的功能是,为了逃避这些对他而言比较困难的课程。于是,老师决定在过过的课程目标上降低难度、改变教导环境。为此,与家长沟通,希望征得家长的同意,但家长坚持继续"往前走"。结果,过过的问题行为越来越频繁。最后,终于和家长达成共识,改变对过过的教导环境、教导形式和教学目标,上述问题行为也逐步降低。

3. 生理性正强化：感官刺激

对孤独症儿童来说,对自我刺激的需要可以驱动问题行为。有些孤独症孩子喜欢不停地在自己的眼前晃动手指或用手指抠自己的眼睛等,其原因很可能是他们因此而能够得到特殊的视觉信息。因而,这是一种由自我刺激所驱动的行为。另外,自虐性行为在孤独症儿童中应该说是屡见不鲜的问题。其具体表现可以是孤独症儿童用头撞硬物、用嘴咬自己手和用指甲抓破自己的皮肤等。自虐性行为的动因和功能可以因人而异,甚为复杂。对许多孤独症儿童来说,这种自虐性行为的目的,在于得到感官性的刺激。而这一可欲结果的实现,可能导致将来同一行为的增加或上升。

一般说来,每个人都需要各种各样的感官信息,如视觉信息、听觉信息、嗅觉信息、味觉信息、触觉信息和运动感觉等等。心理学家们早就注意到,如果孩子没有得到充分的各种各样的感官信息,那么他们就有可能做出各种各样的问题行为,包括自虐性行为来满足自己对感官信息的需要。

满足感官需要不仅可以是孤独症儿童自虐性行为的动因,而且还可以是他们其他问题行为,如刻板重复行为的原因。如前所述,有些孤独症孩子喜欢不停地在自己的眼前晃动手指或用手指抠自己的眼睛等。其原因,很可能是他们因此而能够得到特殊的视觉信息。研究者们根据这一推测而设法为这些孩子提供具有相同功能的玩具和游戏器材,如让他们看万花筒、戴上有特殊颜色的太阳眼镜或让其玩手提管型彩灯等,结果往往能有效地降低这些孩子的刻板重复行为。

要确定孤独症儿童的问题行为是否在由此带来的各种各样的感官刺激中得到了鼓励,需要有非常细致的观察和富有实验性的分析。例如,首先要排除的是,自虐刻板等问题行为的原因并不在于孤独症儿童想要得到他人的关注,也并不是想要摆脱特定的环境和任务等。而如果这些问题行为在单调枯燥缺乏活动的条件下有所增加,那就很有可能与满足感官刺激有关。接下来的一步是要具体分析,维系问题行为的具体感官刺激到底是什么。例如,有的孤独症孩子喜欢把手指放在嘴里吮吸。由此得到的感官刺激,既可以是手指上的快感,也可以是满足口腔或牙齿对接触的需要。只有实验性的分析,才能帮助孤独症儿童工作的人员了解他们问题行为背后所隐藏的特定的感官需要。

4. 生理性负强化:抑制不适

有些孤独症孩子会用自伤等行为来暂时压制体内的不适和痛苦。

在这种情况下,问题行为的功能,是减少内在的痛苦,而不是为了得到什么东西或交流什么要求。

对许多孤独症孩子来说,种种问题行为的目的,在于以此来减轻与抵制由于本身所有疾病所带来的痛苦与不适。有些孤独症孩子会用手抠挖自己的眼睛,或擦压眼睛周围的部位。其结果,轻者可以导致眼睛红肿发炎,重者可能造成眼球损伤或眼睛失明。如果孤独症孩子又有严重的智力障碍,或平时表现出对忍受疼痛的限度超高,则可能其自虐性行为对损伤眼睛的频率更高、程度更厉害。临床报告表明,这些自虐性行为,往往与孩子的眼睛有炎症或眼部手术后所引起的不适有关,同时也可能与孩子体内缺钙有关。而用手抠挖眼睛或擦压眼部的行为,其功能在于以此减轻眼睛周围的疼痛与不适。当然,也有些孩子以抠挖自己眼睛的方式来获得双重视觉的感官刺激。

在另外一些孤独症孩子中常见的自虐性行为,是不停地用头撞墙或用手打自己的耳朵和太阳穴部位。这些行为往往是长期存在的而且是不由自主的。有些孩子还会表现出自我禁锢的行为,如用衣服捆绑自己的胳臂等。有慢性中耳炎、长期牙齿疼痛、慢性肠胃病的孤独症孩子和月经不调的青少年女病人,最有可能借助于这些行为来作为止痛方法。而有癫痫病史和长期服用抗癫痫药物,可能加重这些行为问题。有些环境的因素,如屋子过于嘈杂和过分明亮,睡觉没有规律而导致过分疲劳,饮食没有规律而导致血糖过低等,都可以成为上述自虐性行为的一些前因性的条件。

在实践中处理这类行为问题时,首先,必须请医生对孤独症儿童作必要而全面的检查,以便了解孩子的自虐性行为和其他问题行为背后到底潜伏着什么可能的疼痛和不适。例如,五官科医生可以通过检查发现孩子的中耳炎并加以治疗。牙科医生可以通过检查发现并控制孩子的牙齿毛病从而达到消除牙痛的目的。内科医生可以发现并医治孩子的肠胃病等而帮助孩子减轻不适的感觉。由此，自虐性行为往往也很快得到了控制。其次，孤独症儿童工作的人员还要了解孩子家庭的有关病史。因为有些病有遗传的可能。了解孩子家庭的有关病史可以帮助理解孩子可能的病灶。另外，系统地观察记录孩子问题行为的发生时间、地点、行为发生时的环境因素以及孩子当时的状况，如心理压力和饮食睡眠等，然后对这些数据或资料进行仔细分析，对理解孩子行为特定的目的和功能，也是非常重要的。

实际生活中的问题是非常复杂的。例如，有些问题行为是由困惑导致的反应。在这种情况下，孤独症孩子往往由于不理解周围发生的变化而导致紧张情绪，而问题行为则是孤独症孩子用以应对外界压力和调节自己情绪的手段。

有时候同样的行为可以有双重甚至更多的功能。而有的时候为了同样的目的和功能，孤独症孩子会显示出不同的问题行为如自虐行为和暴力行为。

对这些复杂情况的正确分析和理解，对于干预方案的制订，都是非常重要的。下面一节将涉及的，是在功能评估的基础上如何进行干预的一些具体问题。

🍥 第 2 节　功能性干预的各种方法

功能性干预指的是在功能性评估基础上的有的放矢的干预。其中主要包括以控制先行事件为主的干预和以控制结果为主的干预这两个大类或范畴。在每一个范畴中，又有许多具体的方法。

一、控制先行事件为主,预防问题行为发生的方法

以先行事件为渠道的主动干预,包括调控环境的机制、给孩子以选择机会、对课程作个别化的调整和鼓励孩子进行运动等方法。Koegel 等(1989)在讨论对孤独症儿童问题行为的干预方法时指出,以先行事件为渠道的各种干预方法有着如下的优点。第一,以先行事件为基础的各种干预方法相对来说简单易行。第二,有些主动干预方法已经涉及孤独症儿童的行为问题的生理机制。因此,它们或许可以收到治本的效果。第三,以先行事件为渠道的各种干预方法,被证明为是较能够在一般的社区环境中得到普及化应用的。第四,以先行事件为渠道的主动干预的各种方法,可以有效地改善孤独症儿童的行为。这些优点,在许多实验性文献中已经得到验证(Koegel & Koegel,1989)。下面,我们要对以先行事件为基础,预防问题行为发生的干预方法和临床效果,作些具体讨论。

1. 对环境机制的调控

一般来说,孤独症患者在比较稳定的环境中,适应性行为较多而问题行为较少。但是,教导者也要注意把稳定的、有结构的环境和孤独症孩子的选择结合起来,这样才能够达到更好的干预效果。这里,我们先从对环境机制的调控开始讨论。其中的基本思想是,通过对外界的、与行为有关的条件的改变,而达到减少、削弱孤独症儿童特有问题行为的目的。环境机制调控的要素,主要包括以下几个范畴和相应的方面。

第一,物质性环境。物质性环境的具体成分可以包括:环境是否干净安全、室内温度是否适宜、环境周围是否充满视觉材料、进出来回是否方便、是否便于大人观察、环境内是否有与孩子年龄相宜的玩具和器械,以及环境是否有利于孤独症儿童与其他人群的交流等。也许很少有物质性环境是完全理想的,但物质性环境中上述正面条件的存在,显然会

对孩子行为产生积极的作用。例如,有的孤独症儿童因为服用药物等原因有饮食过度的毛病。如果大人在为他们准备吃的东西时用较小的餐具,孩子就更有可能对自己的饮食过度加以控制,等。

第二,社会性环境。其中内容可以包括:在一定环境中人员的数量是否恰当、孩子在此与周围的人们是否相容、人们相处的情况如何、教导者与孩子的比例是否恰当、教导者与孩子的关系如何,以及教导者是否鼓励孤独症儿童与正常儿童之间的交往等。与物质性环境相比,社会性环境对孩子的影响,也许是更为直接的。

第三,环境的结构性程度。考察一个环境的结构性程度如何,可以看它是否有特定的方法去规定什么人在什么时候做什么事情、是否有条件保障活动和事情会按计划发生、在此环境中人们是否可以对将要出现的活动有所预料以及教导者是否会事先提醒孩子为将要发生的活动做好准备等。一般来说,环境的结构性程度越高,对孤独症儿童行为的影响也就越有积极性。

2. 给孤独症孩子以选择的机会

给予孤独症孩子以选择活动项目和奖励物品的机会,是一种能直接导致行为变化的、以先行事件为基础的干预方法。给予孤独症孩子选择的机会,能加强他们自我控制的感觉,从而其本身就有助于减少这些孩子为控制环境而产生的问题行为。给孤独症孩子以选择的机会,又能为他们提供机会接触到自己感兴趣的活动和物品,从而有可能提高孩子参与有益活动的动力。最后,如果孩子有了选择的机会,他们就有可能避免那些令他们反感的环境和事物,所以能在一定程度上消减问题行为产生的土壤。而为了达到这一目的,教导者在干预中必须注意以下几个方面。

第一,教导者要为孩子提供进行选择的手段。对有些程度较高的孩子,教导者可以用直接发问的方法来得知孩子喜欢的活动和物品。有的时候,教导者还可以让孩子填写有关的问卷,来收集这方面的信息。但是,对残障程度较为严重的孩子,教导者就要借助其他的手段来了解孩子的兴趣。例如,教导者可以借助对比性的图片,来了解孩子的选择倾向。有的时候,这种选择过程要进行数次,才能确定孩子到底要什么。当然,与熟悉孩子的人们的访谈,也有助于收集和核实有关信息。

第二,为了收到较好的效果,教导者不仅要尽可能地让孩子选择活动,而且还应该让孩子选择为良好行为准备的奖励物品。这是因为,有些孩子有问题行为是为了逃避做不喜欢的活动,而有些孩子有问题行为是因为大人为他们的良好行为准备的奖励物品不如他们从问题行为中得到的感觉更有刺激。所以,如果孩子不仅能选择自己喜欢的活动,而且能选择为此而得到的奖励物品,则他们进行问题行为的可能性动因就可以得到更大程度的控制。

第三,教导者还要用其他训练方法培养孩子的各种技能。例如,许多研究表明,给孤独症孩子以选择的机会能减少孩子的问题行为,但这并不一定能帮助孤独症孩子提高功能性技能。因此,在理论上和实验中可以证明,给孤独症孩子以选择的机会可以减少他们的问题行为,但在临床实践中这种方法往往只是综合治疗中的一个部分。

3. 对教育课程作个别化的调整

安排难度适宜的个别化教育项目并使之富有变化性,是以先行事件为渠道的主动干预的另一种行之有效的方法。在实践中,这一方法往往在学校和其他教育环境中得到实施。以下是这一干预方法的具体操作步骤。

第一,干预方法以功能评估为起点。有些孤独症儿童和发展性残障儿童在学校里,有时行为很好,有时行为有问题。这往往意味着,这些问题行为与一定的外部条件和学习内容有某种联系。教导者必须通过长期细致的观察分析，确定这种联系所反映的问题行为的功能。例如，有的孩子在上课时间较长的情况下，比在上课时间较短的情况下，要有更多的问题行为。这很可能是与有些孤独症孩子注意能力较为有限有关。教导者在必要时可以通过实验方法来证实或者修正这种关于前提条件与问题行为联系的假说。

第二，根据功能评估所提供的信息，教导者为残障儿童的教育程序作适当的调整，使之更能反映他们的水平和需要。例如，有的孩子由于书写能力有限而在与写字相关联的课程与任务中会有问题行为，则教导者可以让孩子在电脑上打字来完成某些任务。有的孤独症孩子在人比较多的环境中会有问题行为，则教导者可以把孩子安排在一个学生较少的环境里，或者在教室里为孩子设置一个相对安静的小角落，等等。

第三，与此相应，教导者在与孤独症儿童工作时，要恰当使用任务变化的方法，也就是把不同的训练项目或者孩子已经学会的任务和新的任务夹杂在一起，而不是让孩子持续地学做同一新的任务。这是因为，孤独症孩子往往注意能力有限，时间较长地教其同一新的任务可能会使他们有问题行为，而且学习的效果也不会很好。所以，有可能的话，应该避免让孤独症儿童长时间地做同一种任务。此外，教导者在为孤独症孩子选择任务时，要注意这些任务既要与孩子的能力水平相吻合，又要与他们的自然年龄相协调。

在这里必须强调的是，对课程作个别化的调整，并不等于降低对患有孤独症的学生应有的标准。因为教导者调整的并不是对孩子进行教育训练的目标，而是调整教育训练的具体方法。通过这种调整，使得与某些教育训练方法相关联的一些负面条件得到一定的控制，从而更有利于孤独症孩子的学习。不仅学校里要尽可能地贯彻这种教育方法，而且家长在家里也要努力创造适应孩子个性的学习条件。

4. 鼓励孤独症孩子进行适度的体能运动

适度的体能运动是一个常用的以先行事件为渠道的主动干预方法。大量的临床观察和实验性研究证明,在孤独症孩子那里,缺乏运动和问题行为之间往往有着相关的联系。由于许多孤独症儿童常有的问题行为有其满足感官刺激和提高心理生理兴奋程度的功能,具有一定激烈程度的体力运动可以达到同样的效果,而成为问题行为的替代行为。这些体能运动应根据个人的健康与兴趣而定,常常包括跑步、爬山、游泳、体育舞蹈以及在走步机上运动等等。适度体力运动的另外一个特点是,教导者可以用它作为一种以先行事件为基础的方法,这意味着,教导者不一定要等在问题行为出现后这一具体时间中加以实施。教导者因此就有了一定的主动性。这一优点,对于一位教师面对许多孩子的教室环境,是尤为重要的。在具体的操作上,教导者要注意以下几个方面。

第一,教导者对孤独症儿童的问题行为要有一定的功能评估。从理论上说,如果这些问题行为是以满足感官或沟通要求为功能的,那么用适度体能运动来作为干预方法往往比较有效。而如果问题行为的目的在于其他方面,如抑制生理性不适,则适度体能运动不一定是合适的干预方法。另外,教导者在干预过程中也要持续地观察分析。如果通过一定阶段的干预后没有明显的效果,教导者就要考虑适度体能运动是不是问题行为的恰当的替代行为。

第二,教导者在以适度体能运动为干预方法时,最好能与有医疗知识的人员,如护士合作,在干预开始前对孤独症孩子各方面的身体功能进行检测,并在干预过程中对孤独症孩子心跳等状况进行测量。这样,有助于帮孩子选择恰当的运动项目和适度的激烈程度。一般来说,激烈程度的体能运动对各种问题行为有削弱作用。但是,体能运动的激烈程度也不宜超过一定的度。

第三,如果孤独症儿童有一定的作息表和固定的社区活动,如某种工作,则教导者可以把适度体能运动作为预防性的干预方法,安排在这些活动之前进行。例如,有文献表明,有些孤独症人士在有了一定的工作后,先做20分钟左右的适度体能运动再去上班,他们在工作时的问题行为,如自我刺激性行为等会有明显减少。

以上的讨论侧重于以先行事件为渠道的有关干预方法。当然孤独症儿童的问题行为往往与许多变数有关,在每个孩子身上又有独特的表现。所以,以先行事件为渠道的干预往往还须与各种以行为结果为基础的干预方法结合使用,才能取得矫治孤独症儿童问题行为所可能达到的理想效果。下面的讨论所侧重的,是以行为结果为杠杆矫正问题行为的各种方法。

二、以行为结果为杠杆矫正孤独症儿童的问题行为

以行为结果为杠杆矫正孤独症儿童的问题行为的一个典型例子,是运用各种强化的方法。从理论上说,当一个主体发出了一个行为以后,如果由此行为带来的结果导致了将来同一行为的发生与发展,则这一过程可以被称为强化,而这一结果可以被称为强化物。根据行为所带来的结果的不同性质,强化又可以有正强化和负强化之分。如果一个结果导致行为的增加,则该强化为正强化。如果一个行为导致结果的减少,则该强化为负强化。例如,一个孤独症孩子用手挤压眼睛从而获得了特殊的视觉效果,这种视觉效果导致了他今后更多地用手去挤压眼睛。这显然是一个正强化的过程。如果一个孤独症孩子眼睛发炎,而用手挤压眼睛可以减轻不舒服的感觉,从而挤压眼睛的行为得到了维持或者增加。这就又成了一个负强化的例子。

　　以行为结果为杠杆矫正问题行为的另外一个例子是消退法。如果一个孤独症孩子的问题行为曾经被大人所强化，而现在这种强化被终止了，从而使得问题行为逐渐地得到控制，那么，这可以说是一种消退。举例来说，如果一个孤独症孩子用哭闹来得到家长的关注，家长一旦认识到，不能用额外的关注来鼓励不当的行为，从而在孩子哭闹时并不给予特别的关注。而孩子在哭闹了一阵后，发觉过去有用的手段现在不灵了，从而慢慢地改变了过去的不当行为。在这里，孩子的哭闹行为可以说是被消退了。

　　在这里要指出的是，以行为结果为杠杆矫正问题行为的干预方法，必须以功能评估为前提。强调在功能评估方法的基础上对孤独症孩子进行行为矫治有着非常重要的临床意义和伦理意义。

　　首先，这样会增加干预方法选择的准确性，从而收到事半功倍的效果。对于基于不同功能与目的的行为，若欲纠正则其方法也会不同。例如，有的孤独症孩子面临困难任务时会发脾气，甚至表现出侵犯性行为。假如通过功能评估表明这种行为的功能在于逃避完成布置的任务，相应的教育方法应该是布置任务时，应由易至难，并奖励其完成任务的努力。教导者要让孤独症孩子明白，用问题行为来逃避任务是不可行的，同时，教导其以功能相似但表现不同的替代行为来表达自己的要求。

　　第二，功能评估方法的应用，能有效地避免对行为矫正方法的误用。举例来说，临床数据表明，许多孤独症孩子用侵犯性行为或自伤性行为来逃避任务或逃避交往。有的治疗、教育人员对孤独症孩子逃避性行为的功能不作分析没有认识，碰到孩子有侵犯性行为时用隔离方法对其教育。这种方法用于处理以逃避为功能的问题行为显然不妥。因为它可能正好符合不良行为的功能，从而会助长这种不良行为。由此可见基于分析之上的"对症下药"的重要性。

第三,功能评估方法的应用,也有效地弘扬了行为干预方法的积极本质,减少了使用惩罚方法的可能性。在功能评估方法尚未普及的20世纪六七十年代,有些行为心理学家曾主张对孤独症孩子的某些极端行为采取有限的惩罚方法。对此有一种批评,即其对于问题行为的纠正也许是违背行为主体的意愿。这种批评对于脱离功能评估的行为纠正技术而言有一定的道理。但基于功能评估的行为疗法,是以对孤独症孩子需要的理解为基础,并教导其以适应技能取代问题行为,从而有效地减少问题行为的发生动因,所以其本质是正面积极的。而功能评估方法的伦理意义,也正在于此。

对孤独症孩子的问题行为进行功能评估,只是一种手段。其目的在于提出和执行恰当的干预方案和措施,从而帮助孤独症孩子增加适应性行为和减少并消除问题行为。以下,对以功能评估为前提的并以行为结果为杠杆的干预方法,作些具体的分析。

1. 矫正以沟通要求为功能的问题行为

许多孤独症和其他发展性残障孩子的问题行为,是他们用以得到周围人们的关注或得到其所欲之实物的手段。孤独症孩子与其他孩子一样,需要得到他人的关注。这并不是一个问题。问题在于他们用以得到关注的方法不当。对这种以沟通要求为功能的问题行为的干预原则,主要包括:教导者增加对孩子适当行为的关注、停止对问题行为的关注以及训练孩子掌握、使用适当性功能性交流的技能。

由于孤独症孩子的有些问题行为是以得到他人关注为目的的,因此,如果家长和其他教导者能够经常和定期地给孩子以关注,就会减少孤独症孩子由于对关注的追求而表现出问题行为的机会。在具体运用这一干预方法时,家长和其他教导者要了解孩子喜欢的活动和物品是什么。然后,在不影响其他教育科目和生活规律的情况下,让孩子有充分的机会进行这些活动和得到喜欢的物品。以后,在孩子问题行为得到控制的情况下,再逐渐地拉开给予机会的时间距离。例如,在开始干预时,家长每隔 5 分钟就与孩子逗玩一会。以后,等孩子行为问题有明显减少时,家长每隔 15 分钟再与孩子逗玩一会,等等。但要注意,如果孩子有问题行为的表现,家长应该等上一会,再返回到这一时间表,以避免对问题行为的鼓励。

停止对问题行为的关注,目的是为了停止对问题行为的社会性鼓励,而不是停止对孩子本人的关心。在孩子表现出问题行为,如发脾气时,只要这些行为不会造成对孩子本人或者对他人的伤害,教导者应该用简单明了的话告诉孩子,在他发脾气时大家不能和他在一起玩,或者做其他事情。然后,立即走开。必要时,家长可以把有关玩具也拿走。而只有当孩子停止了他的问题行为后,大人才会与其继续有意义的交往。这种不同行为导致不同结果的关系,应该非常一致,非常清楚。当教导者一开始用这种干预方法时,孩子可能会闹得更凶。但是,只要教导者能够坚持在每次看到孩子表现出问题行为时使用这一方法,孩子的问题行为会很快地得到控制。

孤独症孩子用问题行为来取得他人的关注,这本身表明了孩子不会用恰当的交流方法来得到这些关注。如果教导者能够训练孩子掌握使用功能性交流的技能来得到他人的关注,则会大大地减少他们依赖问题行为来得其所欲的可能性。至于如何训练孩子掌握使用功能性交流的技能,在本书前面的章节中有较为详细的介绍。这里,不再重复有关的细节。

在处理孤独症孩子以沟通要求为功能的问题行为时,家长或者其他教导者要避免以下几种倾向。第一,在孩子表现不错的时候,家长忙于自己的事务,而忽视了对孩子的关注和与孩子的交往。不幸的是,不少家长由于工作和家务的压力,自然会有上述这种习惯。为了防止这种倾向对孩子行为的影响,除了家长应尽量妥善安排自己的时间以处理好工作与家庭关系之外,社会也应该对有发展性残障孩子的家庭提供必要的帮助。第二,在孩子用问题行为,如发脾气等来引起他人的关注时,家长去批评孩子或者试图向孩子讲道理。问题在于,孩子在发脾气时,其情绪状况决定了他不可能注意到家长说的道理。相反,大人的批评和说教,反而有可能满足了孩子对关注的需要,而在将来助长孩子用问题行为来得到他人关注的倾向。第三,家长在使用上述停止对问题行为关注的方法后,看到孩子的行为反弹,如脾气发得更大等,马上就让步,或者去安慰孩子,或者给孩子各种好的实物。殊不知,家长对问题行为每让步一次,看来是暂时缓和了危机,但却为以后对同样问题行为的干预,造成了更大的困难。因为孩子由此得到的感觉是,只要闹下去,大人总会让步。从而,以后闹得时间会更长,程度会更厉害。这是任何孤独症孩子工作的教导者都应该避免的状况。

2. 矫正因为困惑紧张而引起的问题行为

为了让孤独症孩子增加对自己周围环境有所控制的感觉,教导者可以借助各种视觉材料来帮助孤独症孩子理解他们的活动。这种视觉材料的具体例子可以包括:用不同实物排列而成的视觉活动作息表、用不同图片顺序排列的视觉活动作息表和用文字与图片所表达的视觉活动作息表。教导者还可以把对视觉活动作息表的执行与积极奖励结合起来,以使得孤独症孩子向生活规律化和情绪稳定化的方向发展。

另外,教导者也可以用系统脱敏方法,帮助孩子逐渐适应变化。举例来说,如果有孩子对陌生的儿童特别过敏不能适应,家长可以让孩子先与隔壁邻居的孩子做一些非常有趣的活动,以打消孩子怕生的顾虑。然后再让孩子由内而外、由小而大地发展起交往的圈子。这是将系统脱敏方法应用于孤独症干预中的一个简单例子。根据同样的道理,每当孤独症孩子即将要去医院做有些比较敏感的身体检查(如牙齿检查)的时候,家长也要对其进行正式或非正式的系统脱敏干预,以便改善孩子在就医时的心理压力和情绪反应。如在孩子需要去医院前的几天中,家长可以给孩子放有关医院的电视录像,并对孩子的配合进行积极的鼓励。在临去医院前的那个时刻,家长又让孩子看有关检查过程的电影录像,并就具体注意事项加以说明。这样几个步骤的有机结合,使孩子对造成心理压力的医院检查过程有逐步的暴露和实际的接触,从而达到系统脱敏的目的。

再者,教导者可以训练孤独症孩子学习各种行为放松的方法。当孤独症孩子因为困惑焦虑而发生行为问题时,教导者可以提醒孤独症孩子从事这些有助于安静情绪的活动。

3. 矫正以逃避任务为功能的问题行为

临床研究表明,孤独症孩子有时会用自伤性行为和攻击性行为逃避来自他人的任何要求。例如,穿一定的衣服、该到什么地方去或者做某些特定的活动等等。教导者既不能对孩子毫无要求,同时也应矫治和控制这些问题行为。从干预的角度说,具体的方法可以包括:由易而难地要求孩子,对孩子进行合作训练和区别性奖励不同行为,等等。

有时候,如果教导者提出的要求高过孩子的能力,有可能引起孩子用问题行为来逃避这种要求和任务。在这种情况下,教导者应该重新评估孩子的能力,并在评估的基础上调整对孩子的要求。必要时,教导者可以先适当降低对孩子的要求,从而给孩子创造成功的机会和受到奖励的机会。这样,不仅会增加孩子在将来合作的可能,而且更可以提高孩子的自信心。等到孩子的能力有所提高之后,教导者再相应地提高要求和标准。例如,教导者在刚开始训练时,把训练课的时间安排得短一些。

以后,在孩子适应后,再慢慢地延长训练课的时间。又如,教导者可以用任务分析和反向链接法来易化孩子学习技能的任务。举例来说,教导者可以将一个穿毛衣的任务分为三步:第一步是先把毛衣套在头上而使脑袋伸出来,第二步是把一只胳臂伸进一个袖子里并使手伸出来,第三步是再把另一只胳膊伸进另一个袖子里并伸出手。教导者在开始训练时可以先帮助孩子完成第一步和第二步,而让孩子自己做第三步。然后,在孩子取得成功后再让他自己做第二步和第一步。最后,教导者要求孩子能独立地穿毛衣。对其他的任务,教导者也可以由易而难地来要求,从而减少孩子的抵抗性行为。

在对孩子进行合作训练时,教导者可以有意地选择在孩子生活中有意义的,但是被孩子视为较为困难的任务,然后进行以下的训练。第一,在要求孩子完成较为困难的任务之前,教导者应该先要求他们做三四项简单容易的任务,并因此而对孩子加以表扬和奖励。然后,教导者再开始要求孩子完成一个较为困难的任务。第二,对较为困难的任务,教导者先发出口头指令,例如折被子。教导者在发出口头指令的同时,也可以做出示范动作,如"像我这样折被子"。第三,如果孩子听从指令而完成有关步骤,教导者给予奖励物。否则的话,教导者应亲自辅助孩子完成动作。例如,当孩子开始表现出问题行为时,教导者则应该手把手地要求孩子完成有关步骤。教导者不应该因为孩子做了自伤性行为和攻击性行为就马上停止对他的要求。第四,当孩子的问题行为逐渐减少后,教导者可以逐渐增加困难任务与容易任务的比例,如要求孩子做两个容易任务后再要求他做一个较为困难的任务,等等。教导者既可以比较正式地进行这种合作训练,也可以在平时日常活动中对孩子进行有关训练。

各种区别强化法也都属于结果调控的干预方法,而其应用于教育孤独症儿童的效果,是非常值得称道的。区别强化法运用了行为与行为结果的关系的原理,从积极的方面去矫正孤独症儿童的行为。区别强化法,顾名思义,是对有些行为进行奖励而对其他行为不予奖励。区别强化法又可以分为:区别性地强化非对象行为(Differential Reinforcement of Other Behavior,DRO)、区别性地强化不相容行为(Differential Reinforcement of Incompatible Behavior,DRI)以及区别性地强化低频率行为(Differential Reinforcement of Low Rates of Behavior,DRL)。其中,区别性地强化非对象行为是最常用的区别强化法。这种方法是从本质上要求,只要孤独症孩子在一定的时间内没有表现出预先规定的不当行为,他就可以得到奖励物。教导者在应用这种方法时,除了要选好对孩子有鼓励作用的奖励物之外,还要对孩子没有不当行为的时间长度有恰当的规定。在开始时,这种时间长度不应该过长。在干预初见成效后,时间长度可以慢慢地延长。在实际操作上,区别性地强化非对象行为还可以与行为合同(Behavior Contract)结合起来使用。这样,孩子可以明白,他可以根据行为合同,努力地避免问题行为,从而获得自己所喜欢的奖励物品和活动项目。

对以逃避任务为功能的问题行为,教导者在干预中要避免使用隔离(Time Out)的方法和无视(Ignoring)的方法。因为这些方法只会助长逃避任务的问题行为,而不可能达到解决问题的目的。

4. 矫正以抑制不适为功能的问题行为

有些孤独症儿童用各种问题行为,如打自己的头或抓自己的皮肤来减少内在的痛苦和不适。在这种情况下,干预的首要原则是与医生合作,尽可能地消除病灶。例如,治愈孩子的牙病或者中耳炎可能减少他们用手打自己脸部的行为。治好了皮肤病则可以使他们不至于总是抓或擦自己的身体和皮肤。控制病人的癫痫可能缓解他们打自己头部的动作,等等。

以上所讨论的区别性强化和消退法等干预手段,在对以抑制生理性不适为功能的问题行为进行干预时,也可以视情况选用。作为可供使用的最后方法,教导者在必要时应该用各种行为阻断的方法(Response Blocking),如形体阻断和器械阻断等,来及时地控制行为。教导者可以用手阻断孤独症孩子的某些问题行为。如当他们用手挤压眼睛以求获取视觉刺激时,教导者可以把孩子的手拉下来。对有些可能造成伤害的问题行为,如孤独症孩子用头撞墙或者撞人等,教导者在必要时也可以使用适当的器械如头盔来加以暂时的控制。但是,教导者在使用这些器械时应该遵循一个基本的原则,即这些器械只能短时间地使用。这不仅是因为,长时间地使用这些器械有可能导致孩子器官受到损害。例如,经常用头盔会导致孩子头发的脱落。而且,有文献表明,短时间地使用器械比长时间地使用器械,能更为有效地减少孩子的自伤性行为。

对于孤独症孩子的以抑制生理性不适为功能的问题行为,教导者所要避免的是以下几种干预方法。第一,不能用隔离(Time Out)的方法。尽管隔离方法对有些行为问题有效,但对孤独症孩子自伤行为很不适合,因为这些孩子在隔离状态中仍然可以做各种各样自我伤害性的行为。第二,不能用无视(Ignoring)的方法。在有的时候,教导者对孩子有些问题行为,如发脾气等不予以注意和关心,以使得孩子明白借此手段不会达到自己的目的,从而由依赖问题行为转向诉诸合理行为。但这种无视法不可能达到控制孤独症孩子自伤性行为的目的。相反,孤独症孩子在没人关注的情况下,更可能用自伤行为来达到自我医治的功能。

🌀 第 3 节　个案分析

现在,笔者拟通过下面实例以具体阐明从功能性行为评估到功能性行为干预的过程。同时,通过这一过程也为读者提供一个功能性行为评估报告和功能性行为干预计划的样本。这个实例是以一个真实的个案为基础。但是为了保护案例中学生的隐私,报告中学生的姓名和地点等都经过了必要的处理。

基本情况:玲玲,女,9 岁,具有孤独症倾向并患有轻度的智力障碍。报告日期:2013 年 5 月 1 日。

评估原因及程序:玲玲的老师反映,该学生常常表现出发怒行为、攻击性行为和自我伤害行为。这些行为影响了玲玲的学习以及她与其他同学的关系。近来,玲玲同学的这些行为有所上升。

在玲玲的老师们和家长的配合下,PRT 顾问对上述行为进行了评估。以下是评估者所使用的评估程序。

① 阅读有关测试结果,包括玲玲的"Conner,s 儿童行为量表(父母问卷)"结果和"感觉统合能力评定量表"评估结果。

② 间接性的评估:评估者访问玲玲的语文老师和体育老师;当她的母亲来学校时也与她进行了交谈以了解有关的家庭情况。

③ 行为观察记录的方法:评估者运用结构性观察的方法,对玲玲的目标行为作观察记录。

玲玲从小与爷爷奶奶生活在农村,6 岁时回到城里与爸爸妈妈一起住。玲玲目前就读于某培智学校。据老师反映,玲玲在上课的时候往往会发出尖叫的声音。她在生气的时候会有自伤的行为。她在与同学交往的过程中有时会攻击别人。为此,老师付出了很大的努力。例如,对她进行批评教育等,但效果并不显著。经家长要求,玲玲及家庭接受以家庭为基础的 PRT 干预。

相关评估结果表明,在"Conner,s 儿童行为量表"中玲玲的学习问题为 2.25,焦虑指数为 1.75,多动指数为 2(说明:分数超过 1.5 表明达到阳性指标)。而在"感觉统合能力评定量表"方面,玲玲的触觉防御及情绪为重度失调;本体感及身体协调中度失调;学习能力发展轻度失调。总体结果为:感觉统合功能属于中度到重度失调。

在沟通能力与社会交往方面,玲玲有一定的词汇量和基本的语法知识。但是,她的语言运用能力较差。不论是对老师还是对同学,她都会表现出冒犯别人的语言。访问玲玲的任课老师,结果表明,她在上课时常常不听指令。例如,在语文课上,当老师要求同学们读课文、做作业时,她把书放到抽屉里,不是坐着咬手就是用头撞课桌的桌面。与此相应,玲玲的社会交往能力明显低于同龄人。例如,在体育课上或者课间活动时,她总是用不恰当的交往方式对待别的同学与满足自己的需要。例如,当一个同学跑过去要和她一起玩时,她却伸出拳头做出打人的样子。在打篮球的时候,她喜欢把球抢来自己一个人玩。

在喜好项目方面,玲玲比较喜欢得到别人的关注,特别喜欢与别人有身体的接触。玲玲非常喜欢玩具,如电子游戏机和体育活动的用品如篮球等。据家长反映,她也愿意与大人出去,如上餐厅吃饭等。

一、功能性行为评估

功能性评估的目的,主要是要确定学生的某些有问题的目标行为、这些行为发生的前因和结果以及问题行为的深层原因。就严重影响学习与交往方面而言,玲玲表现出两个方面的问题行为:一是攻击性行为;另一是自伤性行为。

1. 确认并且定义目标行为

玲玲的目标行为一是攻击性行为。例如与其他同学在一起时,她会伸出拳头打人。与别人争夺玩具时,她会用脚猛踢对方。

目标行为二是自伤性行为。例如在课堂上她会用头撞课桌的面板。

有的时候,她还会咬自己的手指和手掌。

2. 确定行为的先导因素和环境结果

通过与老师和家长的访谈,评估者对玲玲攻击性行为和自伤性行为的前提与结果确定如下。

攻击性行为发生的前提:

① 体育老师让同学们在操场上自由活动,如打篮球等。

② 班主任老师让她与别的同学排队做游戏,如等待跳绳的时候。

③ 在玲玲的时间没有结构性或自由活动的情况下,她没有正确的社交技巧,也不懂得如何恰当与同学自由交往。所以在没有结构性的时段,如在操场上体育课或自由活动时,往往是玲玲攻击性行为较多的时候。

在体育课上,玲玲很少参与合作性的游戏。老师反映她运动能力落后,协调能力较差,很难与别的同学一起进行团体活动。而她又是一个比较好动、喜欢得到关注的孩子。所以在体育课上或者是学校操场上她常常会与其他同学争夺玩具、器材,甚至因此表现出踢、打同学等攻击性行为。

攻击性行为导致的结果:

① 同学不得不把玩具和运动用品给她。

② 老师虽然会批评她,但是往往仍然让她继续保持从别的同学那里抢来的玩具用品。

据家长反映,玲玲从小在农村的时候就存在社交障碍,不知道如何与小朋友进行交流。另外,玲玲最开心的事情就是沉迷于自己的游戏或小小说的世界里。她的很多行为都是模仿电子游戏或者电视电影中人物的行为,如伸出拳头咧着牙齿要揍人。到了城市后,因为玲玲没有正确的沟通方法和交往技巧,因此当她与同学相处时,就以这种特有的攻击性行为表现出来。而同学因为不敢得罪她,所以一旦看到她发怒就拱手相让玩具和其他物品等。老师看了后会用口头批评的方法,这反而让玲玲觉得自己因此而得到更多的关注。

自伤性行为发生的前提:

① 语文老师要求同学们读课文的时候。

② 当老师让同学们自己做作业时。

上语文课时,玲玲基本上不跟随学习,不听老师的指令。她总是一个人坐在后面,要么一个人看着同学,要么看着窗外,要么把书放到抽屉里一个人画画。玲玲从小在农村长大,进城没有几年的时间。在农村,课业的负担相对较少。而城里小学三年级对学生词汇量的要求比较高,课业压力相对也较重。她除了面临环境的适应外,还要面对很大的学习压力。加之她又偏爱农村。所以无论是环境的适应、语言的转换,还是学习的压力,对她来说都是很大的挑战。由于发展性障碍,她很难用语言准确地表达自己的需要和想法。因此在困难的课程,如语文课上,老师对她也没有给予任何特殊的帮助。当老师要求同学们完成作业并检查完成情况的时候,也没有特别地关注她。所以她上课总是不听指令,甚至表现出用头撞课桌的行为。

自伤性行为导致的结果:

① 语文老师允许她暂时不要做作业了。

② 其他同学会注意地看着她。

从语文老师那里了解到,玲玲刚来班级上课时总会发出大声的尖叫。当老师批评她或是给予她指令要求她必须执行时,她会非常生气,有的时候她会做出一些自伤的行为。老师因为担心她的身体健康和安全,往往也就此而放弃对她的要求。而在玲玲用头撞课桌的时候,因为声音较响,所以往往成为全班同学关注的焦点。坐在前排的学生,甚至把头扭过来看她。

3. 结构性观察及其结果

评估者在来自老师们和家长的信息的基础上初步确认,玲玲的攻击性行为是为了得到她所喜欢的玩具和其他用品,而其自伤性行为是为了逃避学习任务。为了进一步对玲玲的问题行为进行评估,评估者对此进行了结构性的观察。

观察结果表明:玲玲在学习要求较高的语文课上,会表现出更为频繁的自伤性行为。而在她表现出用头撞课桌等行为后,老师往往不再要求她完成作业。相反,在活动用品有限的体育课上,玲玲表现出更为频繁的攻击性行为。而在她用拳打脚踢的方法对付其他学生以后,他们往往就放弃了大家都想要玩的体育用品。最后,在既没有很高学习要求,又不存在缺乏材料的图画课上,玲玲的问题行为明显地变少。与此相应,她的学习行为显著改善。

4. 关于问题行为功能的假设

功能性行为评估的主要结果,就是达到对目标行为的功能或目的的理解。由于在评估的一定阶段这种理解是初步的,尚未通过实验性分析和实际干预的验证,所以具有假设的特点。以下是关于玲玲攻击性行为和自伤性行为功能的假设。

目标行为一:攻击性行为是受社会性正强化因素的驱动。因为玲玲没有正确的社交技巧,也不懂得如何恰当地与同学交往,所以在没有结构性的场合,如操场上时,往往是她攻击性行为较多的时候。而同学因为不敢得罪她,所以一旦看到她发怒就拱手相让玩具和其他物品等。老师看了后会用口头批评的方法,这反而让玲玲觉得自己因此而得到更多的关注。这样,玲玲的攻击性行为就因为社会性正强化的效应而有所上升。结构性观察的结果表明,玲玲的攻击性行为在体育课上最为频繁,而在图画课上很少出现。个中原因在于,体育课上活动用品相对有限。所以,玲玲的行为具有匮乏性的动力因。而她在打人后往往从其他同学手里得到了玩具,从而攻击性行为受到了社会性正强化的维系。在图画课上,学习用品没有匮乏的问题,所以玲玲的攻击性行为因为没有动力因而自然会很少出现。

目标行为二:自伤性行为是受社会性负强化因素的驱动。玲玲很难适应环境,情绪情感的调控能力也相对较弱。当她面对一个新的环境时,需要很长的时间才能够适应。而且从小生活在农村,农村小学的教育与城里小学的教育方法又有所不同,后者的课业负担相对较重。当面对巨大的挑战的时候,玲玲没有足够的能力及正确的方式来应对。例如,当她上课的时候觉得无聊或跟不上老师速度的时候,她会很痛苦。这时玲玲又没有正确的方法宣泄自己的痛苦,所以她只能用自伤性行为的方式来发泄。当老师要求她做作业的时候,她会表现出用头撞课桌的行为。而老师也没有正确的引导方法,只是在她表现出自伤性行为时放弃对她的要求。因此,她的情绪障碍和自伤行为受到了社会性的负强化,从而表现出上升的趋势。结构性观察的结果表明,玲玲主要是在语文课上面临困难时,自伤性行为才屡屡出现。这一发现支持了她的自伤性行为的功能在于逃避任务的社会性负强化假设。

二、功能性行为干预方法

功能性行为干预的总体目标包括三个方面。第一,调整导致问题行为的前提条件,特别是减少问题行为的动力方面的原因。这样,就会使得玲玲的攻击性行为和自伤性行为成为无源之水。第二,提升玲玲的适应性替代行为。对玲玲来说,如果她能增强沟通能力和社交能力,就可用这种能力来满足她的各种需要,而无需诉诸攻击性行为和自伤性行为。第三,用各种自然存在的和人为设计的结果,来强化玲玲的适应性行为,而消退其各种问题行为。

1. 对玲玲攻击性行为的干预方法

首先要确定的是干预目标:具体来说从目前玲玲表现出来的平均每周 21 次的攻击性行为频率,三个月后下降到每周不超过 10 次的行为频率,六个月再下降到每周不超过 5 次的行为频率。为了达到这个目标,干预计划提出以下的具体方法。

(1) 使用预防方法

① 老师尽量减少任何有可能引发玲玲攻击性行为的动力原因。例如,玲玲往往在体育用具有限的情况下,用攻击性行为来得到自己想要的用具。老师在可能的条件下,为学生安排较多的体育用品,如各种球等,将会有助于减少玲玲与其他同学冲突的机会。

② 使用无条件强化的方法。例如,老师先确定玲玲在自由活动时间表现攻击性行为的平均行为间隔时间,即 2.4 分钟左右(40 分钟÷17＝2.4)。老师据此安排无条件强化的时间表,即每过 2 分钟给玲玲一次机会玩球、跳绳或者以谈话等方式给她关注。其后让她暂时停止一下使用玩具器材以便其他孩子有机会玩。如此循环。如果在这一过程中玲玲表现出攻击性行为,就暂时停止她的活动机会。而在她攻击性行为渐渐好转以后,便逐渐拉长无条件强化的时间间隔。

③ 使用区别性强化的方法。当玲玲出现任何良好游戏行为时,老师应该即时地奖励她。这可以是口头上的表扬,或是通过代币的额外活动时间奖励。

(2) 培养替代行为

① 帮助玲玲发展适应性的社交技能。老师可以用示范的方法教导玲玲运用正确的方法和技巧与同学交往。老师也可以通过讲故事或角

色扮演教导玲玲学习正确的社交行为。

② 培养玲玲的功能性沟通技能。例如,老师可以让玲玲懂得:如果她需要体育用具,她只要举手让老师知道,就可以得到她想要的用品如球类等。

③ 强化玲玲运用正确的社交行为、沟通技能来替代其不恰当的攻击性行为。老师不仅可以在学校环境中,也可以与她的家长一起,用各种方法奖励她学得的替代性行为。例如,玲玲在学校里因为与同学正面互动而从老师那里得到五角星等,回家后她可以用这些积累起来的五角星要求爸爸妈妈在周末带她到麦当劳去用餐。

(3) 反应对策

① 当玲玲做出攻击性行为时,老师应该蹲下来与她保持同样的高度,温和且坚定地告诉她,她需要马上停止这样的行为(例如说:"不可以打人,会痛的!")

② 如果玲玲不听,继续表现出攻击性行为,老师把玲玲带到操场边上实行短时隔离 2 分钟左右。

③ 当玲玲冷静下来后,老师跟她讨论发生的事情,并告诉她如何正确表达自己的需要,同时向小朋友道歉。

④ 如果玲玲能够冷静下来表达她的感受,给予她即时的奖励。

⑤ 老师跟玲玲谈话的时候使用温和的语气并保持冷静的态度。老师在孩子出现不恰当行为时,禁止以吼叫、打骂、责备等形式来惩罚孩子。

2. 对玲玲自伤性行为的干预方法

同样,首先要确定的是干预目标:从目前玲玲表现出来的平均每周 24 次的自伤性行为频率,三个月后下降到每周不超过 12 次的行为频率,六个月再下降到每周不超过 6 次的行为频率。以下的方法有助于实现这一目标。

（1）使用预防方法

① 老师跟玲玲谈话时使用温和的语气，有可能的话尽量给她一定的选择机会。

② 在对玲玲进行教学时，选择难度相当的内容。只要玲玲能够作出努力，完成任务就给予即时的强化。

③ 每隔5分钟，老师可以找机会表扬一下她的恰当行为，例如，认真听讲、与大家一起做作业等。

④ 使用自我管理的方法。在语文课上，老师给玲玲一张文摘卡片，并用一个大大的"十字"将文摘卡分为四格。老师要求玲玲观察并记录自己的学习行为。如果玲玲在10分钟内表现出学习行为而没有问题行为，她就在卡上一格中打一个钩。下课后玲玲把记录后的文摘卡交给老师，可以按照行为合同得到相应的强化物。例如，老师根据打钩的数目，让玲玲在休息时间中玩一定时间的最新电子游戏。

（2）培养替代行为

① 建立玲玲听指令的行为。指令的内容应该是从简单到复杂，从容易到困难。通过强化她好的跟随性的行为来替代其不听指令的行为，建立她的学习规则。通过教导她良好的学习规则，并对其好的行为给予强化来替代其不恰当的行为。

② 对玲玲进行行为放松训练。如果有可能的话，在每天固定的时间让她实践行为放松的步骤。老师也可以让玲玲明白，如果她感到过分紧张，可以主动要求到安静的地方放松几分钟。

③ 建立恰当的表达行为。老师教玲玲运用正确的方式表达自己的情绪，从而替代其不恰当的行为。为了教导玲玲运用正确的方式表达自己的生气，老师可以把恰当的动作示范给她看。老师也可以运用讲故事

或角色扮演的方法,教她如何表达及控制自己的情绪。语文老师应该增加她的词汇量及理解能力。当她不能运用语言准确地表达自己的想法时,老师及时地提示她正确的表达方法。只要玲玲表现出恰当的行为就给予口头上的表扬,并且尽量给她提供必要的帮助。

(3)反应对策

当玲玲通过不恰当的行为而逃避任务时,老师应该:

① 使用消退的方法。当玲玲不听恰当指令并且企图逃避任务时,老师应给予即时的阻止,例如,要求她不能无故离开座位。当她故意不遵守规则、不听指令时,老师应该即时地告诉她不执行指令的结果。而只要她开始跟随就给予奖励。

② 当玲玲不听指令的行为引起别人的关注时,老师应该采取积极忽视的方法。同时老师也提醒其他同学,不要给不良行为过多关注。

③ 如果玲玲表现出用嘴咬手,或者用头撞课桌,老师用手阻断她的自伤性行为。在这时候,老师要保持冷静的态度不要过度反应。

④ 老师跟玲玲谈话的时候使用温和的语气平静她的情绪,及时地提示她运用恰当的方式表达自己的情绪。一旦她冷静下来,运用恰当的方式表达自己的需要,老师应该给予即时的强化,即努力帮助她满足正当的需要。

干预计划的实施和调整:在老师及其督导与玲玲家长讨论过干预计划并且取得一致意见以后,开始正式实施干预计划中的各项具体方法和程序。这些功能性行为干预将实施三个月。其后,老师及其督导与玲玲家长将再次开会,对干预的效果进行回顾与评估。根据评估的结果,决定在将来对玲玲进行进一步支持与干预的新方案。六个月以后的回顾评估发现,玲玲的良好行为能力明显地上升,而她的上述问题行为已经显著好转。

参 考 文 献

1. Bloom S E, Iwata B A, Fritz J N, Roscoe E M, & Carreau A B. Classroom Application of A Trial-Based Functional Analysis[J]. Journal of Applied Behavior Analysis, 2011,44(1): 19-31.

2. Robert L Koegel, Lynn Kern Koegel. Community-Referenced Research on Self-Stimulation. In: Cipani E. ed. The Treatment of Severe Behavior Disorders: Behavior Analysis Approaches[M]. Washington DC: American Association on Mental Retardation, 1989: 129-150.

后　记

　　呈现在读者面前的这部书,既反映了我长期以来对特殊需要孩子,特别是孤独症孩子干预教育之道探索的心路历程,也总结了我与国内外专家同行切磋交流的各方面成果。1997年,我从一名儿科医师转向学习和研究儿童心理,帮助那些在学习上、社会交往上、行动及情绪控制上有困难的孩子,他们曾经被老师、同学,甚至家长认为是"笨孩子""麻烦生""胆小鬼"或"不争气"的孩子,事实上这些孩子中绝大部分很聪颖,也很有天赋。同时,也是从那时起,开始真正接触和了解孤独症儿童,继而全身心地投入孤独症的早期干预实践工作当中,至今已经十六个年头。在这十六年的潜心摸索、学习、实践、总结的不断轮回中,我亲身体验到中国孤独症干预教育领域从起步到发展的艰难和困惑;在这个埋头专注临床研究、积累和发展的十六年中,也不止一次地被人误会,甚至被人攻击。幸运的是,我从开始从事这一事业就得到了许多国际上的同行专家和前辈的亲自指导、帮助和支持,获得了很多学习国际研究前沿的理论和技术的机会,在专业发展上少走了许多弯路;我也有幸得到了国内该领域的前辈和专家们在专业上和精神上的鼓励和支持,尤其要感谢的是以石淑华教授、白雪光教授为首的湖北省孤独症儿童康复协会的所有专家,他们的鼓励和支持使我坚持下来;还有幸得到各级残联领导的理解和支持,使我和团队在这项事业上得以不断地发展。现在,以关键性技能训练法(PRT)为线索,将这十六年来学习、实践、收获的重点汇成此书,奉献给关心孤独症及其他有特殊需要儿童的读者,同时也算是对前辈专家们的汇报和对自己长期孜孜不倦追求的安慰。

全书七章紧紧围绕着孤独症儿童青少年的关键性技能,介绍和阐述了有关教导的理论基础、教导技能和基本程序。在此同时,也回答了本书前言所提出的教什么、怎么教、由谁教和在哪里教等问题,表现为:

1. PRT 根据"纲举目张"的原理确认了一套孤独症儿童赖以发展的关键性技能,而孤独症儿童在掌握这些技能后能够自然而然地带动其他具体行为的改善。——回答了重点教什么的问题。

2. PRT 又在实证基础上提出了家长及其他教导者必须掌握的七大教育原则和相关方法,即 PRT 里强调的教导者的七大关键性技能,以此来评估和提升家长及其他教导者的教导水平和参与程度。——回答了如何教的问题。

3. PRT 总结出自然环境中的自然教导者在自然环境中应用 ABA 原则的各种方法和程序,使得对孤独症的 ABA 干预从传统的在小房间里一对一的形式,发展到在各种日常环境中和游戏活动中自然实行的形式。因此,PRT 不仅可用于对幼儿孤独症的干预,也完全适用于对青少年,或成人孤独症个体的干预。——回答了由谁教和在哪里教的问题。

PRT 除了上述特定的对孤独症干预有良好效果之外,对其他发展性障碍儿童青少年(如智力障碍、脑瘫等)也同样有效。两者除了在儿童表现的关键性技能方面有部分差异之外,在教导者的关键性技能、自然人在自然环境中的教导等方面完全适应。例如,PRT 对智力障碍孩子的适应效度,可以从以下几个方面,窥见一斑。

第一,孤独症孩子与智力障碍孩子在对人和对物的注意分配上有明显差异,具体表现在:孤独症孩子的注意更多专注于环境中的物,尤其是自己感兴趣的物品。而智力障碍孩子的注意力更多专注于人,尤其是人的面部,而对人的活动的观察的准确性和全面性不足。这种情形同样需要在更多的自然环境中,由自然教导者按照 PRT 中教导者的关键性技能教导智力障碍孩子对环境的适当性注意。

第二,用 PRT 原理及技术维持和提升智力障碍儿童青少年的学习动力及基础学习能力。由于智力障碍儿童基础学习能力(如基本的看、听、读、写、运动发展等)的落后,他们在语言、认知等多方面的学习受阻,成就感不足或缺乏,进而在学习新技能或复杂技能时缺乏学习动力,逃避行为多等。笔者团队在实践中运用 PRT 教育体系中的原则和技术教导智力障碍儿童语言、认知等可以收到同样的良好效果。

第三,采用 PRT 中积极的方法从小培养智力障碍儿童的良好行为能力和自我管理能力,可以帮助和促进他们融入社会。因为,在智力障碍的儿童青少年中,由于缺乏足够、适当的沟通技能和自我管理能力,他们的问题行为频频出现,而妨碍环境对他们的接纳。

由此可见,正确实施 PRT 原理和操作技术,有利于帮助发展性障碍儿童青少年轻松愉快地学习、生活,帮助他们更好地适应环境的要求,融入社区生活,提升他们的生活质量和幸福感,减轻家长的心理压力和负担。

我们最新的研究表明,发展性障碍儿童家长的心理压力往往高于普通发展儿童家长的心理压力;孤独症孩子家长所承受的心理压力更高于智力障碍儿童家长所承受的心理压力(陈夏尧、李丹等,2013)。这是因为,家长的心理压力程度一般来说与三个方面的变量有关:一是压力源及其程度,二是家长所能控制的资源,三是家长对压力的认识。例如,家长有个患发展性障碍的孩子本身是压力的来源,而由此造成的社会歧视等还可能形成追加的压力。另外有研究者指出,孩子所患的发展性障碍的具体诊断和残障程度,对家长所形成的压力是不同的。例如,常见于孤独症儿童中的行为问题要比常见于智力障碍儿童中的行为问题更为严重。所以,孤独症儿童家长所承受的心理压力往往会高于智力障碍儿童家长所承受的心理压力。而由于家长所体验的心理压力程度与家长所能控制的资源有关,因此有文献提出家长的心理压力与家庭的经济状况有一定的联系,这种相关性在中国等发展中国家特别明显(李敬、程为敏,2011)。所以,这是一个值得进一步探索的问题。另外最近有文献表明,孤独症孩子的问题行为程度与其家长所承受的心理压力也有一定的联系。

上述研究中产生的这些发现对当前的公共政策有什么意义呢?首先,社会有关部门应该加强对发展性障碍儿童及其家长的支持与服务。其中,对重度残疾的孩子和经济困难的家庭,有必要给予特殊的关注。其次,孤独症孩子的家庭应该得到有关应用行为分析的干预和支持。当然,公共政策的落实,还有待于专业人员的努力。从我个人来说,上述这些方面,是值得毕生努力的事业,而关键性技能训练法为此提供了非常有价值的道和术,或曰理论与方法。

李丹

参 考 文 献

1. 陈夏尧,李丹,等.智力障碍、孤独症儿童家长心理压力及相关性因素对比研究[J].中国康复理论与实践,2013(19):572-574.

2. 李敬,程为敏.透视孤独症:本土家庭实证研究与海外经验[M].北京:研究出版社,2011.

北京大学出版社
教育出版中心 精品图书